MUJERÓN

INGRID
CORONADO

MUJERÓN

Conquístate, ámate
y enciende tu poder femenino

Grijalbo

MujerÓN

Conquístate, ámate y enciende tu poder femenino

Primera edición: abril, 2022

D. R. © 2022, Ingrid Coronado

D. R. © 2022, derechos de edición mundiales en lengua castellana:
Penguin Random House Grupo Editorial, S. A. de C. V.
Blvd. Miguel de Cervantes Saavedra núm. 301, 1er piso,
colonia Granada, alcaldía Miguel Hidalgo, C. P. 11520,
Ciudad de México

penguinlibros.com

ISBN: 978-607-381-277-1

La autora destinará un porcentaje de
las ganancias de este libro para apoyar
a una organización que lucha contra
la violencia de género.

Índice

TERCERA PARTE
Fuerzas de mujerÓN

CUARTA PARTE
Rituales, rutinas y hábitos saludables

QUINTA PARTE
¿Y ahora qué?

Prólogo:

La decisión más importante de tu vida

Tengo 50 años de casada y, sin estar exenta de pasar por valles y dificultades, puedo afirmar que he tenido una relación muy plena y feliz. Estoy segura de decirlo gracias a una sola cosa: seguí mi corazón. En la inmadurez de los 15 años, cuando conocí a Pablo, mi mente argüía que no era el tipo "ideal", el más popular ni el más simpático de las fiestas; sin embargo, dentro de mí siempre sentí y supe que con él encontraría seguridad, respeto y amor, y así ha sido.

Con el tiempo y la madurez logré distinguir que la voz que me guiaba era la del corazón, la cual, por cierto, nunca falla. Además, los años de experiencia me han confirmado que nuestras relaciones definen nuestro nivel de felicidad; así de sencillo y complicado y, en especial, cuando se trata del vínculo de pareja.

Estoy totalmente convencida de que la decisión más importante que tomamos en la vida, querida lectora, es con quién formamos una relación, tal vez una familia, si ésa es la intención; o con quién decidimos permanecer en pareja durante el tiempo que el encanto dure.

En algún momento todos transitamos o transitaremos un camino de búsqueda para encontrar a la persona que a nuestro corazón le parezca la "ideal". En ese pasaje experimentamos, sufrimos, nos ilusionamos y nos equivocamos. Y es por eso que *MujerÓN* se vuelve relevante.

Sin duda, como verás en estas páginas, Ingrid nos muestra —con enorme honestidad, valentía y ejemplos reales— que ha recorrido dicho camino y ha aprendido las lecciones. Con un lenguaje sencillo y cercano nos invita a abrir los ojos mediante su experiencia para hacernos conscientes de que si una relación se mueve dentro de los parámetros del egoísmo, el resentimiento, la venganza o cualquier otra expresión del temor, tendrá una energía muy baja, lo que producirá sentimientos que drenan la vitalidad y el bienestar, debilitan e inhabilitan para funcionar de manera adecuada en el mundo. ¿Quién puede ser feliz así?

Por otro lado, la autora nos enseña que, si una relación fluye dentro del amor, la generosidad y la compasión provocarán alegría, ligereza y complicidad en el gozo; algo que los seres humanos anhelamos.

Partamos de la base de que en toda relación transitamos por la gama completa de emociones. Aunque a veces no podamos nombrarlas con exactitud, son parte del viaje y aprendizaje. Sin embargo, Ingrid hace hincapié en que podemos aceptar al otro, siempre y cuando nos aceptemos con nuestras fallas y errores y tengamos disposición para superarlas.

Venimos a este mundo a crecer, desarrollarnos y ser felices. Todas las relaciones, buenas o malas, como describe Ingrid, nos enseñan a ser mejores personas. Cuando son difíciles o complicadas, se vuelven nuestras mejores maestras, aunque en el momento no las podamos ver así.

De la misma manera, este libro nos invita a ser nuestra mejor pareja, a trabajar en nosotras mismas, crecer, nutrir nuestro interior, apasionarnos por lo que hacemos, amar la vida y contagiar el entusiasmo por ella. Convertirse en un mujerÓN es crear un espacio simbólico para que el amor, la prosperidad y la salud fluyan con mayor facilidad.

Si bien las relaciones transitan por distintas fases, las personalidades maduran con el tiempo y las almas evolucionan en la eternidad. Cuando sus miembros deciden pasar amorosamente por todas las fases de la conexión hasta convertirse en una pareja espiritual, se enamoran del alma del otro y de su espíritu. Se descubre entonces el amor profundo. Esto significa no sólo la disposición a ver más allá de lo que los cinco sentidos reportan y aceptar con humildad lo que a cada cual le toca aprender, sino ceder con amor gozoso las propias exigencias en aras de la otra persona.

A lo largo de los años, esa unión llevará a cruzar los valles de las dificultades unidos, para andar el camino tomados de la mano y fortalecidos.

Finalmente, recordemos que la pareja no nos pertenece. Es tarea de dos retenerse, conquistarse, amarse, verse, tener una relación vibrante, innovadora y juguetona, siempre.

Sí, la historia de amor está en nuestras manos. Empieza por el amor a ti misma. No es magia ni es fácil, sólo hay que hacerle caso al corazón para lograr escribirla; mas la satisfacción de compartir una vida con quien más amas es tan plena, que todo el esfuerzo que realices dará frutos.

Te invito a regalarte un tiempo y un espacio para adentrarte y leer con calma este libro *MujerÓN* que Ingrid Coronado nos comparte y que estoy segura disfrutarás.

Gaby Vargas

Introducción:

Quieres aventuras, sexo, pasión y momentos románticos bajo la luna

Cuando pruebas a una mujer de verdad,
el resto del mundo nunca vuelve a saber igual.

Anónimo

Llevaba muchos años de llorar y llorar, llorar y llorar, como dice la canción. Me sentía atrapada en un mundo oscuro y me negaba a aceptar que yo había sido la responsable de construirlo.

"Hoy será un día diferente", me decía como un mantra todos los días, aunque sin mucho éxito. Pero una mañana, algo en mi interior me hizo sospechar que ese día sí sería distinto.

Me peiné con mis ondas que me encantan, recogí uno de los lados con un broche dorado que decía "Ingrid", usé un maquillaje ligero. Me puse mi *maxidress* de flores de colores, huaraches blancos sin tacón y aretes de flores dorados con perlas. Tapicé mis muñecas con pulseras con piedras mágicas, y mis dedos, con varios anillos con brillos. Tomé cinco botecitos de barnices de colores, todos en tonos color pastel, y comencé a pintar, una a una, las uñas de mis manos y mis pies para hacer un arcoíris. Cada uña de un color distinto, se veían muy lindas. Y, finalmente, me comprometí conmigo misma a cambiar mi destino a partir de ese instante.

Tenía una sonrisa de oreja a oreja y me sentía empoderada, cuando en ese momento, el zumbido de mi celular me distrajo. ¡Un nuevo mensaje! "Tus mejores años ya pasaron, y estás tan quemada por todo lo que has hecho que el barco se hunde, y ya no habrá en la vida nada bueno para ti." En cuanto lo leí, mi boca pasó, rápidamente, de una hermosa sonrisa a morderme los labios, y mis ilusiones comenzaron a caer en pedacitos, una tras otra. Mi seguridad y autoestima se reventaron como un vaso de cristal lleno de agua que se cae de la mesa.

Y así, al sentir muy dentro de mí cómo caían esos cachitos de esperanza, de repente escuché un susurro al oído que me decía: "¡Alto! No te dejes llevar por las palabras. Detén tus emociones y revisa mejor cómo está tu *barco*".

> *El mal no es lo que entra en la boca del hombre,*
> *sino lo que sale de ella.*
> JESUCRISTO

¿Tu vida profesional se está hundiendo? ¿O recién acaba de zarpar? ¿Cómo te sientes como mujer y como madre? ¿Orgullosa o muy orgullosa?

Entonces esas piezas rotas, piezas de mí, comenzaron a regresar a su lugar, como la escena de una película que pones en reversa y en cámara lenta.

Las preguntas en mi cabeza siguieron: ¿en alguna época de tu vida has sido una mejor versión de ti misma que ahora?

Tuve la tentación de responderme: "Cuando era niña…", pero luego me percaté de que no tengo ningún recuerdo de mi infancia; más bien tengo 12 años de *black out*.

¿Te sientes quemada o rejuvenecida? ¿Acaso no brillas como una niña?

Sí, el hombre que más has amado en tu vida te rompió el corazón, te traicionó y te provocó más dolor del que podías imaginar, y vive intentando lastimarte de todas las formas posibles. Pero también te ayudó a conocerte y fortalecerte como nunca antes lo habías hecho. Ya no eres la misma, reconócelo...

Del 1 al 10, ¿qué tan infinitamente feliz eres?

Ahí me di cuenta de cómo, en ese momento, estaba cerrando el capítulo más doloroso de mi vida.

Abracé el aprendizaje y entendí que, en el trabajo de sanarme, podía tomarme un pequeño descanso, por el momento. Agradecí infinitamente las heridas, porque justo cuando todo parecía oscuro, la luz entró por esas grietas transformando mi vida para siempre. La finalidad de trabajar en nosotras mismas es deshacernos de las cargas y creencias para volver a ser niñas.

¿Y qué hacen las niñas?

Juegan, se divierten, hacen lo que aman. Su mente, su espíritu, su alma y su corazón son libres. Eso es lo que hace una niña sana.

¿Y un mujerÓN?

Cuando era niña, mis papás, los maestros, en la tele y hasta el padre de la iglesia me bombardearon de información, me dijeron de todas las formas posibles que mi misión en la vida era ser exitosa.

Primero, creía que ser exitosa era verme muy bien. Ser guapa, delgada, tonificada, con cutis de porcelana y cabellera de anuncio de shampoo. Ah, y una mujer exitosa siempre se ve feliz, nunca enojada, ni triste...

Luego, el nivel de dificultad subió. Además de que me tenía que ver lo más parecido a una princesa, también tenía que tener un gran trabajo y ganar mucho dinero. Entre más famosa y rica sea, y más poder tenga, más exitosa seré, pensaba todo el tiempo.

Ahhhh. Y una mujer exitosa es la que tiene a su lado a un hombre guapo, lindo, simpático, de preferencia rico, exitoso, amoroso, cariñoso, que se muera por ella. Porque podrás tener todo en la vida, pero si no tienes pareja, entonces te quedaste en la penosa categoría de "la casi exitosa".

Pero ¿qué pasó cuando tuve "todo eso"? ¿Fui feliz? No, claro que no.

Y entonces, ¿de qué me sirve ser una mujer exitosa si no soy feliz?

Por eso ahora prefiero replantearme que de lo que se trata es de ser mujerÓN, porque un mujerÓN tiene muchas más posibilidades de ser feliz y de estar en paz con ella misma y con el mundo que la rodea.

Una mujer empresaria exitosa, casada, con hijos, rica, guapa... ¿es un mujerÓN?

Mmm, si bien hay mujerONes que son todas esas cosas, eso no es lo que las hace mujerÓN.

Uno de los mejores regalos que nos podemos dar los seres humanos es aprender a vivir como niños, a jugar, a ser inocentes, sorprendernos, aceptar las cosas como son, hacer lo que nos gusta, vivir libres de resentimiento.

Ese día, con mis uñas pintadas de colores, descubrí que yo vivo así. Es como si tuviera en casa cuatro hijos. Mis tres hijos e Ingrid niña. En lugar de lamentarme por lo que no me dieron mis padres, me di cuenta de que hoy yo me doy todo lo que necesito. Es como si yo fuera mi propia mamá.

No puedes ser buena madre si no eres buena madre de ti misma.

Cuando me equivoco, no me regaño ni me culpo, me hablo bonito como lo haría con alguno de mis hijos. Cuando estoy en una situación o con alguna persona que me hace daño, me quito de ahí, de la misma manera que me llevaría a alguno de mis hijos si viera que los están lastimando.

Me consiento, me doy el tiempo y el espacio para hacer lo que amo, así como mis hijos defienden a capa y espada sus espacios para jugar.

Entonces ¿qué es ser mujerÓN? La que es conscientemente, y por decisión propia, una niña feliz. Me encanta esta definición, me conmueve sólo de pensarlo. Pero aún hay más...

¿Qué es exactamente un mujerÓN?

Según el diccionario de la lengua mexicana de Ingrid:

MujerÓN es una mujer alfa, fuerte, que se permite ser vulnerable. Es aquella que se ama con locura y pasión. Que prefiere desnudar su alma que su cuerpo, que puede bailar al ritmo de sus lágrimas, se saborea y se disfruta mientras sus ojos brillan como polvo de estrellas cuando se mira a sí misma, que honra a su niña interior y la deja salir a jugar. Pero, por sobre todas las cosas, es una mujer SuperHada, plena y feliz.

SuperHada es una maga de la superación y resiliencia, que es capaz de levantarse con gracia de las adversidades, transformar su vida a partir de ellas, y compartir esa magia a través de sus experiencias con las personas que están pasando por momentos difíciles.

Ser mujerÓN se dice fácil, pero no sólo me tomó años y años entender si realmente quería ser una de ellas, sino que me costó mucho trabajo reconocerme como tal. La batalla conmigo misma ha sido brutal, prácticamente en todos los aspectos de mi vida. Con mi imagen física, con mis emociones, en mi carrera, como mamá. Y en el amor... ni se diga. Muchas veces he sentido que en mi vida amorosa he ido de Guatemala a Guatepeor: lejos de ir mejorando la calidad de mis relaciones románticas formales o la calidad de los hombres en mi vida, cada hombre que llegaba a tocar la puerta de mi corazón era peor que el anterior.

Desde hombres alcohólicos, drogadictos, celosos y paranoicos (uno llegó incluso a buscar a mi supuesto amante debajo de la cama o en el fondo del clóset), hasta infieles que me pintaban el cuerno a diestra y siniestra, que cuando los alejaba de mi vida me acusaban de que la infiel era yo, o psicópatas narcisistas que hasta ligaban por teléfono en mi cara. O manipuladores y mantenidos. De hecho, una vez escuché a uno hablando por teléfono diciendo: "Si quiere muñeco, que se chingue". Refiriéndose a mí, porque yo era la que se encargaba de todos los gastos de la casa porque supuestamente no encontraba trabajo, mientras yo lo cuidaba cuando estaba enfermo.

Finalmente, me di cuenta de algo: en todas estas relaciones desastrosas y dolorosas, había un común denominador: yo.

Si tú eres una mujer que está atravesando por una ruptura, o está intentando recuperarse de alguna forma de "adicción a los hombres"; o a lo mejor odias tu cuerpo; o quizá llevas mucho tiempo soltera y te sientes frustrada por eso; o tal vez sientes que has estado en demasiadas relaciones tóxicas, o no sabes cómo atraer hombres diferentes a los que siempre te has encontrado y mueres por experimentar el amor sin sentir que tienes una soga al cuello y lo que quieres es, finalmente, encontrar a tu compañero del alma; o estás enojada porque sientes que llevas toda una vida intentando que los hombres te den tu lugar y te respeten; o bien, estás en una relación que no está ni cerca de satisfacerte, sientes que mereces más, pero te da miedo perder eso poco que tienes; o si, simplemente, tienes algún tipo de crisis existencial... debo decirte, querida, que estás en el lugar correcto. Tú y yo tenemos mucho de que platicar.

Y lo primero que quiero decirte es que lo más importante para ti, en este momento, es tener la voluntad de querer mejorar tu vida. Y creo que eso es justo lo que te guio a mí.

> *El hallazgo afortunado de un buen libro*
> *puede cambiar el destino de un alma.*
> MARCEL PRÉVOST

Y te entiendo si sientes que has trabajado mucho para llegar hasta donde estás, y que por más que lo intentas no logras tener o estar en el lugar que quieres. El tiempo se te ha hecho más largo que varias vidas juntas, y estás cansada. Has entregado lo mejor de ti en tus relaciones de pareja porque deseabas algo más, y en el camino, lo que te ha quedado muy claro es que la vida y el amor no son como los imaginabas.

¿Cuántas veces te has preguntado si habrá una persona que te ame de la forma en la que siempre has soñado que lo hagan y con quien puedas sentirte segura en sus brazos? ¿Cuántas noches les has suplicado a Dios y al universo que te digan dónde está ese hombre que será capaz de amarte incondicionalmente, que derribe tus muros emocionales y te abra los ojos a un mundo que ni siquiera sabías que existía? ¿Cuántos instantes has estado esperando poder gritar "¡Sí quiero!" o "¡Te amo!" bajo un cielo estrellado a la luz de las velas? ¿Cuántos miles de veces has soñado despierta con la idea de que a lo mejor ahora que vayas al súper, a la oficina, a comer o al gimnasio, finalmente te tropezarás con ese hombre con el que has soñado toda la vida? ¿Cuántas veces has estado cansada y harta de ver las películas de amores románticos y preguntarte: "Cuándo me va a tocar a mí"? ¿Cuántas veces has visto parejas en la calle que se demuestran su afecto o amor y te preguntas si hay algo mal contigo porque simplemente tú no has tenido la suerte de estar viviendo esa historia?

Deseas vivir un amor mágico e indescriptible, con noches a la luz de la luna, besos y caricias que te hagan perder la noción del tiempo. Pero, en lugar de eso, has vivido días extremadamente dolorosos que terminan siempre de la misma forma: contigo sentada al pie de tu cama con la caja de Kleenex para contener las lágrimas que escurren por tus cachetes.

Sabes que vives en un mundo ordinario, pero deseas a un hombre que haya aprendido a vivir de un modo extraordinario.

Sueñas con encontrar a la persona que tenga la llave que encaje en la cerradura de tu corazón, para que mágicamente se abra como nunca se ha abierto con nadie.

Sé que deseas un gran amor en tu vida, ése que detiene el tiempo, o que hace que las horas pasen demasiado rápido y te lleva a girar a la velocidad de las estrellas del firmamento. O que, por otro lado, al estar con él, los minutos fluyen tan despacio como la caída de una gota de miel, para deleitarte en su dulzura.

Sabes que no quieres irte a la cama con cualquiera, sabes lo que quieres, y el tipo de persona que deseas a tu lado. Pero también estás cansada de esperar, hastiada de que la gente te diga que debes tener paciencia, cuando sientes que has tenido más paciencia que un monje haciendo oración. Sabes que has estado a punto de rendirte, de tirar la toalla y de aniquilar la esperanza.

Pues te tengo un gran secreto: no se trata de rendirte, sino de dejar de luchar por causas perdidas. De darte cuenta de que tu sufrimiento es en realidad tu resistencia a no abandonar la idea de cómo deberían de ser las cosas en tu vida. Es cuestión de ser honesta y, sobre todo, tener fe de que la persona ideal para ti llegará cuando tú seas la persona ideal para ti misma. Tu mejor pareja eres tú, el amor de tu vida eres tú.

Si ya lo has intentado todo, de todas las maneras posibles e incluso más, si has leído todos los libros de autoayuda, has mejorado enormemente la calidad de tu maquillaje, has adquirido todos esos *looks* que resaltan tus hermosas curvas, has bajado de peso y torneado tu cuerpo, has tomado terapias y a lo mejor has perfeccionado varias veces tu perfil de cada una de las apps de citas esperando que esa nueva foto sí atraiga al hombre que quieres, y a pesar de todo eso, te vas sola a la cama cada noche mientras te preguntas: "¿Qué estoy haciendo mal? ¿Por qué parece que todos son felices en pareja menos yo?", sólo te diré que no te rindas, ¡ya pronto!

Hoy te aseguro que, si cambias la estrategia, ese hombre que deseas llegará a tu vida tarde o temprano.

Y ¿cuál es exactamente esa nueva estrategia?

Muy simple: enfocarte en ser un mujerÓN. Ésa es la clave.

Por muchos años sentí que la vida era injusta conmigo. Los desafíos que se me ponían enfrente me obligaban a estar en modo de autodefensa y lucha, intentaba salir adelante como podía. Por si no fuera suficiente con eso, muchos a mi alrededor me decían que a los hombres les gustaban las mujeres delicadas, que se dejan proteger. Lo cual es irónico, porque, al menos en mi caso, los hombres que han estado en mi vida, lejos de protegerme me han atacado.

Tal vez te sientes como muchas veces yo me sentí: por un lado, te da terror que estar soltera se convierta en tu eterna forma de vida, que tu estado civil sea algo permanente, y que nunca más llegue alguien a complementarte o acompañarte; y, por el otro, no te sientes completa si no tienes pareja y a lo mejor eso hace que estés con una persona con quien no eres plena. Porque, seamos sinceras, ¡nos aterra estar solteras el resto de nuestra vida! Pues... ¡Ya no más! Hoy las cosas empiezan a cambiar para ti, te lo aseguro.

Primero debes aceptar que estás completa porque tienes lo que realmente importa: a ti misma. Hoy veo las cosas de forma distinta, a pesar de que, cada que me preguntan si tengo pareja y respondo que no, la reacción de la gente es una cara de compasión, con la cabeza inclinada hacia el hombro izquierdo, como si hubiera confesado que tengo una enfermedad terminal, como si mi vida estuviera acabada, como si yo tuviera "algo malo" y por eso no soy la afortunada ganadora del cariño de un hombre.

Los cuentos de hadas terminan con "y fueron felices por siempre" y no con "y se quedó sola por siempre", y ese miedo nos acompaña cada día, cada tarde y cada noche.

Sé que puede que leas estas palabras con lágrimas en tus preciosos ojos, así como a mí se me salieron al escribirlas, mientras te preguntas si alguna vez conseguirás aquello que es lo único en lo que siempre has creído: el amor.

Y sé que no sólo quieres recibir amor, sino que, así como yo, quieres dar todo el amor.

Quieres que un guerrero apasionado, amable, sensible, leal y divertido te tome de la mano y no te suelte; que aunque te vea hecha un desastre por la mañana, vea lo que vea de ti y escuche lo que escuche de ti, no salga corriendo para no regresar jamás.

Quieres aventuras, sexo, pasión y momentos románticos bajo la luna llena mientras atraviesas todos los océanos de su mente y recorres los laberintos de su cuerpo y de su corazón.

Deseas que te entiendan, que te escuchen, que te amen, que te acompañen, que te cuiden y protejan, pero, sobre todo, deseas con todas tus fuerzas saber, desde el fondo de tu alma, que ahora no te equivocaste a la hora de elegir a tu hombre.

Si crees que lo que digo se parece a la historia de tu vida, te aseguro que el drama está por terminar. Hoy te digo que cuando hayas aprendido todo lo que necesitas saber acerca de lo que NO ES EL AMOR, estarás lista para experimentar lo que sí es en realidad.

La vida te acercará a las personas que necesitas para tu evolución, no a las que te gustaría; no sólo a las que son agradables y buenas. Tienes que saber que todo pasa por algo, eso será lo que te ayude a encontrar la motivación para avanzar y comenzar a tomar decisiones diferentes.

Por eso, primero tienes que aprender a dejar de relacionarte con personas emocionalmente distantes o que sólo quieren jugar, y aniquilar para siempre la idea de que intentar rescatar a hombres rotos es tu misión eterna en la vida y el único camino que te queda para encontrar el verdadero amor.

"Don no disponible" o "don poco disponible" no se vuelve "don amoroso y sensible" con el paso del tiempo. Un sapo no se convierte en príncipe, NUNCA.

Así que no pierdas tu tiempo intentando convertir a nadie. Inviértelo en transformarte a ti, porque debes entender que no puedes atraer lo que quieres hasta que no te conviertas en la mejor versión de ti misma, y si quieres reconocer la luz en los ojos de un hombre que está buscando a una mujer como tú, primero tienes que aprender a reconocerte y disfrutar de tu vida sola.

Tienes que serte fiel, tratar a tu cuerpo, tu espíritu, tu alma y tu corazón como lo más sagrado que posees, y tener cuidado de a quiénes dejas entrar ahí, aprender que irte a la cama sola es mucho mejor que arrepentirte a la mañana siguiente de haber entregado tu templo a una persona que no lo merecía.

Date cuenta de que vales mucho más que un revolcón ocasional y que si de verdad quieres atraer lo que deseas, entonces debes empezar a tomar decisiones diferentes y hacer cosas distintas.

Salir con un hombre "equis" mientras llega el que realmente quieres mantiene tu "silla energética del amor" ocupada, por lo tanto, te aleja del verdadero amor. No se trata de rendirte, pero tampoco de sacrificarte.

Ésta es la regla básica de mujerÓN:

El único amor que mereces es el que se entregue en la misma medida que tú lo haces. Porque ese hombre, lo suficientemente valiente como para amar a una mujer como tú, es también el único que merece tu amor. Pero antes, te aseguro que, para encontrar a ese amor incondicional, primero debes aprender a sentirte cómoda estando soltera, en citas contigo misma o saliendo los fines de semana con tus amigas para disfrutar del hermoso ser que eres. No se trata de culparte o arrepentirte por lo que ya hiciste, se trata de querer aprender y empezar a actuar distinto.

A lo mejor muchas veces has pensado que quizás había una mejor forma de hacer las cosas, un camino más corto y menos doloroso, pero escucha bien esto, hermosa: estoy muy orgullosa de ti, lo hiciste lo mejor que podías para llegar a este punto. No sabemos qué tan cerca estás de experimentar este amor, pero lo que importa es que estás más cerca que antes. Recuerda:

> *La naturaleza no se apresura, pero todo se logra.*
>
> LAO TSE

Tener este libro en tus manos es una señal de que puedes más, es un enorme acto de fortaleza y de voluntad, de querer ser mejor y tener una convicción tan fuerte de cambiar las cosas que hasta te quema por dentro. Y eso es justo lo que necesitas para salir de ese lugar tan oscuro donde has estado.

Sabes que no perteneces a ese lugar, así que toma aire, abre tu mente y tu corazón, porque muy pronto saldremos juntas de ahí. Estoy aquí para guiarte a un mundo completamente nuevo.

El camino no ha sido fácil para ti. De hecho, tampoco para mí. Por eso, aquí te contaré mis experiencias, mis batallas contra mí misma y contra hombres tiranos que me han lastimado en lo más profundo de mi ser, pero que, a la vez, me han enseñado mucho más de mí que cualquier otra cosa en el mundo. Te compartiré cómo libero mis miedos y me transformo día a día en un mujerÓN.

Porque ser un mujerÓN no es un estado, es una acción. Es un entrenamiento para fortalecer los músculos del amor.

Las ruinas son a menudo las que abren
las ventanas para ver el cielo.

VIKTOR FRANKL

Una de mis películas favoritas es *Slumdog Millionaire*; es una obra de arte y está considerada como una de las cinco mejores películas de la historia. Ahora que la recuerdo, se me hace un nudo en la garganta y se me enchina la piel. Si no la has visto, te la recomiendo ampliamente. Se trata de un niño que ha tenido una vida terrible, pero que cada una de sus experiencias lo lleva a conseguir su sueño: ganar el premio mayor en el programa de concursos *Quién quiere ser millonario*. ¡Y es una historia basada en la vida real! Así como a ese niño, nuestras experiencias en la vida, por muy terribles que sean, nos pueden llevar a cumplir con nuestros sueños, y, sobre todo, nos están preparando para ser un mujerÓN.

A través de este libro te voy a llevar de la mano para que te reconozcas como un mujerÓN, lo cual es probable que te ayude a atraer a tu señorÓN. Pero debo ser clara y advertirte que a lo mejor te vas a seguir encontrando hombres tóxicos, porque no se le puede garantizar a nadie bajo ninguna circunstancia que va a encontrar una pareja valiosa. Pero lo que sí te puedo decir es que tendrás la posibilidad de verlos y reconocerlos antes de que te enamores de alguien que no es bueno para ti, y que en esos casos tu fortaleza interna te ayudará a tomar la sana decisión de preferir estar sola.

A lo mejor no necesariamente siempre vas a querer estar con un señorÓN; a lo mejor decides estar un ratito con un hombre que, a pesar de que no es lo que quieres, deseas que te apapache por momentos. A veces lo que necesitas es solamente un buen compañero para la fiesta o un buen amante, pero serás consciente de que no es el hombre de tu vida. Al aprender a ser la mejor pareja para ti, sabes lo que necesitas, y eso es lo que atraerás sin la necesidad de salir a buscarlo.

A través de cada una de estas páginas, compartiré contigo algunas historias personales, pero también habrá relatos de mis amigas, hermanas, primas y mujerONes con las que he tenido oportunidad de compartir. **Aunque casi todo lo narraré en primera persona con fines literarios.**

Cuando hayas terminado de leer este libro, te prometo que te amarás incondicionalmente, y con eso te liberarás de una vez por todas de la "adicción al amor de un hombre" y estarás lista para convertirte en una atleta de tu paz interior. Ése será el mejor mecanismo para asegurarte de que todo ese amor que hay dentro de ti caiga en buenas manos. En las manos y los brazos del hombre que mereces.

Desde hoy te doy la bienvenida a la nueva versión de ti que estás a punto de descubrir. ¡Bienvenida, mujerÓN!

Con cariño,
Ingrid

PRIMERA PARTE

MujerÓN y las personas que la rodean:

Arquetipos

Capítulo 1. MujerÓN

Y yo que quería hornear muffins

Una mujer debe ser dos cosas:
quien ella quiera y lo que ella quiera.
Coco Chanel

Tenía 15 años y estaba empezando a probar las mieles del amor juvenil. Había un niño que me encantaba, el típico guapo, famoso y popular con el que todas las niñas quieren.

Era un martes cualquiera, estaba en mi cuarto haciendo la tarea sobre mi cama, cuando el teléfono sonó:

—Hola, ¿Ingrid?

Tenía una voz tan guapa como todo en él. Nunca habíamos hablado antes, pero mi corazón, de alguna manera, sabía que era él, ¡el chavo con el que soñaba era el que me estaba llamando por teléfono!

¡Casi me voy de espaldas! Y me quedé en silencio unos segundos, esperando que dijera algo más.

—Me dio tu teléfono Claudia, tu amiga, y es que quiero ver si quieres ir conmigo a su fiesta.

Para ese momento de mis manos escurrían gotas de sudor y mi cara tenía una sonrisa que sentía que tocaba mis orejas.

Intenté detener mi emoción, hacerme la interesante o algo. Pero me fue imposible. Instantáneamente escupí:

—¡Claro que sí!

—Dame tu dirección, paso por ti el viernes a las ocho.

Las horas comenzaron a hacerse largas desde ese instante; cada minuto era como 10 días más o menos; soñaba y deseaba enormemente que llegara ese momento tan especial.

Me compré un vestido nuevo, no muy corto, no muy largo. Azul rey con un poco de brillitos. Tenía un hombro de fuera. Estaba tan emocionada que sentía que se me salía el corazón cuando finalmente llegó el día y escuché el timbre de mi casa.

Tal y como lo prometió... Eran las 8 p. m. en punto.

Mi papá me dijo:

—Yo abro la puerta y te aviso cuándo bajes.

Me quedé sentada en la orilla de mi cama esperando el aviso de salida para bajar las escaleras, como un auto de carreras a punto de arrancar. Como en las películas, imaginaba que mi vestido y mi pelo —que tenía un lazo azul a juego— volarían delicadamente, al bajar cada escalón, que eran como... muchos.

Los segundos de espera se me hacían eternos. Finalmente, a los cinco minutos, escuché la voz de mi papá: "¡Baja!". Fue todo lo que dijo. Sentí que casi me desmayaba.

Comencé a bajar las escaleras feliz, ligera y sonriente. Pero esa felicidad se comenzó a esfumar cuando vi que estaba mi papá solo en la sala de mi casa.

—¿Y Jorge? —pregunté.

—No vas —respondió secamente.

Otra vez, casi me desmayo, pero ahora del susto.

—¿Qué paso? —pregunté con un hilo de voz que apenas se escuchaba.

—No vas y punto —respondió.

En ese momento me fui a mi cuarto y comencé a llorar y llorar como la Cenicienta. No sólo me estaba perdiendo del *date* con el que en ese momento creía que era el hombre de mi vida, sino que también me estaba perdiendo del evento del año: la fiesta de mi amiga.

Comencé a buscar dentro de mi cabeza si yo había hecho algo malo por lo cual me habían castigado. Esa mala costumbre de siempre culparme, de creer que yo soy la que ha hecho algo inapropiado, se ha quedado por mucho tiempo tatuada en mi alma. Pero en ese instante no encontré nada.

Siempre fui muy responsable, iba bien en la escuela, me portaba muy bien en mi casa. ¿Qué fue lo que paso?

Este evento me provocó mucha inseguridad, mucha más de la que pude reconocer en ese momento. Es como si hubiera entrado en una nube donde no supiera hacia dónde es el norte y hacia dónde el sur.

Por mucho tiempo tuve la necesidad de saber qué había pasado, hasta que un día una de mis hermanas me lo dijo:

Resulta que cuando mi papá bajó para abrirle la puerta a "don deseable", escuchó que le estaba diciendo a un amigo que iba con él:

—Sí, ya sólo que salga esta pinche vieja, y nos vamos.

Mi papá le respondió por el ojillo de la puerta:

—Mi hija no es una pinche vieja, y no va.

El que un hombre que yo deseaba se hubiera referido así de mí sin siquiera conocerme me provocó otra inseguridad muy grande con respecto a los hombres: selló en mi corazón la idea de que no se puede confiar en ellos, de la cual me ha costado años y años de terapia reponerme.

Una no se imagina cómo un evento puede marcar tan drásticamente su futuro.

A partir de ahí, casi todas las relaciones de mi vida han sido regidas por el miedo a que me abandonen. He hecho todo lo posible para que los hombres me quieran y hablen bien de mí, que me respeten y me den un buen trato, la mayoría de las veces sin éxito.

Pero hoy doy gracias a todas esas experiencias porque son las que me han fortalecido, me han convertido en la mujer que ahora soy, y me han ayudado a no ser la niña indefensa que necesita ser rescatada.

Quiero que visualices a una damisela en peligro, mujer débil siempre a la espera de que llegue un hombre a salvarla. A veces estará vestida toda bonita, peinada y arregladita en su torre esperando a que el hombre en cuestión luche contra el dragón que la tiene aprisionada y la libere. En otras ocasiones, es como la princesa de los cuentos de hadas que es inocente y de buen corazón, pero un hechizo en manos de un malvado o malvada la tiene dormida, y necesita del beso de amor de su príncipe azul para despertar.

Ahora, borra esas imágenes de tu cabeza. ¡Ser mujerÓN no es eso!

Yo quería ser como Susanita de Mafalda. Soñadora, siempre pensando en jugar a la casita con mi amorcito, horneando muffins, cuidando y divirtiéndome con mis hijos. Sin embargo, la vida no me ha tratado como princesa de cuento, más bien me ha mandado varios sapos que me han hecho daño constantemente.

Recuerdo que lloraba a mares por la poca fortuna de ser una mujer fuerte. La gente me decía que estaba sola, sin pareja, porque a los hombres no les gustan los mujerONes. Y me enojaba como si hubiera caído una maldición sobre mí, porque yo no había elegido ser fuerte: ¡ser fuerte había sido mi única opción!

Por muchos años nos han vendido la idea de que a los hombres no les gustan las mujeres fuertes, y eso nos ha obligado a disfrazarnos de mujeres débiles e ingenuas con la finalidad de tener pareja.

Pero ¿quién nos ha vendido esa falsa idea?

La sociedad, las revistas, los programas de tv, las tías. Pero también los hombres débiles, patanes, los psicópatas narcisistas o inseguros. Ellos no quieren un mujerÓN a su lado porque no la pueden pisar o usar, que es la única manera de sentirse poderosos. Un mujerÓN no permite malos tratos porque no está a merced de que un hombre la quiera.

Un hombre inseguro se siente más chiquito ante una mujer poderosa porque le espejea su cobardía o falta de valor. Por eso, estos hombres han hecho todo lo posible por hacernos creer que, si seguimos así, nos vamos a quedar solas.

Algunos se presentan como hombres violentos y abusivos; otros son los típicos que cuando muestras un poco de interés se desaparecen, o se va desinflando su propio interés poco a poco. Otros vuelven a aparecer en tu vida de la nada, dándote migajas de atención para tenerte en la banca de espera y mantener prendida una velita, y, de esta forma, no dar por terminada del todo "la relación", por si de casualidad un día les interesa volver a obtener algo de ti.

Debes saber que, si un hombre se va de tu vida, no es porque hayas hecho algo malo. Ese hombre se iba a ir de todas maneras, tarde o temprano, porque es un hombre que no era capaz de ver tu belleza interna. Y entre más pronto se vaya, mejor. Agradece que te ahorró lágrimas y tiempo.

Cuando esto me ha sucedido, imagino que mi ángel lo abrazó y tomó por el hombro y le dijo: "Por aquí no, con ella no". Y eso es un bálsamo de tranquilidad. Y siempre, poco tiempo después, me doy cuenta de que no era un señorÓN, que era un *peor es nada*, que le había dado la oportunidad de conocerlo porque no había llegado a mi vida algo mejor. Les dimos chance, y no lo aprovecharon. Así que, como dice el dicho, "ahuecando el ala" que tengo mejores cosas que hacer.

Si sientes que los hombres se alejan de ti porque te tienen miedo, no lo veas como un problema, más bien es algo positivo. Eliminar de tu vida todo aquello que sólo te distrae, te quita el tiempo, te chupa la energía y no te hace bien le abrirá la puerta a aquello que verdaderamente mereces.

Que algunos "hombres" se espanten porque eres una mujer que sabe lo que quiere es una gran ventaja porque seguro no tienen nada bueno que aportarte.

A mí me costó mucho tiempo entenderlo. Hoy me siento en paz conmigo y más feliz que nunca. Y eso no quiere decir que haya sido fácil estar sin pareja o que haya renunciado al amor.

En *muchas* ocasiones, cada que terminaba mi día, me desmaquillaba, me quitaba la ropa y observaba mi cama: se veía tan grande que me daban ganas de llorar. Me recostaba, cerraba los ojos e imaginaba que había alguien haciéndome cucharita para no sentirme tan sola. Ésa era la única forma en la que lograba conciliar el sueño.

Gracias a mis miles de terapias, y muchas otras cosas como la oración, meditación, salmos, mantras, mandalas, diosas hindúes, letras hebreas, cábala, Theta Healing, oráculos, pulseras de piedras curativas, psicoterapia Gestalt, energía, yoga, miles de libros de superación personal en todas sus ediciones, frases motivadoras que me repetía una y otra vez todos los días, comencé a replantearme la cosas.

Y sólo hasta entonces hizo clic. Tener pareja no rige nuestro valor como mujeres. Si abrazas y aceptas esa idea, mejorarás la calidad de los hombres que se te acerquen. Puede ser cuestión de tiempo para que llegue a tu vida un hombre que verdaderamente sea valioso, que te sume, que comparta su vida contigo; no una rémora o una sanguijuela que sólo intente chupar lo mejor de ti. Y si no llega aún, para ti no será un problema porque estás disfrutando mucho de la vida sola.

Aceptarme como soy me ha permitido vivir en libertad. Hoy abrazo con mucho amor y me llena de orgullo ser mujerÓN, y ésa una de las sensaciones que me han hecho sentir completa y plena.

En una ocasión, hablando de cómo me siento, me hicieron una pregunta muy interesante en una entrevista: ¿Los mujerONes nacen o se hacen?

Según lo que he visto en las mujeres que conozco, un mujerÓN lo es por una sencilla razón: porque el destino la obligó a serlo. Porque soñamos con tener una buena vida, pero a veces recibimos sartenazos en la cara que nos despiertan a una cruda realidad. Esos sartenazos no son siempre producto de nuestra mala relación con los hombres; a veces tienen que ver con aquella que hemos tenido con nuestros padres, o incluso con los desafíos de la vida, como la falta de dinero o algún problema de salud.

Somos mujeres que tuvimos que salir adelante solas, porque tuvimos hombres a nuestro lado que lejos de protegernos nos atacaron de formas inimaginables. Despertamos nuestro ÓN a punta de trancazos, porque nos amamos a nosotras mismas y a nuestros hijos, y por eso nos levantamos, nos secamos las lágrimas y seguimos nuestro camino.

Una mujer no se vuelve mujerÓN por accidente, por casualidad. Ser mujerÓN es nuestro mayor orgullo, nos ha costado lágrimas de sangre.

Nos hemos levantado de miles de caídas, nos hemos recuperado de un sinnúmero de golpes y de traiciones de las personas que más hemos amado.

¡Los mujerONes nos hemos ido creando y formando con mucho amor!

¿Cuántos hombres conoces que creen que ser el que manda o darle un mal trato a su novia o esposa los hace sentir poderosos? Y que creen que "estar por encima de ella" es una muestra de su "hombría" y por esto ya son la última Coca-Cola en el desierto.

Las mujeres en nuestra cultura, si queremos tener relaciones sanas, debemos contribuir a cambiar la forma de pensar de algunos hombres y poner límites para que nos vean de diferente manera.

Debemos darnos nuestro lugar, aceptando sólo un buen trato y respeto, y con ello, demostrarle a todo el mundo que un señorÓN es el que está con un mujerÓN, para que entonces sea eso lo que ellos deseen ser en su vida y en su relación de pareja.

Pero antes de mirar a los hombres, debemos reeducarnos a nosotras mismas, cambiar nuestra forma de pensar, y luego enseñarles a ellos cómo se trata a una mujer que vale la pena.

Primero debemos dejar de negar lo que somos, y ayudar a los hombres a que se den cuenta de que lo que más les conviene es ser la mejor versión de sí mismos, ser señorÓN también: así ganamos todos.

Si nos topamos con un hombre ratón o un hombre sanguijuela (de quienes te hablaré más adelante), podemos hacerle saber que tiene la posibilidad de transformarse en un señorÓN, para entonces compartir su vida con un mujerÓN y así experimentar el verdadero amor.

El cantante Camilo dijo una vez:

"Sabía que ella merecía algo mejor, pero sabía que me dolería verla al lado de alguien más; entonces mejoré, mejoré por amor, mejoré para no perderla. Y creo que todos deberíamos pensar igual, no importa si eres hombre o mujer. El amor te enseña a mejorar".

Un mujerÓN sabe lo que quiere, lo que vale y lo que merece, y no acepta menos que eso. Y si bien no necesita de nada ni de nadie para ser feliz, cuando elige estar acompañada, no está dispuesta a pagar ningún precio. Si su pareja no le suma, prefiere estar sola.

Después de muchos años soltera alguien me dijo: "Es que tú no estás dispuesta a aguantar ni tantito". Y qué razón tenía. Una relación de pareja no es para aguantarla, es para disfrutarla y para crecer juntos. ¿Mi vida es mejor con él? Si no es así, mejor sola que mal acompañada. Eso no quiere decir que prefiera estar sola que bien acompañada, ¿eh?

Un mujerÓN intenta tener siempre su ÓN de mujer poderosa encendido. Es amable, cálida, cariñosa, agradecida, dulce. Es paciente, porque sabe que en algún momento cosechará los frutos de todo lo que ha sembrado. Ama a las personas, las cuida y da lo mejor de sí misma, pero ella siempre es su prioridad. Se consiente y apapacha. Es responsable y se cuida.

Cuando una mujer llega a ser mujerÓN, ¿la vida se torna color de rosa? Debo advertirte que no. Si bien ser tu mejor versión es maravilloso, habrá mucha gente a la que no le guste que lo seas. Intentarán atacarte, destruirte, debilitarte para que seas una oveja más en el rebaño, y puedan manipularte y controlarte.

Recuerda: ser mujerÓN no es un estado o un lugar a donde llegas, es una acción.

Es probable que algunas personas intenten por todos los medios que dejes de serlo. A la gente le gustará más tu versión complaciente e insegura porque querrá sacar provecho de ti. Pero cuando ya has tomado la decisión de ver por ti antes que nadie, pondrás en tela de juicio tus actos y decisiones, y cada día serás más y más mujerÓN.

De pronto podrás tener algunas caídas, en donde dudes de tu poder, donde te sientas insegura de ser lo que realmente eres, pero con el tiempo te irás acostumbrando a tu verdadera esencia.

Y como a veces necesitarás escuchar a alguien que te recuerde el mujerÓN que eres, sugiero que armes un "club de mujerONes". Puede ser con tus amigas, compañeras de trabajo o familiares. Que lean este libro juntas, para que cuando algún miembro del club comience a dudar de su poder, las demás puedan recordarle que las mujeres somos unas reinas, que merecemos ser tratadas como lo que somos y que, si un hombre no puede vernos como tal, lo mejor es alejarlo de nuestra vida.

En mi opinión, éstas son las cinco características principales de un mujerÓN:

1. Auténtica

Entre más auténtica seas, más mujerÓN eres. Ser auténtica es ser confiable, segura, divertida.

Estar con una persona auténtica es delicioso: te sientes seguro porque sabes a qué te estás enfrentando. Por eso es muy importante que te sientas muy orgullosa de ser quien eres, un ser humano con defectos y virtudes que no intenta aparentar algo que no es. Ser auténtica debería ser prioridad en tu vida porque sólo así evitas gastar energía en pretender ser lo que no eres.

Un hombre de la más alta calidad, un hombre que vale la pena, se enamorará perdidamente de un mujerÓN si ella se muestra tal y como es, si es auténtica.

El problema es que con la falsa idea de que a los hombres no les gustan las mujeres como nosotras, porque la mayoría de los hombres no son señorONes, nos intentan hacer sentir inseguras, y por eso vivimos haciendo un personaje de algo que no somos.

Un hombre valioso amará a una mujer segura y genuina, y si estamos disfrazadas de ratones asustadizos escondiendo nuestra fuerza, estamos completamente alejadas de ser una mujer original, aparentamos ser una persona que no somos.

Un hombre de verdad desea a una mujer completa, feliz, independiente, fuerte, capaz, inteligente, segura de sí misma y auténtica. Todas éstas son características de un mujerÓN.

2. Amorosa

Es amorosa porque ya no es adicta a nada ni nadie. Se consiente y apapacha. Es responsable y se cuida. El amor de un hombre nunca será tan necesario como para que renuncie a su poder y traicione sus deseos para mantenerlo a su lado.

El amor es la energía más poderosa que existe. Si haces las cosas por amor y con amor, entonces ya sabes todo de la vida. Y eso te convierte en una mujer feliz. El poder de un corazón amoroso es infinito, como el cielo, que puede contener el sol, pero también desatar tormentas y, además, copos de nieve y granizo, así como un corazón que ama sin fin.

3. Vulnerable

Un mujerÓN sabe que su vulnerabilidad no es una debilidad; por el contrario, es una fortaleza. Porque es indispensable para el amor verdadero. Implica tener la capacidad de reconocer cuáles son sus miedos y exponerlos sin que le importe ser juzgada, y ésa es una cualidad que muy pocos seres humanos tienen. Un mujerÓN lo sabe.

La vulnerabilidad significa incertidumbre, riesgo y exposición emocional. Al amar a una persona a lo mejor no serás correspondida o serás rechazada. Por eso, ser vulnerable es una muestra de coraje. Se requiere mucho valor para exponerte emocionalmente y arriesgarte a fracasar.

Aunque... ¿sabías que también las emociones positivas están enraizadas en la vulnerabilidad? Generalmente asociamos la vulnerabilidad con emociones "negativas" como el miedo, la tristeza y el dolor, pero la vulnerabilidad también es el origen de las emociones positivas como el amor, el gozo y la empatía.

Y como todos queremos amor y conexión en nuestras vidas para disfrutarlas plenamente, entre más capaz seamos de sentir las emociones negativas, más intensamente experimentaremos las positivas

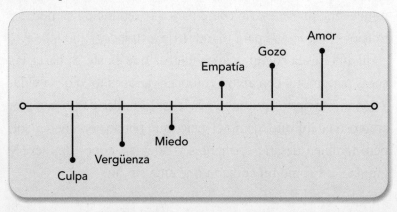

4. Responsable

Un mujerÓN no vive pensando que sólo se trata de ser linda y de cara bonita; por lo tanto, sabe poner límites, trabaja en sí misma y es buena en lo que hace. Es una mujer independiente y capaz en todos aspectos. No se trata sólo de ser responsable para sacar adelante los gastos de la casa, el trabajo y los hijos... Además, se responsabiliza de lo que siente, de lo que quiere y de lo que no: hace lo que tiene que hacer para tener una buena calidad de vida, no importa si trabaja o si es ama de casa. Sabe lo que vale y lo que merece, por lo que no acepta menos que eso.

Una mujer responsable confía en su intuición, y reconoce cuando un hombre no la respeta o no la quiere. De la misma manera, respeta a su pareja, y sabe que ese respeto se demuestra confiando en sí misma, en su relación y en la pareja que ha elegido. Porque es imposible conquistar a un hombre si él no se siente respetado.

5. Íntegra

Un mujerÓN apuesta más por lo que opina de sí misma que por lo que opinen los demás. Es paciente y sabe lo que ha sembrado, por lo tanto, es consciente de que tarde o temprano cosechará esos frutos.

Sabe amarse, lo que necesita, lo que desea, lo que quiere, y cuáles son sus factores innegociables.

Si reconoces uno o varios de estos atributos en ti, ¡felicidades!, seguramente ya eres un mujerÓN y quizá no te habías dado cuenta, o por lo menos vas por buen camino y estás muy cerca de convertirte en tu mejor versión.

Playlist especial de mujerÓN

1. Brave - Sara Bareilles
2. Ella - Bebe
3. Girl on Fire - Alicia Keys
4. Run the World (Girls) - Beyoncé
5. Roar - Katy Perry
6. Can't Hold Us Down - Christina Aguilera ft. Lil' Kim
7. Las Que Se Ponen Bien la Falda - María José ft. Ivy Queen
8. Sisters Are Doing It for Themselves - Eurythmics
9. Woman – Kesha ft. The Dap-Kings Horns
10. Read All About It, Pt. III - Emeli Sandé

Esta lista es especial para todos los mujerONes, por eso te invito a que me envíes tus sugerencias de más canciones poderosas en redes sociales con el hashtag #playlistmujerÓN para agregarlas, ¿va?

Instagram: @ingridcoronadomx

Capítulo 2. Solteras

¿Por qué convertirte en una mujer que tiene que estar en oferta para recibir amor?

Yo no nací para amar, nadie nació para mí.

Juan Gabriel

"Todos los problemas en mi vida me los ha causado un hombre", me decía una y otra y otra vez.

Dicen que la mayoría de los problemas llegan a nuestra vida por dos razones: por metiches o por tarugos. Pero ¿acaso enamorarme me convierte en una tonta? Si es así, mejor ya nunca me voy a enamorar, aseguraba.

Aunque estaba muy baja de energía, estaba decidida a comenzar una nueva vida. Los años anteriores habían sido muy difíciles, muchos problemas, traiciones, engaños y el divorcio que me había roto el corazón, por lo que me había costado mucho trabajo salir del profundo dolor. Llevaba un buen tiempo poniendo pretextos para no salir por miedo a conocer a alguien y que me lastimara... otra vez.

Pero hubo un día que sentí que era mi día de suerte, en el fondo de mi corazón sabía que algo bueno iba a suceder.

Elegí estrenar una blusa de manga larga, con *print* de colores y los hombros descubiertos, que había estado guardando para una ocasión especial; me puse mis jeans ajustados —esos que marcan mis caderas y que he visto que llaman la atención de los hombres cuando camino por la calle— y botines negros. Puse especial atención en mi boca al deslizar mi lipstick rojo por mis labios, y me puse mi perfume favorito.

Me sentía cool y sexy.

El ambiente no podía ser mejor, había mucho ruido en el restaurante porque era el de moda y estaba completamente lleno. Se escuchaban voces, risas, música, el sonido de las copas al brindar y los cubiertos golpeando los platos.

En la mesa del fondo, junto a una gran ventana, estábamos mis siete amigas y yo, celebrando mi cumpleaños. Yo me sentía muy feliz disfrutando de mi gin & tonic con frutos rojos, la especialidad del lugar. Como es típico en las mesas de mujeres, estábamos hablando sobre uno de nuestros temas favoritos: nuestras relaciones con los hombres.

Yo no había echado mucha leña a la hoguera de la conversación, porque me había comprometido conmigo misma, que sin importar todo lo que "me hubieran hecho", no iba a volver a hablar mal de un hombre. Y como hasta ese momento no había aún muy buenas cosas que decir de alguno, sólo escuchaba con atención.

De pronto, vi a un hombre acercarse a mi mesa con mucha decisión: era de estatura mediana y rasgos europeos, piel blanca, nariz recta y la sonrisa más hermosa y honesta que había visto jamás. Me miraba a lo lejos y parecía que no se iba a detener nunca. Sus ojos engancharon mi mirada hasta que llegó a saludar.

Me llamó por mi nombre, mientras yo veía cómo salían esas seis letras de su hermosa boca para derretirse dulcemente en mis oídos.

—¿Cómo estás, Ingrid? —me preguntó con tono coqueto y seguro de sí mismo.

—Mmm, bien —dije, intentando ocultar mis nervios.

Él sonrió, y me puse aún más nerviosa. Su mirada era penetrante y segura. La oscuridad de sus ojos tenía un brillo muy especial. Mostraba total interés en mí. Parecía que no había nadie más en el lugar, que sólo éramos él y yo.

—¿Están celebrando tu cumpleaños? —preguntó.

—Sí, un poco atrasado —dije en voz baja, intentando desviar la mirada, pretendiendo disimular lo caliente y rojo de mis mejillas.

—A ver cuándo nos vemos, ¿no?

—Mmm, ok, sí —respondí mientras me acariciaba el mechón que caía sobre mi cara.

Giró en sus talones en sentido contrario al mío y regresó a su mesa, que estaba justo al lado de la nuestra. A lo lejos se veía alegre, como si no le hiciera falta nada. Mi corazón se aceleró, tenía la sensación de que no iba a parar nunca. Me empezó a faltar el aire. Ese breve encuentro despertó mi deseo. Deseo que llevaba dormido más de tres años. Incluso llegué a pensar que podía ser algo así como amor a primera vista.

—¿Lo conoces? —me preguntaron mis amigas.

—Mmm, creo que lo he visto en algún lado —respondí y asentí con poca seguridad.

—Parece que se conocen de toda la vida —me dijo una de ellas.

Justo ésa es la sensación que tuve. ¿Cómo es posible que en un instante sintiera que lo conozco de toda la vida?

Llegué a casa, me acosté en mi cama, y me pregunté: "¿Se puede sentir amor por alguien que no conoces?".

Cuando sales de alguna relación tóxica, al principio quieres evitar cualquier cosa que te recuerde la dinámica de tu última relación. No te puedes imaginar recogiendo las piezas de tu

corazón una vez más. En mi caso, tres años me sentí asquea-
da, y decía la típica frase "todos los hombres son iguales, y yo
no quiero volver a saber de ellos nunca más".

Con el tiempo, comencé a soñar: primero con divertirme
un poco siendo una soltera cotizada, para luego encontrar a un
hombre valiosísimo que me ayudara a demostrar que el problema de mi rompimiento de pareja no había sido yo, que no hay
nada malo conmigo, que fue el otro el que no me valoró y se
había comportado de una forma inaceptable.

El problema es que ese deseo, esas ganas de "rehacer mi
vida" me llevaron a sentir cosas muy grandes con el primer
hombre que llamó mi atención. Es como si hubiera estado en
ayuno tantos años que, al primer plato que me sirvieron, lo
viera como si fuera el más exquisito manjar.

Ése es el problema cuando tu amor propio está en estado de
necesidad: si crees que no vales mucho, cualquier cosita te pa-
recerá "gran cosa". Y no porque ese hombre no valga, sino porque
no lo sabes porque no lo conoces.

Recuerdo que cuando me divorcié la primera vez, pensaba: "¿Quién me va a querer si soy divorciada y con un hijo?".
Creía que tenía un defecto enorme que tenía que compensar;
por lo tanto, me desbordaba en atenciones para que alguien
me quisiera. Sentía que tenía colgada la mochila del fracaso
porque, aunque había movido mar, cielo y tierra para que funcionara, no había logrado tener una relación gratificante.

Pero ¿qué lleva a una mujer a tomar la decisión de ya no
querer estar con un hombre? Casi siempre es el maltrato de
ese hombre. Cuando la toxicidad y/o la violencia son completamente inaceptables, alejarte de una persona que te trata mal
es una muestra de que te valoras, no de que no vales.

Entonces, ¿por qué convertirte en una mujer "de segunda mano" que tiene que estar en oferta para recibir amor? Al contrario, tus heridas, tus batallas, procesos personales y experiencias son una ventaja.

Un día un amigo me preguntó: "¿Qué buscas en un hombre?, sin ponerte muy exigente". Y le respondí: "¿Y por qué no me voy a poner exigente si sé cuánto valgo?".

Y sí, soy una mujer divorciada, dos veces, que ha sacado, prácticamente sola a sus hijos adelante (y, por cierto, los tres son chavos valiosísimos que suman en la vida de cualquier persona). Si conozco mi valor, ¿por qué tendría que conformarme con una relación violenta o que no me satisface? Una mujer que se quiere a sí misma tiene muchas cosas hermosas que dar.

Si un hombre cree que ese tipo de mujer es una desventaja o una amenaza, el que no vale la pena es él. Sólo los hombres RSL (ratón, sanguijuela y lobo), de los que hablaré más adelante, pensarían que una mujer así es demasiado para ellos.

Hace algunos años, estaba pasando por un momento que describiría como… peculiar. Mi carrera como conductora estaba en el punto más alto, tenía hasta tres programas de TV al mismo tiempo, era la imagen en varias campañas de publicidad, tenía éxito, dinero y prestigio. Físicamente, todos me adulaban y me decían lo espectacular que me veía. Me había divorciado unos años antes, y era de las pocas temporadas de mi vida que me estaba dando la oportunidad, felizmente, de estar sola, sin pareja.

Un sábado por la noche, mi hijo se había ido a pasar el fin de semana con su papá y yo estaba cenando con unas amigas, y como todas tenían pareja, terminaron la cena temprano para irse con ellos. Recuerdo que al pagar la cuenta fui al baño, y estando ahí me sentí muy sola y desdichada por no tener con quién compartir la noche. Me sentía frustrada y enojada, así que decidí "solucionar" mi problema.

Me acordé de un galán que había tenido años antes. "Moría por mí", pensé. Así que le envié un mensaje: "¡Hola! ¿Cómo estás?". Respondió casi al instante, muy emocionado de saber de mí.

Dos o tres mensajes después me pidió que lo alcanzara en un antro, y como en la cena con mis amigas me había tomado unas copas, estaba un poco "enfiestada", por lo que accedí con gusto.

Estuvimos tomando un par de horas más, y luego nos fuimos a su departamento. Llegamos directo a su recámara y, sin calentamiento previo ni nada, tuvimos sexo.

Cuando él estaba dentro de mí, me di cuenta de que nunca me había sentido más sola y vacía en toda mi vida. Empecé a sentir náuseas.

"Mira hasta dónde has sido capaz de llegar", me dije a mi misma.

Este hombre no sólo no sentía nada por mí, ni yo por él, sino que ¡ni siquiera me gustaba! Años antes lo habíamos apodado "el feo" entre mis amigas; salía con él sólo cuando no tenía ninguna otra opción. ¿Y ahora yo le estaba entregando lo más preciado y valioso de mí: mi intimidad, mi tiempo y mi cuerpo?

No podía estar más desconectada de mí, de él y de la vida en ese momento. Era como si me estuviera violando a mí misma al haber tomado la decisión de estar con él bajo esas circunstancias.

Como pude me vestí y salí corriendo de su casa para irme a la mía.

Ese día aprendí que estar sola no es lo peor del mundo. Lo peor del mundo es estar con alguien que no te quiere o no te valora. Tener sexo para sentir "amor" momentáneo refuerza la creencia nada conveniente de que un hombre nunca te amará de verdad. Además de que, si podemos hacer el amor, ¿por qué conformarnos con sexo? ¿Por qué desperdiciar una experiencia hermosa con un hombre que no lo merece? Si sólo buscas placer, la autoexploración es mucho más segura y confiable.

Hoy lo entiendo: en nuestra sociedad parecería que estar soltera es algo malo, cuando en realidad puede ser muy valioso si lo ves como un camino en el que aproveches bien tu tiempo; un periodo de conocimiento y de construcción personal inigualable que forma parte de un proceso. Por eso, no permitas que los pensamientos que te dicen lo contrario te atrapen.

Miles de mujeres no pueden separarse de sus actuales parejas tóxicas, o salen y le entregan su amor y su cuerpo a cualquier hombre porque están enganchadas a una droga conocida como "el amor de un hombre".

Estar soltera un buen rato puede ser un desafío muuuy grande. Pero tener un tiempo para reconstruirte emocionalmente antes de relacionarte con otro hombre no sólo es una gran idea: sin duda, es un gran acto de amor por ti.

Muchas veces sientes el impulso de hacer las cosas que te han dicho desde niña que, supuestamente, son indispensables para ser feliz: tienes que madurar, encontrar pareja, casarte y tener hijos. Y ves por todos lados publicidades que te dicen que, si no tienes eso, fracasaste.

¡Eso es una mentira! Si quieres que las cosas realmente cambien, tienes que cambiar tú. Se trata de mejorar la relación contigo misma, que seas la persona más feliz que conoces y que, si tienes pareja, es porque suma a tu vida.

Date cuenta de que es genial que estés soltera, porque significa que no has tomado la salida fácil de elegir a alguien por el simple hecho de tener un cuerpo cálido a tu lado cada noche. Y no te has conformado con estar con alguien que no fomenta tu crecimiento, que te da menos de lo que mereces o que te trata mal. Y si ése es tu caso, siempre tenemos la oportunidad de transformar nuestra vida en una más amorosa.

El gran truco es sentirte cómoda estando sola, ser feliz contigo misma, y cuando estés con un hombre, que sea el que debe ser, para disfrutar al máximo de su presencia y de sus momentos juntos.

Y, ojo, eso no quiere decir que debas estar sola toda tu vida, ¿eh?

Créeme. Lo que deseo para ti no es sólo que tengas sexo espectacular, sino que hagas el amor como nunca lo has hecho. Quiero que te sientas amada no sólo cuando te den un anillo de compromiso. Quiero que tengas la certeza de que ese hombre sabe cómo entrar a tu corazón y a tu alma, porque tiene el código con el que te abres emocional, física y espiritualmente.

Ni el amor es una jaula, ni la libertad es estar solo. El amor es
la libertad de volar acompañado. Es dejar ser sin poseer.
GABRIEL GARCÍA MÁRQUEZ

NO se trata de sentir amor, sino de SER AMOR. Se trata de que, aunque estés lista para tener pareja, NO dependas de eso. Confía en que llegará el amor de tu vida cuando lo atraigas por lo que eres y en quien te has convertido.

La ley "parajódica" (no me equivoqué queriendo decir paradójica) de Gestalt dice que las cosas cambian cuando dejas de hacer cosas para que las cosas cambien.

Céntrate en Kairos, que es el tiempo divino, donde todo sucede en el momento que está destinado a ser, y no antes.

Mi amigo José Alberto un día usó esta metáfora refiriéndose a mí:

Cuando la tierra es abundante, llueve; no al revés. La tierra es femenina, la lluvia viene del cielo, por lo tanto, es masculina. Así que sé abundante.

En la película de *August Rush* lo muestran espléndidamente:

La música está en todos lados, lo que tienes que hacer es escucharla.

¿Y sabes qué es la música? El pequeño recordatorio de Dios, de que hay algo más que nosotros en este universo. Hay una conexión armónica entre todos los seres vivos, incluso las estrellas. En este mundo todo es pasajero, viene y se va.

Pero uno nunca abandona su música. Sin importar qué pase. Porque cada vez que sucede algo malo, es al único lugar al que puedes escapar y dejarte llevar.

Y ¿dónde está tu música? En tu corazón, en cada uno de los latidos, en tu intuición, en tu alma.

Vivir una vida plena sin necesidad de estar en pareja es muy diferente que estar cerrada al amor; en realidad, estás abierta a él, sólo que ya no piensas como antes, que eres menos mujer por no tener a un hombre a tu lado. Tienes los brazos y el corazón bien abiertos para recibirlo, pero dejas de hacer cosas para que tu estado civil cambie y reconoces que hay cosas que dependen de ti y cosas que no.

Las heridas en cada una de nosotras pueden ser diferentes, pero es probable que estén vinculadas a sentimientos de abandono, autoestima y disponibilidad emocional. Aprende a amarte a ti misma con tanta ferocidad que dejes de temer que te abandonen.

No se trata de sólo buscar al indicado, sino de convertirte en la persona indicada, de modo que con el tiempo puedas compartirte con alguien más. Ser soltera se trata de descubrir que eres la persona que has estado buscando todo este tiempo.

Pero a veces queda mucho trabajo por hacer antes de convertirte en la mejor versión de ti misma. Debes amarte y perdonarte si quieres ser capaz de atraer estas cualidades en una pareja.

En mi programa de radio *Ingrid y Tamara* que se transmite en MVS 102.5, entrevistamos a un hombre que admiro y quiero mucho. Su visión sobre las parejas sanas me encantó, por eso te comparto un poco de lo que nos dijo Fer Broca.

Encontrar pareja es fácil. Lo complejo es elegir una pareja que valga la pena y que no sea desde la codependencia: esto es la necesidad de sentirse necesitada o la adicción al sufrimiento.

Regla básica: si tu pareja saca lo mejor de ti, tu alegría, creatividad y talento, y si te ayuda a florecer, entonces vale la pena.

¿Cómo sabes si es una relación saludable?

1. Empezó siendo fluida. Siendo tú misma, haciendo lo que haces, vistiendo como te vistes. Se trata de que él no sólo acepte, sino que ame lo que tú eres.
2. Es armoniosa. Tus intereses y los suyos tienen que combinar. Tus gustos tienen que empatar con los de él. Sus elementos más importantes tienen que estar en armonía. Cosas como el ejercicio, los hijos, la espiritualidad...
3. Es respetuosa. Respeto es amor. Entre más lo respetes, más lo amas. Es distinto a ti, y tiene derecho a serlo. Puede elegir por sí mismo su estilo, su ropa, sus horarios de sueño, etcétera. Y lo mismo de él hacia ti.
4. Te da paz. Desde lo más profundo de ti. Ya no estás para relacionarte desde la euforia. Donde estés tranquila y en calma, ahí es.

Pero sobre todo, que sea un hombre que sepa quién es, se valore, que ame aprender, conocerse y saber cada día más de sí mismo.

Que el hombre perfecto (perfecto para ti) te encuentre no depende de si tu *look* fue perfecto, si tu pelo o tu ropa son impecables, o si tu piel está libre de imperfecciones esa semana. Es tu energía la que atraerá a un señorÓN. Por eso es indispensable que primero tú seas un mujerÓN.

¿Y cómo reconoceré a un señorÓN?

Antes te mostraré los arquetipos de los hombres NO señorONes: hombres RSL: ratón, sanguijuela y lobo.

Playlist para mujerONes solteras

1.   Just Fine - Mary J. Blige
2.   thank u, next - Ariana Grande
3.   Send My Love (To Your New Lover) - Adele
4.   I Don't Need A Man- Pussycat Dolls
5.   Independent Women, Pt. 1 - Destiny's Child
6.   Unwritten - Natasha Bedingfield
7.   Man! I Feel Like a Woman! - Shania Twain
8.   Non, je ne regrette rien - Édith Piaf
9.   Express Yourself - Madonna

Capítulo 3. Hombre ratón

El típico sin carácter, a las faldas de su mamá y que nunca da el siguiente paso

Los amores cobardes no llegan a amores,
ni a historias, se quedan ahí.

SILVIO RODRÍGUEZ

Recuerdo a una pareja que, la primera vez que estuvo conmigo en la intimidad, dijo que me amaba. Yo le creí. Pero más bien creo que lo que veía en mí era a una mamá. Su madre parecía una mujer triste, sin mucho mundo, pero dentro de lo que cabe, una persona normal. Pero sólo parecía.

Aunque al principio decía estar feliz de que su hijo estuviera conmigo, algo dentro de mí dudaba de que eso fuera verdad. Como yo amaba a su hijo, hacía todo lo posible por caerle bien, y eso lejos de funcionar cada vez me alejaba más de él, hasta que ambos me comenzaron a faltar al respeto.

Tenía la sensación de que ella era su pareja y yo algo así como su amante. Esta dinámica estaba muy clara entre toda su familia; les parecía más que normal. Era algo así como que la mamá y el hijo eran los padres de todos. Incluso en lo económico. La que mandaba, indiscutiblemente, era su mamá.

Ella decidía qué hacer, a dónde ir y cómo hacerlo. Siempre estaba su juicio condenando, y la persona que se atreviera a querer algo distinto, o hacerlo de forma distinta, se ganaba la acusación total por parte de todos los miembros de la familia.

Un día estábamos comiendo, y su hermana mencionó a un artista que estaba empezando a refinar su gusto al vestir, y se me ocurrió comentar que a mi pareja antes se le complicaba mucho lo de la moda, pero que últimamente lo estaba haciendo superbién. Mi intención era echarle porras, pero el resultado fue que su mamá comenzó a gritar que yo no tenía razón: "Mi hijo hace todo muy bien y tú no eres capaz de verlo".

Cuando estábamos sentados en la mesa durante la comida y yo comentaba algo, si ella decía: "A mí me parece que...", ya anticipaba que la reunión se iba a convertir en un campo de guerra, en un conflicto de intensidad diplomático, porque más allá de si yo tenía razón o no, si mi punto de vista difería del de la señora, todos se me echarían encima.

Yo aguantaba mucho hasta que un día sus papás nos invitaron a comer a su casa y, ¡oh, sorpresa!, también invitaron a su exnovia (de la que, por cierto, siempre hablaban maravillas). Se me cayó la quijada al piso cuando vi lo que intentaban hacer: a ella la trataban como reina y a mí como esclava para que él aprendiera a valorar a la mujer que sí era aceptada por sus padres. Lo más impactante es que él no hizo nada ante esa situación. Después de ese día, decidí no pasar más tiempo con su familia; le dije que él los visitara cuando quisiera, pero sin mí.

Al principio funcionó, pero con el tiempo pude notar que mis problemas con él empezaban mágicamente cuando había estado con ellos. Llegaba en modo gallo de pelea señalando todo lo que yo no hacía bien para entonces discutir y discutir.

Cuando le externaba esto, él se excusaba diciendo que lo que pasaba era que él era el hombre alfa de su familia primaria, o sea, de sus padres y hermanos. Incluso se sentía muy orgulloso de haberle "quitado" el lugar de hombre alfa a su padre, cuando la realidad es que ninguno de los dos tenía nada de alfa. La que mandaba en su casa era su mamá, y él era un hombre ratón escondido debajo de su falda.

El hombre ratón es inseguro o "sácale punta". Astuto, audaz, pero no muy inteligente. Poco constante. Es el que tiende a ponerse por encima de quien puede, pero se hace chiquito frente a quien no puede. Muchas veces consigue lo que quiere a través de mentiras. También es un hombre que le teme al compromiso.

Recuerdo que, en una ocasión, tras haber estado soltera por casi siete años, no sólo sin una pareja formal, sino sin haber tenido una cita que verdaderamente valiera la pena, la mamá de una amiga de mi hermano me mandó un video diciéndome que quería presentarme a un amigo suyo. Sus palabras textuales eran "Es un tipazo, te va a consentir muchísimo, yo creo que él puede ser el amor de tu vida". Palabras mágicas para una mujer que parecía haber roto alguna vez el espejo de la mala suerte y por eso llevaba tanto tiempo sola. Para una mujer cuya última relación fue extremadamente dolorosa. Esa separación me había costado mi familia, mi trabajo, mi estabilidad económica, mi seguridad y mi autoestima. Por lo tanto, una promesa de encontrar al amor de mi vida era sumamente antojable y tentadora. El susodicho me había encantado al ver sus fotografías. Después de dos semanas de darse su taco, finalmente me escribió por WhatsApp.

Las conversaciones fluyeron naturalmente durante todo ese mes que conversamos. Sí, ya sé, todo un mes sólo escribiendo es mucho tiempo. Pero yo pensaba que las cosas iban muy bien, porque me escribía casi diario. Sin embargo, se le atravesaron dos viajes durante ese tiempo, lo que, en teoría, impedía que nos conociéramos en persona.

Hubo una semana entre los viajes donde sí estuvo en México, y si hubiera tenido suficiente interés, me habría pedido una cita, pero no lo hizo. En ese momento no lo vi como foco rojo, más bien pensé que a lo mejor se le había juntado el trabajo por tanto viaje, y no tenía problema en esperar un poco más. Tampoco pedía hablar conmigo por teléfono, ni por videollamada; yo eso lo veía como un atributo favorable, porque pensaba que los psicópatas narcisistas apuran las relaciones, y al menos él no era uno de ésos. Son increíbles las mentiras que nos contamos para convencernos de que ser infeliz o ignorada es normal. Finalmente, después de más de un mes, lo conocí.

Llegó puntualmente a la cita en un coche deportivo espectacular. Al verlo me di cuenta de que era mucho menos atractivo de lo que esperaba, menos simpático, menos alto y menos inteligente de lo que creía. De trato era mono, no gran cosa, medio exitoso, medio agradable, medio caballeroso… La cita no estuvo tan mal, así que me abrí a la posibilidad de tener otra cita, más por las recomendaciones que por él.

Como no tenía a más candidatos en puerta, después de ese primer encuentro, decidí esperar para ver si tenía guardadas cosas más interesantes. El tiempo pasó, y este intento de relación no mejoró mucho. Él siguió mandándome un breve mensaje diario, sin contenido realmente atractivo, pero yo seguía pacientemente esperando algo mejor.

Importante: un mujerÓN no se conforma con un hombre que sólo le manda mensajes. Los reyes hablan por teléfono y buscan tener citas contigo. Si sólo quiere mandarte mensajes de texto lo dejas fuera en ese instante, lo bloqueas, no quieres perder tu tiempo con un hombre que no es un rey, ¿okey?

Un día hablamos por primera vez por teléfono en la noche y me dijo que al día siguiente me escribiría para volver a hablar porque era más padre por teléfono que por mensajes. A la mañana siguiente me escribió como de costumbre, yo le respondí para seguir la conversación de la noche anterior y programar la llamada. Nunca más respondió mi mensaje.

Mentiría si dijera que eso no me sacó de mi centro. Me enfurecí. Pensé: "¿Cómo es posible que me hagan perder el tiempo de esa forma? Si no quiere nada conmigo, ¿entonces para qué me escribe?".

Pasé por varias etapas:

Primero, revisar una y mil veces en mi mente lo que dije, lo que no dije, lo que hice, lo que no hice, e invertí una parte importante de mi tiempo y energía en tratar de descifrar qué fue lo que pasó, y por qué se fue así sin dar ninguna explicación. No es que fuéramos algo, pero dejar de contestar cuando estás en una conversación es un acto de cobardía y de falta de educación. Hasta que entendí que no contestar también es una respuesta.

Luego, descubrí que esto es algo así como una moda, y que muchos hombres tienen esta actitud con las mujeres, que yo no soy la única.

Finalmente, mi ego salió al rescate con argumentos como el que una mujer independiente intimida a los hombres y bla, bla, bla. Pero lo más importante de esto es que debemos entender que el que algunos hombres hagan esto tiene que ver con ellos, no con nosotras.

Este evento cambió mi forma de pensar, transformó no solamente mi relación con los hombres, sino mi vida en general. Siempre estamos en una posición de ver si pasamos la prueba, o si seguiremos atrayendo hombres así de tibios, de medio cachete. Para atraer a un hombre de verdad, tenemos que ser una mujer de verdad, y ésta sabe su valor y no acepta migajas. Las diosas empoderadas no lloran por güeyes que las dejan en "visto".

¿Qué pasa cuando nos conformamos con poco?

Yo sueño con el amor, con una relación que me llene por completo, con una persona que me haga sentir que nadie más podrá amarme o mejorar mi vida como lo hace esa persona. Y entonces ¿por qué aceptar a un hombre que es medio medio, y no mejor esperar a que llegue un rey?

La estrategia de muchos es muy clara, así que si un hombre te quiere hacer sentir insegura, entonces no es bueno para ti. Si no muestra interés real, ciérrale la puerta de tu vida desde el principio.

Eso no quiere decir que si tarda dos horas en contestarte un mensaje tengas que mandarlo a la fregada. Lo que quiero decir es que, ante la duda, la respuesta siempre es NO.

Si no sabes si le interesas, si no sabes si te quiere, si no sabes si te valora, la respuesta es NO.

Cuando un hombre te deja de hablar, sueles pensar que hiciste algo mal, y no que a ese hombre le hacen falta educación o valores. No tienes el poder para hacer que los hombres se comporten de cierta manera, pero tienes todo el poder de ver las cosas con la perspectiva que tú quieras y elijas, por lo que puedes contarte una historia que te haga bien o una que te haga mal.

Los hombres, a diferencia de nosotras, piensan que es mejor actuar que decir: "¿Para qué le digo que ya no quiero verla más?, mejor simplemente le dejo de hablar y punto", sin considerar el impacto psicológico que eso tiene en nosotras. Porque nosotras pensamos y hacemos las cosas de diferente manera. Las mujeres somos más sinceras, honestas y directas. Incluso cuando ya no queremos salir con alguien, buscamos formas amorosas y gentiles para terminar y así no herir sus sentimientos.

A veces tu mirada está puesta en ellos, cuando tienes la obligación de cuidar de ti misma, de ser gentil contigo, porque sólo tú sabes lo que es bueno para ti.

Yo sé mi valor, pongo límites y me doy mi lugar.

Esta experiencia me ayudó a entender, de una vez por todas, que en las cuestiones románticas con los hombres no hay mensajes mezclados o confusos. Si le gustas, si está ÓN contigo, lo vas a saber. Si te pide agendar el siguiente encuentro, si te llama cuando dice que te va a llamar, si está dispuesto a abrir su corazÓN, si quiere una relaciÓN, lo vas a saber. Las mujeres tenemos la mala costumbre de idear excusas cuando un hombre se comporta irrespetuosamente, sin educación o simplemente sin interés. Si no es evidente, no es ÓN, es NO.

Tu ego te hace pensar que el mundo gira a tu alrededor y que, si alguien no te devuelve las llamadas o te ignora, es culpa tuya. En esencia, crees que controlas cómo se comportan los demás y sus elecciones. En realidad, no es así, te estás contando una historia equivocada. A las mujeres nos convendría contarnos historias que nos beneficien, no que nos perjudiquen.

Recuerdo que en mis relaciones siempre pensaba: "¿Y si lo busco más?", "¿Y si lo busco menos?", "¿Y si lo habláramos?", "¿Y si tuviéramos más sexo? ¿O menos?", "¿Y si diera más?",

"A lo mejor así esta relación se convertiría mágicamente en todo lo que siempre quise, a lo mejor le voy a dar ÓN". ¿Y sabes algo? ¡Eso no va a suceder!

Se trata de tener un amor sano, que te amen por cómo eres; por lo tanto, modificar tus deseos o hasta tu personalidad para obtener un resultado no sólo es una mala estrategia: es una total pérdida de tiempo.

También es momento de hacer las paces con tu ego y admitir que por muy increíble, cariñosa o buena que seas, no puedes hacer que alguien se ponga ÓN y te ame. No puedes obligar a nadie a querer mejorar, y mucho menos forzar una relación para que dure más, cuando el único propósito era terminar para que pudieras seguir adelante.

Cuando te enfrentes a un hombre tibio, un hombre ratón, lo mejor que puedes hacer es alejarte y no permitir que te haga perder el tiempo.

Hoy agradezco a los hombres ratón de mi vida que me ayudaron a construir este arquetipo. Paradójicamente, los no señorONes me ayudaron a escribir sobre los que sí lo son. Una nunca sabe cuándo un hombre que podría no tener importancia en su vida se puede convertir en lo que necesita para decir "ya basta" y comenzar a relacionarse de otra manera.

El hombre ratón es el típico que sientes que le gustas, pero no da el siguiente paso. Es el que te busca durante un tiempo, y luego se desaparece, y también el que vive a las faldas de su pareja, sin tomar decisiones, ni para él, ni para su compañera, ni para su familia.

El otro día unos niños me dijeron: "Mi papá no hace nada, y es mi mamá la que dice todo lo que tenemos que hacer en la casa. Si no fuera por ella, la casa sería un relajo".

Esto es de lo más cómodo. Lavarse las manos y convertirse en un papá globero que sólo consiente. Es una manera de deslindarse de las responsabilidades, con tal de ser el lindo, el bueno, y ésa es una posición muy injusta. Es un juego muy común del hombre ratón, ser el bueno mientras ella es la mala del cuento. Le deja el trabajo completo a la mujer, ya sea en la casa, con los hijos y a veces hasta con el dinero. No pondrá límites ni luchará por su familia, porque es un ratón, no un señorÓN.

Un ratón es un animal "inofensivo", sólo se vuelve peligroso cuando tiene rabia. Así también es un hombre ratón. ¿Y qué le provoca la rabia? Enfrentarse a un mujerÓN.

Recuerdo a un "amigo" ratón. Parecía un hombre encantador e inteligente. Yo estaba intentando lanzar algunos proyectos y él tenía mucha más experiencia que yo en esa área. Un día me dijo que, si quería, podía ayudarme, y es así como comenzamos a trabajar juntos.

Al principio parecía que todo iba viento en popa. Como yo no sabía mucho del tema, aceptaba cualquier consejo o sugerencia que él me diera. Pero con el tiempo aprendí, tomé cursos, leí libros y comencé a aportar algunas ideas, las cuales siempre recibían una negativa de su parte. Yo pensaba: "Okey, él es que sabe, seguro no es una buena idea".

Hasta que otro amigo me dio una opinión sobre unas publicaciones en mis redes sociales, con la mejor de las intenciones. Cuando se lo dije, se puso como loco, empezó a gritar y a decir que esa persona no tenía ninguna autoridad en el tema, que cómo me atrevía a siquiera sugerir que sus comentarios eran útiles, menospreciando a mi amigo y a mí de forma muy violenta. Ahí me di cuenta de que lo que realmente lo había enojado era que hubiera escuchado a un hombre que no era él, olvidando que él trabajaba para mí, no al revés. Pero, independientemente de aquello, ésa no era la forma de tratarme.

Cuando le expuse mi inconformidad, le costó trabajo aceptarla, pero prometió no volver a tratarme así. Hasta que poco tiempo después, me hablaron de una agencia de RP para ofrecerme un programa y le pedí su opinión. Se volvió a poner como loco y empezó a gritar que la persona que me lo estaba ofreciendo era un mentiroso. En ese momento constaté que lo que lo enloquecía era la idea de que escuchara a otro hombre; se ponía violento para que yo me sintiera insegura.

Cuando un hombre ratón se enfrenta con una mujer fuerte e independiente, esto le provoca ver sus propias inseguridades y por eso reacciona de forma violenta. Si estás pasando por una situación similar, debes saber que estás tratando con un hombre ratón que aparenta ser un señorÓN, cuando en realidad le faltan pantalones, los cuales, por cierto, tú, mujerÓN, sí tienes.

Por lo tanto, con un hombre ratón es probable que suceda una de estas dos cosas: o que se aleje de ti sin razón aparente, o que se llene de rabia y te lo demuestre con su comportamiento violento o abusivo, intentando desarmarte, causándote inseguridad para tomar el control de tu vida y de la situación.

Si un hombre te rechaza o desaparece, eso no significa que tus instintos estén apagados y por eso hayas atraído más dolor; significa que ese hombre tenía que irse de todos modos. A veces tienes miedo de seguir atrayendo al mismo tipo de hombres o a vivir estresada todo el tiempo, pero, recuerda, todo es un proceso.

Hay relaciones que te liberan de la creencia de que debes aceptar menos de lo que mereces. Te ayudan a darte cuenta de que no te amabas lo suficiente, que ignoraste las señales de destrucción que estaban ahí, o que no supiste alejarte de "don emocionalmente inaccesible", ni luchaste por lo que sabías que merecías. Así que optaste por someterte a lecciones, te dejaste llevar por el dolor y el caos.

Si actualmente estás en una relación en la recibes información confusa; si parece que él es una buena persona, pero tu corazón te dice otra cosa; si parece que te quiere, pero te sientes muy insegura; dice que te ama, pero es extremadamente celoso y no confía en ti, entonces te informo que no es un señorÓN: estás compartiendo tu vida con un hombre ratón.

Los mejores fanfarrones suelen ser los mayores cobardes.
JEAN-JACQUES ROUSSEAU

¿Te dice cosas que te duelen, pero con el discurso de que es por tu bien? ¿Es lindo a veces y otras te ignora? ¿Dice que te quiere, pero sientes que algo falta o te da desconfianza? ¿Te hace sentir insegura, te anula o no te deja crecer? ¿Hace chistes sexistas? ¿Te chantajea o te culpa? ¿Te controla o intenta controlarte? ¿Es grosero o violento contigo? ¿Te amenaza, te grita o te insulta? Entonces tu pareja es un hombre ratón con rabia… o un hombre lobo, del que ya te contaré.

Un hombre que vale la pena lo sabe; un hombre que no vale la pena, en el fondo, lo sabe también. Por eso, cuando el hombre débil se enfrenta a un mujerÓN, siente mucho miedo de no ser suficiente; por lo tanto, intentará convencerte de todas las formas posibles de que la que no vale la pena eres tú. Así es como cobardemente muestra su falsa hombría.

¿Quién no va a amar a una mujer que ha tomado las riendas de su vida y que no permite que nada ni nadie la haga sentir menos? ¡Sólo un hombre que cree que eso es mucho para él!

Antídoto ratón

1. Bloquéalo de tu vida
Cuando estés intentando superar a un hombre ratón, elimina todo lo que tenga que ver con él. No lo busques ni lo sigas en redes sociales; de preferencia, bloquéalo o borra su número, para evitar tentaciones.

Si tienen amistades en común, no preguntes nada sobre él; y si te cuentan cosas, como si sale con alguien o lo que sea, pídeles que por favor ya no te lo mencionen.

2. No intentes llamar su atención
Generalmente, como nuestro ego está lastimado, tenemos la tentación de buscar llamar la atención de quien nos hirió para volvernos a sentir importantes. Cuando ya no quieres hacerlo, sabrás que ya lo superaste.

3. Fortalece tu amor propio
Date cuenta de que una relación a medias, tibia, poco satisfactoria, no es una buena relación. Mereces mucho más que eso.

4. Defiéndete
No permitas que nadie te hable o te trate mal; defiende tu postura y tu punto de vista. A veces el violento ataca porque sabe que puede hacerlo. Pero si él no está dispuesto a reconocer

que está siendo violento contigo, que está reaccionando con violencia, entonces aléjate.

5. Aprende la lección

Reconoce que había algunos focos rojos que elegiste no ver.

Por ejemplo, recuerdo que un hombre ratón con el que salí nunca tenía mucho tiempo. Si hablábamos por teléfono, a la media hora ya se tenía que ir; si nos veíamos para comer, a cierta hora ya tenía otro compromiso: siempre de prisa, siempre con cosas más importantes que yo. No es de extrañarse que de pronto haya desaparecido sin decir absolutamente nada.

Cuando están en acción esos focos rojos, tienes dos opciones: hacerle caso a tu intuición, a ese sexto sentido que te dice que ese comportamiento te incomoda, no te gusta y no te hace sentir bien; o puedes ignorarlos y seguir adelante, con la esperanza de que cambie, que todo mejore, aunque eso no va a suceder.

Ahora ya lo sabes: si no se nota el interés de un hombre por ti, si presientes que te están utilizando, no te estás equivocando, no estás exagerando, eso que sientes y piensas es real.

Estarás lista para una relaciÓN real el día que "don no disponible" o "don poco disponible" o "don inaccesible" o "don inconsistente", lejos de atraerte o excitarte, te aburra soberanamente.

Canciones para superar hombres ratón

1. New Rules - Dua Lipa
2. Princess of China – Coldplay ft. Rihanna
3. Lo Malo – Aitana y Ana Guerra
4. Jar of Hearts - Christina Perri
5. We Are Never Ever Getting Back Together - Taylor Swift
6. Afortunadamente No Eres Tú - Paty Cantú
7. Me Voy - Julieta Venegas
8. Cobarde - Yuridia
9. Puto - Molotov
10. I Knew You Were Trouble. - Taylor Swift
11. Cobarde – Ximena Sariñana

Capítulo 4.
Hombre sanguijuela

El hombre que chupa todo lo que puede de ti: dinero, tiempo, energía, alegría

El hombre provee. La mujer nutre y cuida.
Está explícito en la naturaleza. El hombre
da el esperma, la mujer lo recibe y crea vida.

¿Qué está pasando últimamente con los hombres que se niegan a darle a su familia lo mínimo indispensable? Los juzgados están llenos de casos de madres solicitando que los padres se hagan cargo de por lo menos una parte de los gastos de sus hijos.

Tras la revolución feminista, gracias a la cual ahora muchas mujeres trabajamos, algunos hombres creen que por eso ahora es nuestra total responsabilidad la manutención y crianza de nuestros hijos.

Hace muchos años el hombre era el encargado de salir a trabajar para llevar el sustento a casa, y la mujer se quedaba al cuidado de los hijos y las labores del hogar. Cada quien tenía su papel muy bien establecido. Ahora las mujeres también salimos a trabajar, y en muchas ocasiones somos más exitosas o ganamos más dinero que nuestra pareja. Pero a la hora de llegar a casa, las labores del hogar y el cuidado de los hijos siguen siendo principalmente nuestra responsabilidad, lo que provoca que a nosotras se nos cargue mucho el trabajo y los hombres experimenten sentimientos de inutilidad y poco valor.

Esto ha provocado que la estructura de la sociedad se esté derrumbando. Antes nos controlaban con violencia económica. Ahora muchas somos independientes y ya no pueden manipularnos fácilmente. Por eso algunos buscan sacar provecho: son hombres sanguijuela.

Una vez tuve una relación con un hombre sanguijuela al que no le iba bien económicamente. Él me daba todo su sueldo para que yo lo "administrara", sabiendo que a mí me iba mucho mejor. Su trato hacia mí no era ni generoso, ni amoroso, ni respetuoso. Pero, de todas formas, yo intentaba que la relación funcionara.

Una vez me acompañó a Estados Unidos a trabajar. Mientras yo conducía unos eventos, él decía que se iba a pasear, pero cuando llegó el estado de cuenta de la tarjeta, me percaté de que había gastado lo que correspondía a cuatro meses del dinero que él me daba. Ahí tomé la decisión de que yo no quería mantenerlo, y menos si no me daba un buen trato.

Cuando nos separamos comenzaron a suceder varios eventos desafortunados en mi vida: me robaron mi coche, me demandó el chofer, me asaltaron dentro de mi casa, y cuando hui, él se metió a vivir en ella. Muchos años después no ha querido salirse, no ha querido pagarme, y he tenido que demandarlo.

La moraleja de esta historia es que un hombre sanguijuela siempre va a sacar de ti más de lo que tú quieras darle, no aprecian ni valoran lo poco o mucho que pones en la relación, siempre quieren más y más. Por lo tanto, si vives con una sanguijuela, lo que más te conviene es alejarlo de tu vida lo antes posible.

Un hombre sanguijuela chupa todo lo que puede mientras puede, no está satisfecho con nada, y al mismo tiempo minimiza todo lo que su mujer hace o provee con la intención de que no se sienta muy importante.

Chupa dinero, tiempo, juventud, energía, alegría… Y se asegura de que su mujer crea que es poco lo que ella da. Intentará sacar todo el provecho que pueda porque sabe que llegará un momento en donde su pareja ya no lo va a permitir, pero mientras pueda lo hará.

Recuerdo que cuando estuve con otro hombre sanguijuela, le di todo lo mejor de mí. Me decía que me amaba cuando le conseguía buenos trabajos o le negociaba sus contratos, incluso condicionando el mío, con tal de que ganara lo mismo que yo para que no se sintiera menos.

Su alimentación era muy diferente a la mía, pero siempre intentaba que comiera rico y estuviera contento; sin embargo, para él, siempre faltaba algo: la carne no estaba al punto, la pasta no estaba al dente, a la ensalada le faltaba más brócoli… Lo cuidaba con mucho amor, le organizaba sorpresas, planes, viajes. Le regalaba cosas y organizaba eventos para su cumpleaños, para el Día del Padre y hasta para el cumpleaños de su mamá. Buscaba ideas para que su familia tuviera más trabajo y mejores ingresos. Era siempre cariñosa y dispuesta. Pero nada era suficiente.

Una vez en una comida estaban hablando de lo que los hombres odian de las mujeres, y él dijo: que se tarden horas en arreglarse. Yo me volví Speedy Gonzales del arreglo para que él no sufriera por eso.

Pero por más cosas que hacía por la relación, sentía que se achicaba ante el éxito que yo tenía en el trabajo. Por eso cuando me iba muy bien, escondía las cifras de mi sueldo para que no se sintiera amenazado; pero en el fondo, él sabía que mi cheque al final del mes era más grande que el suyo, y eso lo atormentaba.

Uno de los *modus operandi* de los hombres sanguijuela es que buscan que les des dinero a través de la manipulación, o gastan parte importante del ahorro familiar sin consultarte.

Por ejemplo, él llevaba tiempo llegando a casa arrastrando los pies, quejándose por lo mucho que tenía que trabajar y lo mal que lo trataban, según él. Teníamos dinero en la caja fuerte, por si se presentaba alguna emergencia. Un día me informó que había sacado una graaaaan parte del dinero que teníamos ahorrado para darle un regalazo a su jefe, todo con la intención de que lo trataran mejor. ¡Casi me da algo! Pero como yo quería que fuera muy feliz, asumí la pérdida con tal de que el pobrecito sufriera menos en el trabajo.

A lo mejor al principio nuestro ego nos hace preguntarnos cosas cómo "¿Cuál es el problema de compartir lo que tengo con el hombre que amo?". El problema es que, si permites que un hombre sanguijuela te chupe, llegará un punto en donde tendrás poco o nada que dar, y es ahí cuando te toparás con su verdadera personalidad.

Cuando te atrevas a poner un límite o a solicitar algo para ti, es probable que te rechace o se aleje de tu vida, o que te diga que eres un barril sin fondo, o que se vaya con alguien más. Y eso hará que te sientas usada.

Porque el hombre sanguijuela no sólo te exprime, también te agota.

Recuerdo otra pareja sanguijuela que defendía sus infidelidades con el discurso de que como siempre estaba cansada

(¡yo hacía todo y él nada!), no le quedaba más remedio que buscar en otro lado la atención, el amor y el cariño que no le daba. Pero eso sí, él no hacía nada para ayudarme para que no estuviera tan cansada.

¡Hay hombres sanguijuela que llegan al punto de demandar a la mamá de sus hijos en el juzgado de lo familiar, exigiendo pensión alimenticia para ellos! O intentan de todas las formas posibles arrancarle a su expareja todos sus bienes sin importar si fueron adquiridos durante el matrimonio o no. No les importará sacrificar su hombría con tal de seguir beneficiándose.

Y, por cierto, hombres sanguijuela también son aquellos que no se quieren hacer cargo de sus responsabilidades con sus hijos.

A mí no deja de llamarme la atención cómo hay mujeres a quienes les parece adecuado que sus actuales parejas no paguen los gastos de sus hijos de otro matrimonio, siempre y cuando paguen los gastos de ellas y sus hijos, aunque no sean de él. Esta actitud habla de la calidad moral del hombre, y tarde o temprano ellas mismas pagarán las consecuencias de estar con una sanguijuela, porque seguro les está chupando algo más que dinero.

Por eso, si sientes que tu pareja es una sanguijuela, es cuestión de tiempo para que termines de darte cuenta de que se ha estado robando lo mejor de ti: física, emocional, energética o económicamente. No permitas que nadie te chupe nada. Una relación sana es en la que se da y se recibe en igual medida. Si sientes que das más de lo que recibes y la otra persona se niega a dar, salte de ahí antes de que sea demasiado tarde y te dejen con las manos vacías en todos los sentidos.

La prima de una amiga de mi vecina está divorciada, tiene prácticamente todas las responsabilidades y paga casi todos los gastos de sus hijos. El otro día los llevó al dentista, y uno de ellos tenía dos caries; le arreglaron una, pero la dentista pidió que regresara en unos días para curar la otra. A los dos días se irían de vacaciones a casa de su papá por 25 días (durante los cuales, por cierto, el papá de sus hijos no tenía planeado viajar con ellos), así que le pidió que llevara al pequeño para que le arreglaran el diente, a lo que él respondió: "Como tú tienes el 70% del tiempo a los niños, lo justo es que tú lo lleves y pagues todos sus gastos". La prima de la amiga de mi vecina tuvo que rogarle a la dentista que le abriera un espacio en la noche porque no quiso arriesgarse a que el problema del diente de su hijo se hiciera mayor. Este hombre, sin duda, compite fuertemente en la contienda del hombre más sanguijuela y cínico del mundo.

Hace poco, me contaron de una mujer que recibió una herencia por 10 millones de pesos. Su novio le dijo que quería empezar un negocio y que justo necesitaba 10 millones para lograrlo. La mujer, sin titubear, le dio el dinero. Sin firmar ni un solo papel. Porque sentía que era el mejor hombre del mundo. Pues resulta que ese "mejor hombre del mundo" la dejó sin dinero. Poco tiempo después, argumentó diferencias irreconciliables, e hizo lo necesario para terminar la relación. Como no tenía ningún papel firmado, ella perdió absolutamente todo.

Antídoto sanguijuela

1. Comprométete contigo a hacer las cosas de diferente manera

Aunque sea tu pareja, tu dinero es tuyo. Si ya tienes mucho tiempo de relación, conoces muy bien a la persona y ha demostrado bajo varias circunstancias ser honesto, trabajador, sincero y más, entonces podrías considerar compartir tus bienes con él. Cuando una pareja no es sanguijuela lo notarás: compartirá sus cosas contigo y viceversa. Cuando sí lo es, también lo notarás si estás atenta.

2. Lo hecho, hecho está

Ya no te lamentes por haber perdido o porque te robaron; no termines golpeándote o quitándote más de lo que ya te quitaron. No eres una tonta, no eres una estúpida, simplemente te atarugaste un poco, y lo más importante es que aprendiste la lección, sabes tu valor y no vas a permitir que nunca más te vuelvan a dar ese trato.

3. Date a ti todo lo que te quitaron

Por cada cosa que sientes que te quitó, no te castigues, al contrario, prémiate. Gasta en ti, date a ti, llénate de ti, nútrete a ti. Verás que entre más te das, más rápido lo superas.

4. Aprende a pedir lo que necesitas

¿Sabes qué te hace feliz? Si el hombre con el que estás saliendo no te da lo que tú necesitas, aprende a pedirlo. A lo mejor no le gustará, y si esto ocurre, es que no es para ti. Cuando algo está destinado a ser tuyo, no hay absolutamente nada que lo impida.

5. Confía en que se te devolverá

Yo siempre he pensado que el dinero tiene que ver con nuestro karma. Confía en que lo que ese hombre te quitó, la vida te lo devolverá de alguna manera. A veces, no será en forma de dinero, pero puede ser en forma de amor, salud, paz, tranquilidad o felicidad que, al final, ni todo el dinero del mundo podría pagarlo.

Todo lo que has dado regresará a ti, pero, a veces, no vendrá de las personas a las que les diste.

Canciones para superar
hombres sanguijuela

1. Que No Te Pese - Vega ft. Carla Morrison
2. Respect - Aretha Franklin
3. These Boots Are Made for Walkin' - Nancy Sinatra
4. Stronger (What Doesn't Kill You) - Kelly Clarkson
5. Equivocada - Thalía
6. Corazón en la Maleta - Luis Fonsi
7. Fuck You - Lily Allen
8. Sorry Not Sorry - Demi Lovato
9. Part of Me - Katy Perry
10. Irreplaceable - Beyoncé

Capítulo 5. Hombre lobo

Al principio vives en un cuento de hadas, pero no contabas con su maldad

Ama a tu prójimo como a ti mismo,
pero no más que a ti mismo.

CLARA CORIA

Una vez le enseñé a una amiga una foto de un hombre con el que estaba saliendo y ella me dijo: "Es narcisista". Yo lo tomé a la ligera, nunca me imaginé la profundidad e importancia que tenía su comentario.

Antes creía que un narcisista era sólo una persona vanidosa o banal. Y que un psicópata narcisista era como los de las películas, los asesinos en serie —tipo Hannibal Lecter o Hitler—. Pero después de leer el libro *The Empathy Trap* de Tim y Jane McGregor entendí que sólo 20% de los psicópatas están en la cárcel, es decir, 80% están camuflados entre nosotros. Estos hombres, al igual que los asesinos seriales, primero son encantadores con sus víctimas; con el tiempo se transforman en monstruos, incluso algunos los llaman violadores de almas. Yo los llamo "hombres lobo".

Cuando comencé a salir con Roberto, creía ser la persona más afortunada de todo el planeta. Sentía que la vida me estaba premiando, que era el resultado de todos mis actos buenos, y que, como parte de mi recuperación por las heridas que algunos me habían provocado, ahora el universo me consentía con un hombre perfecto, un ángel, un santo…

Por más que buscaba, me costaba mucho trabajo encontrarle defectos. Era un hombre encantador, elocuente y simpático. Parecía que tenía un poder sobrehumano para llenar mis vacíos y yo me sentía más plena que nunca.

Me daba toda su atención, me llenaba de mensajes de texto, llamadas y palabras de amor. A mí no me quedaba duda de que yo era la parte más importante de su mundo, su máxima prioridad.

Mis amigos y familiares se desbordaban en elogios. Incluso había algunos que me insinuaban que ojalá que ese "hombre increíble" no se fuera a decepcionar con mi carácter fuerte, pero que, mientras eso no sucediera, se alegraban por mí.

Al principio pensaba: "No sé si va a funcionar, pero lo que sí sé es que este hombre no me va a lastimar".

Esta primera impresión de "hombre bueno" se quedó tatuada en mi corazón, y me costó mucho trabajo borrarla. Ahora entiendo el cliché del lobo con piel de oveja. Son personas de las que es difícil sospechar que puedan tener un lado tan oscuro y destructivo.

Su sonrisa era la más grande, carismática y perfecta que había en el mundo, aunque, viéndolo en retrospectiva, era un poco exagerada. Y como diría Bárbara Tijerina en su libro *Lenguaje sin palabras*: "Todo lo que es exagerado es mentira". Ahora ya lo sé.

Al principio las cosas fueron perfectas, viví en un cuento de hadas. No sabía que los hombres lobo, al ser egocéntricos y manipuladores, atrapan a sus víctimas haciéndolas sentir importantes, únicas. Nos tratan como reinas para aprovecharse de nosotras, y por medio de mimos aprenden a manipular nuestras emociones con mayor efectividad.

Si sales con un hombre lobo es probable que te prometa mucho muy pronto, podría ser hasta matrimonio o irse a vivir juntos, y tú creerás que encontraste a tu pareja ideal.

Con este bombardeo amoroso, la relación se desarrolló muy rápido, porque justo él quería algo de mí. Y yo, por mi lado, tenía el único objetivo de ayudarlo y hacerlo feliz para sentirme mejor conmigo misma. Eso, ahora sé, se llama codependencia.

Una vez le preguntaron qué es lo que más le gustaba de mí, y su respuesta fue "Lo que más amo de Ingrid es cómo me cuida". Tiempo después, lo olvidó por completo.

Tristemente me doy cuenta de que cuando me decía "te amo", se refería a que amaba la manera en la que yo lo amaba. Amaba todas las cosas que hacía por él, que mi vida girara en torno a él, que resolviera sus problemas. Le encantaba el poder que yo le daba para aprovecharse de mi bondad y explotar mis buenas intenciones. Se mostraba feliz, contento y sano cuando le dedicaba todo mi tiempo, cuando toda la atención era para él. Amaba que su felicidad fuera mi responsabilidad. Me decía que me amaba con locura por cómo lo apoyaba, cuando él no hacía nada para apoyarme a mí.

Después las cosas comenzaron a cambiar poco a poco. A veces tenía la sensación de que sus expectativas se volvían inalcanzables, que por más que me esforzaba en hacer todo para que fuera feliz y más intentaba llenar su profundo e infinito pozo de necesidades, lejos de funcionar, cada día aumentaban más sus inseguridades. Y así, cada vez había menos para mí.

Con el tiempo comencé a sospechar que hacerme sentir mal lo hacía sentir bien. Si sabía que yo tenía un llamado largo de trabajo al día siguiente —el cual podría durar hasta 26 horas continuas—, por la noche golpeaba el colchón de la cama para despertarme, argumentando que lo hacía inconscientemente, y ¡con lo importante que es para mí dormir!

Le gustaba hacerme sentir insignificante, pero como tanta maldad era difícil de creer, hasta me sentía culpable por pensar eso.

Disfrutaba verme dudar de mí misma y cuestionar mi propia cordura, así como ver el fracaso y la desilusión en mi cara. Llegó un momento en donde yo ya no sabía lo que era correcto o lo que era real.

Si a mí me daban un premio, me acompañaba a recibirlo para que lo vieran, pero tras bambalinas hacía un drama enorme para nublar mi momento de gloria y mi felicidad.

Una vez le pedí que me acompañara fuera de México a un evento muy importante. Cuando llegamos al hotel, mi *stylist* me comunicó que me habían mandado a hacer un vestido especial con un diseñador muy importante, porque yo era la estrella del evento.

Él había padecido de insuficiencia cardiaca grave, y estaba en la etapa de recuperación. Llevaba tiempo muy bien y prácticamente estaba fuera de peligro, aunque cuando le preguntaban cómo seguía, agachaba la cabeza y se limitaba a decir: "Un poco mejor".

Como por un tiempo había estado hospitalizado de gravedad, yo me había quedado temerosa con respecto a su salud. Cuando llegamos al cuarto comenzó a sentirse muuuuyyyy mal. Intenté llamar a emergencias, pero él me pidió como su última voluntad regresar a México a morir. Ahora que lo veo a la distancia, es absurdo no sólo que le creyera, sino que accediera a esa "última voluntad". Pero estaba enamorada, preocupada, y le creí.

En ese momento me disculpé por no asistir al evento; estaba tan pálida del susto que me entendieron, y nos regresamos de emergencia en el primer vuelo disponible. Yo me sentía aterrada; sin embargo, en el avión comenzó a sentirse perfectamente, y cuando llegamos a casa, dijo que un milagro lo había salvado.

Ahora sé que en realidad no me amaba a mí, amaba odiarme. Él se amaba a sí mismo a través del amor que yo sentía por él. Y necesitaba que yo sufriera porque odiaba depender de mí para tener algo de amor en su vida.

Cuando se teme a alguien, es porque a ese alguien le hemos concedido poder sobre nosotros.

HERMANN HESSE

Un día me dijo: "He tratado de hacerte daño de todas las maneras posibles y te vuelves a levantar, por eso ahora te estoy dando donde más te duele, dañándome a mí".

Tenía una facilidad impresionante para convertirse en víctima cuando yo intentaba poner un límite o mostrar las conductas dañinas que tenía contra mí. Saboreaba cuando le mencionaba las cosas que hacía y me dolían. Le encantaba hacerme creer que me amaba, pero en realidad era una persona que sólo mostraba amor y afecto como una forma de manipulación.

De alguna manera, él sospechaba que, independientemente del trato que me diera, yo nunca lo dejaría por el "amor" que sentía por él, la dependencia emocional o el miedo a que me acusara de haberlo abandonado enfermo.

El miedo es la forma de liderazgo del cobarde.
MICHELLE OBAMA

Comencé a caer en un laberinto interminable y agotador porque cada día me demandaba más y valoraba menos todo lo que hacía.

Hubo momentos en donde estaba segura de que me estaba haciendo daño, pero la imagen de ángel, de víctima, y su discurso encantador me convencían de que yo era la que podría estar equivocada.

Su "amor" era como una droga, era como estar enganchada siempre al recuerdo de los buenos momentos, a los pocos pero intensos bombardeos amorosos, al sexo. Sin embargo, en cuanto el efecto efímero de la droga terminaba, volvía a la realidad para darme cuenta de que me sentía decepcionada y traicionada.

A veces sentía que la gente estaba en mi contra o que desconfiaba de mí sin razón alguna. Eso comenzaba a causarme mucha inseguridad: si yo no hice nada, ¿por qué la gente me rechaza?

Hasta que un día me confesó que utilizaba la información que yo le daba como mi pareja para boicotearme con las demás personas. Lloré varios días, y cuando empecé a recuperarme comenzó a usar nuevamente sus armas de seducción y manipulación, convenciéndome de que estaba dispuesto a cambiar y que, si no le daba una oportunidad, la que estaba mal era yo.

Ahora sé que ésa es una trampa que utilizan los abusadores cuando tienen secuestradas emocionalmente a sus víctimas.

Por un lado, era muy seductor, y por otro, un demonio; por eso era tan difícil para mí verlo con claridad. Su especialidad era generar caos por el puro placer de manejar mis emociones, y con ello, agrandar su ego. Buscaba accionar mis botones emocionales manipulando, tergiversando y deformando una verdad hasta alejarla completamente de la realidad.

Recuerdo que me sentía responsable de ayudarlo y de hacerlo feliz, y por otro lado, sus actos eran tan viles que me costaba trabajo creerlos. Ahora sé que cuando se trata del crecimiento y la evolución del alma, no podemos ayudar a nadie que no quiera ayudarse a sí mismo.

Había veces que lo escuchaba hablar sobre espiritualidad o superación personal, y me dejaba con la boca abierta. Compartía una sabiduría casi angelical. A veces tenía tintes de predicador: hablaba de Dios y de su vínculo con lo divino. Decía cosas no sólo creíbles, sino muy bellas. A las personas les hablaba sobre su conexión con el alma y la sabiduría interna.

Eso hacía que me confundiera porque ¿cómo es posible que un ser tan "elevado" me pudiera hacer daño a diestra y más a siniestra?

Hasta que entendí que este hombre tiene muy buena memoria, y se había aprendido los discursos, palabra por palabra, de maestros espirituales que realmente han trabajado en sí mismos. Por eso se escuchaba tan real, porque quien habló de esas ideas realmente las siente, las piensa y las conoce, ya que las ha descubierto en sí mismo.

Cuando tengas duda sobre el discurso de un hombre lobo, hay un truco que ayuda a desenmascararlos

rápidamente: finge, dile que no lograste comprender bien lo que quiso decir, que si te lo puede explicar de otra manera. Verás que repetirá el mismo *speech*, las mismas palabras rimbombantes y los mismos términos, porque no tendrá otra forma de explicar algo que no sabe. No podrá generar alguna idea creativa o alguna metáfora.

Los hombres lobo inventan logros, exageran sus actos presentándose como el héroe de la historia o como víctima para despertar admiración o compasión, según sea el caso. Pero todo lo que hace es una farsa, lo único real en ellos es el daño que les hacen a sus víctimas, a las personas empáticas.

Una persona empática es muy sensible de lo que siente, y absorbe las emociones o síntomas físicos de otras personas como si fueran suyos.

Un lobo no siente remordimiento o culpa por hacer daño, al menos no conscientemente. Usan a las personas, y cuando ya no les sirven, cuando ya no pueden sacar más provecho de ellas, las rechazan y lastiman sin piedad. Los individuos con esta personalidad niegan sus propios errores, incluso habiendo pruebas, por lo que nunca piden perdón, a menos que en ello vean una nueva posibilidad de manipular.

Otra forma que utilizan para atacar es lanzar acusaciones falsas contra personas en su entorno, para quedar como inocentes y dolidos. Incluso proyectan sus maldades y acusan a los demás de lo que ellos mismos hicieron.

Una de las armas que utilizan los hombres lobo, con una maestría impresionante, es representar el *papel de víctima*, y eso les da licencia para seguir dañando. Con ese papel de pobrecitos intentan desviar la atención y hacer creer a los demás que la víctima real es una persona mentirosa o muy maldita, infiel, deshonesta o con muchos problemas, e incluso pueden acusarla de llevar una doble vida. A veces convocan y convencen a otras personas para hacer una alianza y así todos juntos atacar de alguna manera a quien no se ponga de rodillas ante ellos.

Y ¿por qué les crees todo? Porque ellos se lo creen también. Inventan una historia que para ellos es verdadera; creo que hasta pasarían la prueba del polígrafo.

¿Qué hace que salga la verdadera personalidad de un hombre lobo? No conseguir lo que quiere de ti.

Este hombre me tenía a sus pies, lo amaba como no había amado antes a nadie, hasta que me pidió ponerme de rodillas ante su mamá. Yo ya sospechaba que padecía de complejo de Edipo (estar "enamorado" de su madre). No acepté, se enfureció y juró vengarse.

Los hombres lobo necesitan llamar la atención así como los demás necesitamos respirar.

Cuando pude reconocer que había estado en una relación tóxica con un abusador, ya estaba totalmente destrozada emocionalmente. Muchas veces me he preguntado: "¿Qué hice para merecer algo tan brutal como esa experiencia?". Nunca he sabido la respuesta, pero lo que sí sé es que nunca volveré a permitir ese trato. Hoy tengo claridad de lo que no quiero en mi vida.

Persona tóxica: herramienta que la vida nos regala para aprender a respetarnos y trascender nuestra propia toxicidad.

ENRIC CORBERA

Todas las personas con las que he hablado sobre su relación con este tipo de hombres están de acuerdo en lo duro que es salir adelante después de una traición de esa magnitud. Primero pensamos que fuimos muy tontas, que cómo fue posible que permitiéramos ese trato, pero todas coincidimos en que nuestro valor como personas estaba tan disminuido que no nos dábamos cuenta de eso.

Recuerdo que antes no entendía por qué algunas personas se quedan en relaciones donde las maltratan. Ahora veo que es fácil juzgar cuando no has vivido esa realidad. Simplemente, cuando vives con un abusador emocional, tu realidad está distorsionada, con mimos y atenciones combinadas con crueldades. Y llega un punto en donde no sabes si él es el bueno o el malo, porque de alguna manera siempre estás esperando que regrese la versión maravillosa que conociste en un principio, y vives con la aterradora idea de no saber si tú eres quien provoca la mala.

Estas montañas rusas emocionales hacen que los encuentros sexuales sean muy intensos, y al tener esos momentos fascinantes, es muy fácil que los confundas con amor verdadero. Eso hacía que yo dudara de mí todo el tiempo.

> *Lo quise, hasta que mi dignidad dijo: no es para tanto.*
> Frida Kahlo

La hermana de una amiga de mi tía me contó:

En una ocasión estábamos teniendo una experiencia que para mí era mágica. Él llevaba tiempo teniendo problemas de eyaculación precoz, de lo cual, por cierto, también me responsabilizaba a mí.

Pero ese día había una buena conexión, las cosas estaban funcionando de maravilla, y alcancé un gran orgasmo. Perdí contacto con la realidad: mi cuerpo y mi alma gozaban al ritmo de la música del universo, cuando, de pronto, algo me despertó de ese sueño de felicidad. Sentí que caía sobre mi cama y me costaba trabajo entender qué había sucedido. Así, desnuda y vulnerable, varios minutos después entendí que él no había podido soportar que yo fuera tan feliz en ese momento, por lo que me escupió en la cara y me dijo: "Eres una mierda". Fue tan fuerte que me costó varios minutos asimilar esa información. Ese tiempo estuve semimuerta, no lograba entender por qué me había violentado de esa manera.

Cuando describen a estos hombres como violadores de almas, es porque eso es lo que hacen. Esta acción me rompió más allá de mi cuerpo. Deshizo mi mente, mi corazón, mi seguridad y mi autoestima. He tardado años en reponerme de semejante humillación. Han sido noches enteras de pesadillas y días completos de terror. Esa herida se quedó clavada en lo más profundo de mi corazón.

Darnos cuenta de que fuimos utilizadas como un simple objeto para sus propios fines es sumamente doloroso. Hoy en día agradezco este evento porque fue el que me ayudó a decir "¡basta!, ¡yo no merezco esto!".

El mundo no está en peligro por las malas personas, sino por aquellas que permiten la maldad.

ALBERT EINSTEIN

Llevaba muchos años haciendo lo posible para que las cosas funcionaran, sin darme cuenta de que esa relación no solamente estaba destinada a terminar, sino que acabaría en llamas, y después yo tendría que resurgir de las cenizas.

No sospechaba que me había vuelto adicta a los altibajos constantes de una relación poco saludable.

Creía que el objetivo más importante era conseguir que la relación subsistiera, sin detenerme a pensar si realmente valía la pena. Los abusos una nunca los olvida. En ese momento entendí que ya no podía seguir compartiendo mi vida con ese hombre. Que cualquier cosa sería menos violenta que el trato que él me daba.

Por eso, comencé a alejarme de él emocionalmente, a retirar mi energía de la relación, hasta que él se fue a vivir fuera de México y perdí contacto con él.

Me di cuenta de que llevaba varios años queriéndome morir; y que, si no tomé acciones para quitarme la vida, fue porque amo a mis hijos y no quise dejarlos sin mamá. Y cuando él se fue, sentí el deseo de vivir por primera vez en años.

A los tres meses me pidió volver con él. Como no acepté, se enfureció y me amenazó con convertir mi vida privada en un coliseo romano. Ahí es cuando tuve que elegir entre mi vida o mi reputación.

Elegí mi vida.

> *El diablo es optimista si cree que puede*
> *hacer más malo al hombre.*
> KARL KRAUS

Cuando lo cumplió, sentí como si me hubieran aventado de un avión en pleno vuelo, sin paracaídas, y mientras caía al vacío, observaba cómo la persona que se suponía más debía protegerme, el hombre a quien más había cuidado y amado en mi vida, era quien me había aventado, y, además, disfrutaba de verme caer, se alimentaba de mi sufrimiento. Con eso estaba destruyendo completamente mi sistema de confianza, porque me costaba mucho trabajo creer que alguien fuera capaz de lastimarme así, y que lejos de arrepentirse, se alegraba de causarlo y no tenía piedad de mí.

Salir de una relación es muy difícil, y cuando es tóxica es algo así como un acto heroico. Por un lado, estaba destrozada emocionalmente, muchas noches me iba a dormir llorando mientras me repetía "todo va a estar bien...". Creía que la prueba más grande ya la había pasado: tener el valor de no regresar a una relación tóxica, y, por lo tanto, que la vida me iba a ayudar, a premiar, que todo lo que había sembrado con ese hombre lo iba a cosechar a la brevedad, pero no fue así.

Las cosas se complicaron mucho más de lo que imaginé. Tengo la extraña sensación, con respecto al calvario que viví, de que es como si la vida hubiera dicho: "Vamos a ver de qué está hecha esta mujer, y qué tan segura está de haber tomado esa decisión".

Lo que vino después fue la peor pesadilla...

¿Qué es lo que hace que nos relacionemos con este tipo de personas? Es algo difícil de entender. Podríamos pensar que, por un lado, tal vez aceptamos esos tratos porque nos resultan familiares, es lo que conocemos, porque quizás alguno de nuestros padres tiene tintes narcisistas o abusaron emocionalmente de nosotras también.

Pero la opción que más me gusta pensar es que algunas relaciones tienen la finalidad de ayudarnos a despertar, a ser la persona que nacimos para ser y también a crecer. Las relaciones tóxicas nos muestran una parte de nosotras que aún no hemos reparado.

Podemos elegir a personas que contribuyan a perpetuar nuestras heridas, o bien nos ayuden a sanar y a convertirnos en la mejor versión de nosotras mismas.

¿Por qué elegí un hombre lobo para describir este arquetipo de hombre?

¿Recuerdas el cuento de los tres cochinitos? El primer cochinito hizo su casa de paja; el lobo sopló y la tiró. El segundo cochinito hizo su casa de madera; el lobo sopló y la tiró. Y el tercer cochinito había construido su casa con buenos cimientos y cemento, de manera que ningún lobo podía destruirla.

A veces siento que las mujeres nos enfrentamos a los desafíos en la vida real como si los tres cochinitos fuéramos nosotras: llegan hombres lobo a destruirnos para que nosotras podamos construir la mejor versión de nosotras mismas, con cimientos emocionales tan fuertes que nada ni nadie pueda derribarlos.

Estas relaciones tienen la finalidad de enseñarnos lecciones, por eso no están destinadas a durar para siempre. Nadie nace sabiendo cómo amarse a sí mismo: no sabemos cómo elegir una relación sana hasta que aprendemos a hacerlo.

¿Qué pasaría si desde el principio supieras que el propósito de esa relación en particular es fortalecerte y ayudarte a llevar a cabo tu verdadero cometido: amarte a ti misma? ¿Qué pasaría si supieras que su único propósito es funcionar como un espejo para que dejes de ignorar tus problemas internos?

En la infancia aprendimos las reglas de la vida de acuerdo con la relación de nuestros padres, cuidadores, maestros… Algunas mujeres aprendieron a confiar en su intuición. Otras aprendimos a desbordarnos o a estar a la defensiva y no permitir que nadie se acerque demasiado para que no nos lastime. Así, cuando somos adultas, los hombres principalmente detonan todo lo que no pudimos elaborar o sentir en nuestra infancia.

Cuando tenemos el corazón roto, solemos pensar que le dimos más amor a esa persona que a cualquier otra en el mundo; que lo amamos con todas nuestras fuerzas, y por ello sentimos una gran culpa, por no haber mejorado para que la relación funcionara.

Pero, por otro lado, cuando nos rompen el corazón es cuando más dispuestas estamos a trabajar en nosotras mismas. Seguimos luchando por aceptarnos o respetarnos, porque cuando están nuestras manos y nuestro corazón vacíos, no podemos ofrecerle nada a nadie. Y, en realidad, lo que la vida está haciendo a través de estos hombres es ayudar a sanarnos.

Los tiranos arrancan los curitas que les habíamos puesto a nuestras heridas emocionales y a nuestras heridas de la infancia. Y como lo hacen por la puerta de atrás, sin advertencia, nos agarran desprevenidas; por eso duele tanto.

Cuando no podemos sanarnos, el miedo se convierte en estrés postraumático. En lugar de superar el trauma procesándolo —lo que requiere vulnerabilidad—, tratamos de adormecer el miedo buscando adquirir cosas o siendo mejores personas. Podemos incluso obsesionarnos con nuestro trabajo personal o espiritual. La raíz de este comportamiento es la falsa creencia de que acumular cosas o mejorarnos sin cesar nos protegerá de las incontrolables desgracias de la vida. Y, por otro lado, estamos en estado de alerta todo el tiempo porque no sabemos de dónde va a venir el próximo golpe.

Pero no todo es malo. Con el tiempo he podido comprender la profundidad de la experiencia y apreciar la magnitud de mi crecimiento espiritual e interior. Sobre todo, he aprendido a hacerme responsable, ya que al final tenemos que aceptar la responsabilidad de no haber visto o no haber actuado ante los focos rojos.

Nadie se hizo perverso súbitamente.

Juvenal

Muchos sabios tienen la tesis de que entramos en cada encarnación para aprender, crecer y evolucionar. Limpiar el karma negativo. Si nunca tenemos experiencias que no queremos, nunca haremos los cambios que vinimos a hacer en esta vida. Por eso no hay necesidad de culpar o victimizarnos. Todo está divinamente orquestado para que cada desafío nos impulse hacia delante.

A mí me gusta pensar que en algún momento tomamos la decisión de asignarnos a un tirano de esta magnitud para aprender a amarnos a niveles más profundos.

Estar con un hombre así me ha enseñado más que nada en la vida que nunca debemos querer a nadie más de lo que nos amamos a nosotras mismas. Y que es urgente que dejemos de tratar de arreglar las heridas de nuestras parejas a costa de las nuestras.

Todas queremos encontrar ese amor puro e incondicional en una pareja, pero primero hay que limpiar una gran cantidad de karma.

Podría decir que he estado con varios hombres lobo en mi vida. Un día me surgió una pregunta tan trascendental que se alojó en mí por mucho tiempo. No era una pregunta retórica, pero en ese momento no tuve una respuesta:

"¿Por qué, de esas parejas, de uno sí tengo buenos recuerdos?".

Es curioso, porque Santiago tenía problemas serios de paranoia y drogadicción. Al principio parecía que sus celos eran algo "normal", que simplemente su amor por mí era tan grande que me quería tener más tiempo con él. ¡Yo lo amaba con locura! Y sexualmente ha sido, sin duda, el hombre con el que mejor la he pasado en mi vida. Pero con el tiempo, los celos se comenzaron a volver preocupantes, cada día más, a tal grado que yo ya no salía ni al gimnasio con tal de que no se enojara, e incluso una vez llegó a remover todo del clóset asegurando que había escondido a mi amante en algún lado, lo cual era absurdo porque yo estaba ciega de amor por él, no había manera de que tuviera ojos para alguien más.

Lo peor de todo es que, con todo y esas actitudes, yo lo seguía "amando", y seguía deseando estar con él. Intenté por medio de su madre que entrara a rehabilitación para que pudiera salir adelante y nuestro amor se expandiera más saludablemente, pero no quiso. Yo insistía en que por lo menos tomara alguna terapia para que le ayudara con el problema de la paranoia, pero no tenía éxito.

Llegó un momento en el que empecé a dudar de mí como nunca: no sabía si yo era la que estaba exagerando, y pensaba que, a lo mejor, mis muestras de amor tenían que ser más grandes y fuertes.

Hasta que me compartieron la historia de una familia allegada a la mía. Yo conocía desde niña a Samantha (no es su nombre real); tenemos aproximadamente la misma edad. Sabía que su papá había muerto cuando era chica, pero desconocía las razones. Me enteré de que su papá padecía de paranoia, y que un día había llegado a su casa con un arranque de celos buscando al amante de su mamá, y como aseguraba haberlo visto, acusaba a su esposa de haberlo escondido. Como su mujer no cedió, simplemente porque no había ningún hombre ahí, decidió castigarla por su infidelidad matando a su hija más pequeña, la hermanita de Samantha, y después él se pegó un tiro.

Esta historia me removió las entrañas de formas inimaginables. "¿Y si me hace lo mismo que a la mamá de Samantha y también mata a mi hijo?", pensaba todo el tiempo. Así que, con todo el terror del mundo, esperé hasta que un día tuvo trabajo fuera de la ciudad, contraté una mudanza y le pedí ayuda a la policía para que estuviera conmigo en ese momento, por si regresaba a casa e intentaba hacerme daño.

Pasó el tiempo y una pregunta estuvo en mi mente por muchos años: "¿Por qué no tengo pensamientos ni emociones negativas respecto a él?". Incluso una vez lo vi de lejos y corrí a abrazarlo. Cuando lo olí, casi me da un infarto de recordar sus momentos oscuros, de recordar quién era. Una vez más: "Pero ¿por qué no tengo memorias negativas de él?".

Me lo pregunté mucho tiempo hasta que caí en cuenta de que es porque nunca lo volví a ver, no tuvo oportunidad de seguir haciéndome daño. Y cuando se trata de hombres lobo, eso es lo mejor que te puede pasar.

El problema es que, a veces, por diversas circunstancias tenemos que seguir en contacto con ellos, y ahí es cuando más cuidado debemos tener para no permitir que nos hagan más daño.

Mis relaciones con hombres lobo me han llevado al camino del amor propio, el de aprender a valorarme y ser más feliz que nunca. He ido descubriendo la mejor versión de mí misma, y me siento muy orgullosa de haber podido salir adelante. Han sido años de mucho caos emocional, donde he tenido que recibir todo tipo de ayuda. Por eso ahora comparto mi historia, para que, a través de mi experiencia, las mujeres que estén en esta situación puedan juntas salir adelante.

Así que si reconoces todas estas actitudes y patrones en la persona que amas, tienes que saber que necesitas ayuda.

Antídoto lobo

1. Aléjate en cuanto descubras su verdadera personalidad

Una de las razones por las que el lobo te tiene atrapada es porque está en contacto contigo. Ya sea en persona, por mensaje o por mail. Si puedes, bloquéalo para que no pueda manipularte o confundirte.

2. No te culpes

Si sufriste abuso en una relación, no te culpes. No hay nada que pudieras haber hecho. Actúan así por como son ellos, no por como eres tú.

3. Practica cosas que te den paz

Estas relaciones te provocan mucho estrés porque te mantienen al borde del abismo todo el tiempo. Practica diariamente cosas que te den paz. Medita, haz ejercicio, escribe, lee… Cada que sientas miedo o ansiedad, busca algo saludable que te dé calma. Los *hobbies* ayudan mucho. Hablaré de ellos más adelante.

4. Disfrútate

El lobo destruyó una parte de tu centro de control, pero ayuda mucho darte cuenta de que lo estás recuperando. Intenta disfrutar de lo que amas y de quienes amas. Suelta y deja ir el pasado. Enfócate en las nuevas posibilidades. Camina lejos de la persona que tanto daño te hace.

Si por alguna razón tienes que mantener contacto con esa persona, por ejemplo, cuando tienen hijos pequeños, aléjate mental y espiritualmente de él. Forma un muro energético por el que no pueda entrar a tu corazón; no podrá hacerte más daño. Limita tu comunicación a lo indispensable e intenta darle por su lado para evitar la interacción.

5. Abraza el aprendizaje y sigue adelante

Ahora entiendes que estás o estuviste en una relación tóxica y que mereces algo mejor en tu vida. Como me dijo una vez una amiga: "El universo lleva una contabilidad perfecta". No te castigues por no haberte dado cuenta antes. Hay personas que usan máscaras impecables difíciles de ver. La gente buena a veces se relaciona con gente mala. Los abusadores emocionales son realmente buenos engañando, ése es su gran talento. Hacen y dicen exactamente lo que provoca que bajes la guardia, y no eres una tonta por eso.

Ahora ya sabes: debes abandonar una relación cuando se está incendiando.

Ojo: los hombres lobo se mueven rápido en búsqueda de nuevas víctimas para poder controlarlas. No les des tu atención. A lo mejor te enoja y te frustra que ellos estén muy pronto en una relación "estable" con alguien más, y que tú, que eres la víctima real, necesitarás algunos años de terapia y reconstrucción emocional. Tu recuperación puede ser dura y te llevará algún tiempo de altas y bajas, pero créeme cuando te digo que el fortalecimiento interior bien vale la pena.

Canciones para superar hombres lobo

1. Warrior - Demi Lovato
2. Fighter - Christina Aguilera
3. I Will Survive - Gloria Gaynor
4. La Puerta Violeta - Rozalén
5. Confident - Demi Lovato
6. Hit Me with Your Best Shot - Pat Benatar
7. Survivor - Destiny's Child
8. Set Fire to the Rain - Adele
9. Wide Awake - Katy Perry
10. Perfect Illusion - Lady Gaga
11. Hombres Como Tú - Raquel Sofía

Capítulo 6. SeñorÓN

Hay pocos y tardan en llegar, pero sí existen

Un verdadero hombre hará que te enamores primero de ti, y luego de él.

Anónimo

Llevaba siete años soltera, había tenido algunas citas y *blind dates*, pero la mayoría no había llegado a un segundo encuentro.

Un día me invitó una amiga a Valle de Bravo a pasar el fin de semana en su casa. La mañana del sábado nos fuimos un rato a caminar, cuando de pronto me dijo:

—Mi novio se fue a andar en bici con un amigo suyo que te queremos presentar.

"¡Qué increíble!", fue lo primero que pensé. Pero instantes después, recapacité: "¿Qué? ¿Un *date*? ¡¡Y yo en esta facha!!".

No llevaba ni maquillaje ni tenaza en mi maleta, ni mucho menos un vestuario adecuado para conocer al "amor de mi vida", que esa mañana ni sabía que existía.

Pero disimulé y le dije:

—Ah, okey. Qué padre, gracias.

Llegamos a su casa después del ejercicio, y ya estaban sentados en la mesa desayunando el novio de mi amiga y "mi *date*", quien estaba de espaldas a la entrada de la casa. Pude ver que traía puesta su ropa de bici y una gorra. Al menos en ese punto estábamos en igualdad de circunstancias. Pero también noté que no se molestó en voltear cuando llegamos. En fin, le dimos la vuelta a la mesa para quedar frente a ellos y, prácticamente al unísono, mi amiga y yo dijimos el cordial "buenos días".

Cuando él subió la cara para saludar y lo vi, sentí que las piernas se me habían aflojado tanto que iba a azotar de frente sobre sus huevos rancheros y la salsa machacada.

Ahí, sentado en la mesa, esperando a conocerme, ¡estaba el hombre más guapo que había visto en toda mi vida! Casi me infarto. "¡Y yo en esta facha!", pensé otra vez, intentando mantener la cordura.

No sabía si ahorcar a mi amiga por no haberme avisado, o si abrazarla y agradecerle el gesto de quererme presentar a un bombón de la talla de Ricky Martin (Ricky es el hombre que más me gusta del mundo). Me había impactado tanto que casi pasé por alto que en la mesa también había una mujer. Nos subimos a bañar mi amiga y yo, y en las escaleras rumbo al cuarto me dijo: "Es su amiga, ¿eh? No te preocupes".

Como no tenía cosas para arreglarme, y sospeché que mi amiga tampoco, confié en que nada es casual en la vida y que a lo mejor el plan perfecto del universo era que ese bombón de una vez me conociera tal y como soy, sin adornos, al natural, con la cara lavada y sin peinar.

Pasamos una tarde muy divertida, tomando un poco de vino y riendo a carcajadas. A pesar de que la amiga de "mi Ricky" estaba sentada al lado de él, en ningún momento vi que se tomaran de la mano, que rozaran su piel o se abrazaran. No hubo ninguna mirada coqueta entre ellos o alguna pizca de tensión sexual de esa que desprenden las parejas.

"Sí es su amiga", pensé.

Sin importar quién le hiciera una pregunta, "mi Ricky" siempre me respondía a mí. Me sonreía a mí. Me preguntaba a mí. Y cuando esto sucedía, su amiga intentaba llamar su atención con información privada, de ésa que sólo la familia conoce.

"Han de ser amigos de toda la vida", supuse.

Hasta que al final hizo uno de esos comentarios que me hizo sospechar que ella era más que su "amiga".

Estábamos riendo mucho, les parecía muy gracioso que tomo cursos de todo, hasta para dormir bien, sobre lo cual, su amiga dijo:

—Nosotros estamos *cool* y relajados, casi siempre dormimos bien, hasta que su perro se sube en medio de los dos en su cama, eso sí nos despierta.

"¡Uuups!, ¡¡¡creo que sí son novios!!!", pensé.

Y entonces, ¿qué demonios hacía coqueteándome toda la tarde?

Aunque este evento podría parecer algo sin importancia, provocó un cambio interno en mí muy grande. Por un lado, esta situación me mostró cómo hay veces que nos conformamos con muy poco. En esa pareja no había nada de amor, ni cerca, ni siquiera deseo sexual. Entonces ¿qué hacían perdiendo su vida y su precioso tiempo juntos?

Y por otro, me di cuenta de que yo ya no estaba dispuesta a conformarme con algo menos que un "mi Ricky". No hablo de lo físico únicamente, aunque, si bien no espero un modelo de revista, sí quiero a alguien que me guste físicamente. Siendo honesta conmigo misma, a lo largo de mi vida he andado con hombres que ni me gustan, ni son mi tipo, con tal de no estar sola. Ahora quiero que mi pareja sea mental y espiritualmente "mi Ricky".

¿Cuántas veces me he conformado con lo que hay, viéndoles a los hombres talentos y cualidades que no tenían, e incluso ilusionándome con hombres que no son lo que quiero ni lo que deseo ni lo que me gusta? En lugar de que esta experiencia me hiciera dudar, me hizo darme cuenta de que quiero a un rey que tenga todo lo que deseo, y que mientras llega, prefiero estar sola.

Cuando te topes con un hombre para quien todo el tiempo del mundo a tu lado no sea suficiente, sabrás que él tiene el coraje que les faltaba a los demás hombres de tu pasado. Es probable que muestre su valentía porque nunca se achicará con la intensidad de tu mirada. No se asustará con tu fuerza porque habrá pasado toda la vida soñando con una mujer como tú, aunque no lo supiera.

¿Cómo es un señorÓN?

Éstos son los seis aspectos con los que lo describiría:

1. Se hace presente

He escuchado a una buena cantidad de hombres decir que no se quieren hacer muy presentes ante la mujer con quien están saliendo, para que ella no piense que están muy interesados, como si darse su taco les diera puntos a favor. Y no hay nada más alejado de la realidad. Cuando un hombre sabe demostrar lo que quiere, ¡es lo más sexy del mundo!

La presencia de un hombre es una de las cualidades de las que menos hablamos, pero es de las más importantes. Las mujeres no queremos que nos estén intenseando día y noche, pero sí nos encanta la constancia.

Un hombre que está presente en tu vida demuestra since-ridad. El que un hombre sea honesto con lo que siente es un gran valor. Cuando ha trabajado en sí mismo, ya no se anda con juegos, muestra lo que quiere y, sobre todo, hay coheren-cia entre lo que dice y lo que hace.

Un hombre presente siempre encuentra tiempo en su apre-tada agenda para escribirte, llamarte, organizar planes y verte.

2. Exitoso

Cuando hablamos de éxito pensamos inmediatamente en dine-ro. Pero una persona exitosa es la que ha logrado ser su mejor versión. El éxito tiene que ver con apreciar lo que se tiene, y a la vez trabajar para alcanzar tus sueños.

Muchas de nosotras hemos estado en relaciones donde sentimos más miedo que placer. Miedo de ser exitosas porque no se vaya a sentir menos, miedo de decir lo que pienso por-que no se vaya a asustar, miedo de pedir lo que quiero porque no me vaya a ver muy exigente… Un hombre exitoso no pierde su tiempo ni energía, da lo que tiene para dar. Y eso es mejor que un príncipe azul.

Un hombre exitoso es estable económica y emocionalmen-te. Es aterrador estar con un hombre que no sabes cómo va a reaccionar. Aunque seas la persona más segura del mundo, un hombre inestable puede volver loca a cualquiera.

3. Empático

A la mayoría de las personas nos dijeron de niños que no llo-remos, que no nos expresemos, pero un hombre sensible y empático es de lo mejor que puedes encontrar.

Un hombre empático es el que es capaz, a pesar de su ego, de mostrarse vulnerable y expresar lo que siente, y de la misma manera conectarse contigo como mujer y como ser humano.

Un hombre sensible se enamora y muestra sus sentimientos sin temor al rechazo. Mostrar autenticidad es un gran valor.

4. Seguro de sí mismo

Los seres humanos somos extraordinarios para escondernos detrás de máscaras impecables. Por eso es importante desarrollar nuestra capacidad de ver a través de esas máscaras.

Por ejemplo, yo creo que cualquier mujer podría decir que le gustaría tener a su lado a un hombre seguro de sí mismo, pero muchas veces las inseguridades de los hombres están escondidas detrás de actitudes fáciles de confundir. Podríamos pensar que un hombre violento es un hombre que abusa de su seguridad, sin embargo, es justo lo contrario: un hombre abusivo es un hombre extremadamente inseguro.

Los celos, la paranoia o ser controlador también pueden mostrar la falta de seguridad en un hombre.

5. Saludable

Si te cuidas, tarde o temprano se reflejará en tu salud física y mental.

Las mujeres deseamos sentir que el hombre con quien estamos nos cuida y valora como lo más preciado del mundo, y un hombre no nos puede cuidar ni valorar si no sabe cuidarse y valorarse a sí mismo.

Un señorÓN presta atención a lo que consume, lo que come, lo que hace y lo que ve. Sabe que tiene y tendrá un solo cuerpo en su vida, por lo tanto, lo cuida como el templo que es. Cuida su mente, y así como desconfía de la comida chatarra, también lo hace de los contenidos chatarra.

No tiene vicios ni excesos. No come en exceso, no bebe en exceso, no fuma en exceso, no abusa de sustancias tóxicas ni drogas. Tampoco sale con mujeres en exceso.

Cuando he salido con hombres que no se pueden controlar con su manera de beber, sé que ésa es una característica de un hombre que no tiene control sobre sí mismo y sus impulsos, y eso, tarde o temprano, será un problema.

6. Decente

Hay dos razas de hombres en este mundo, pero sólo estas dos: la raza del hombre decente y la raza del hombre indecente.

VIKTOR FRANKL

Los hombres decentes cada día son más escasos. Un hombre decente se trata y te trata con respeto, no se vende ante cualquier ofrecimiento o seducción. Es honesto y su integridad es su valor más preciado. Si un hombre tiene estas características, lo más probable es que sea un señorÓN.

La buena noticia es que un mujerÓN no está destinada a estar sola; la mala noticia es que señorONes hay pocos, y tardan en llegar.

Vivimos en un mundo que quiere las cosas cada vez más de prisa. Tenemos todo al alcance de nuestra mano con un solo clic. Antes, si queríamos una receta de cocina teníamos que acudir a la abuela; luego fue posible encontrarlas en algún blog; después elegimos mejor ver videos de YouTube, y ahora las personas buscan recetas de máximo un minuto en TikTok.

Pero en las relaciones, como en los platillos, es mejor pensar qué se nos antoja y elegir qué queremos: ¿alguna magnífica receta de la abuela que se cocina a fuego lento o algo rápido e instantáneo como la comida chatarra?

¿Qué prefieres? ¿Una relación *gourmet*, con buenos ingredientes, que se prepara con mucho amor? ¿O una hamburguesa de "carne", que ni es carne?

Así pues, debes tener paciencia para que uno de esos hombres llegue a tu vida. Pero si crees que sólo la legión de hombre RSL (es decir, un hombre ratón, sanguijuela o lobo) es lo único que está a tu alcance, y que, por lo tanto, hay que tomarlo con tal de no estar sola, te estás perdiendo la oportunidad de que un señorÓN toque a tu puerta.

Si sabes que eres una mujer que vale la pena, pero sientes que atraes a puro patán, hombres egoístas o inmaduros, incapaces de acompañarte saludablemente, te lo digo en mayúsculas: NO ES TU CULPA, EL PROBLEMA ES SUYO. NO ERES RESPONSABLE DE LA ACTITUD DE NADIE.

Cada relación es una nueva oportunidad para conocerte mejor y aprender, no importa si la historia no tiene un final feliz o si es sólo un capítulo de tu vida. ¡Todo es positivo! La meta no es tener a un hombre, es entrenarte. Acepta que estás en el proceso de reafirmar que eres un mujerÓN y que no quieres en tu vida más pequeñeces.

Algunos hombres creen que ser un señorÓN tiene que ver con su cuerpo y sus proporciones viriles, y tienen muchas inseguridades al respecto. Otros, con el dinero, la fama, el éxito profesional o el poder; su idea de hombría es muy reducida, muy limitada y pequeña, por lo tanto, son hombres de ego inflado y débil que se sienten agredidos con cualquier cosa, hombres

violentos y narcisistas que intentan hacernos sentir inseguras para que nos conformemos con eso poco que nos ofrecen.

Un hombre de ego débil se indigna cuando no le contestas
el teléfono porque estás haciendo algo que es importante para
ti; se ofende si no estás a su disposición, y necesita ser violento
y agresivo para mostrar su fuerza. No se da cuenta de que la
fuerza de un hombre no está en la violencia, sino en el reco-
nocimiento de su valor y en conectar también con sus fuerzas
femeninas (la empatía, la suavidad, la ternura).

Un hombre de ego débil dejará de buscarte cuando muestres interés, porque le aterra la idea de enamorarse de un
mujerÓN como tú. Y entiéndelo bien, cuando un hombre se
desaparece, es una muestra de SU debilidad, NO de tu poco
valor, contrario a lo que muchas veces piensas.

Créetelo: tan eres un mujerÓN que por eso aquel hombre
mostró que no tiene pantalones para darte la cara, compor-
tándose como un niño asustado que no sabe hacer las cosas
correctamente.

Pero, contrario a lo que nos han vendido, los mujerONes
queremos un hombre de ego fuerte.

Un hombre de ego fuerte sabe lo que vale. Sabe quién es y
se rige más por lo que cree de sí mismo que por lo que le digan
los demás. Sabe poner límites y toma las cosas con filosofía.
Ese hombre respetará tus tiempos de la misma manera que él
pedirá que respetes los suyos, porque entiende que lo importante es lo que uno es, no lo que uno pretende ser.

Nos han hecho creer que al ego hay que aniquilarlo, que es el
enemigo. Pero en mi experiencia, cuando me di a la tarea de
destruir mi ego, la consecuencia fue que me sentí una chinche sin
nada de valor: no quería que nadie me viera y me daba terror

hasta hablar. Ahora trabajo en mantenerlo a raya y a la vista. Se trata de que no tenga control sobre ti, que actúe en su lugar justo, que lo escuches y hasta que le eches flores para que esté tranquilo; de esa manera no se infla con cualquier éxito, no brinca para defenderse cuando hay algún comentario que no es a su favor, y se mantiene como tu aliado.

Y esto es muy importante: para que un hombre te reconozca como el mujerÓN que eres, él tiene que ser un señorÓN. Si es un hombre RSL, no podrá valorarte.

Un señorÓN sabe esperar, tiene paciencia. De hecho, le gusta perseguir y "ganar puntos": sabe que un mujerÓN como tú vale mucho la pena. Por lo tanto, te mostrará su interés, te verá como el premio mayor de una competencia, y no correrá como perro al que le patearon la cola cuando tú estés ocupada con algo: no lo percibirá como un rechazo, al contrario, eso le generará interés, ya que eres una mujer que no necesita a un hombre para ser feliz, pero que desea compartir su vida con alguien tan valioso como él.

No tengas miedo de priorizar tu vida sobre la de él. Si no le gusta, es porque NO ES un señorÓN.

Cuando le interesas a un hombre se nota, cuando un hombre te ama se nota, cuando un hombre te quiere se nota, cuando un hombre te valora se nota, cuando un hombre busca lo mejor para ti se nota, cuando un hombre te cuida se nota; y si no se nota, entonces no es para ti.

Ser un señorÓN no es cuestión de edad, es de actitud, comportamiento y valores. Conozco a varios chavos de 20-25 años que ya son señorONes. Pero, recuerda, un señorÓN se mostrará tal como es, siempre y cuando tú no niegues lo que realmente eres: un mujerÓN.

SEGUNDA PARTE

Damage control, mente y cuerpo de mujerÓN

Purasangre

Recuerda
que para tocar el cielo
no necesitas pintar paredes
con estrellas brillantes,
ni el polvo con un extraño,
ni pactos con ningún infierno,
ni siquiera pastillas para dormir.

Para tocar el cielo
hay que bajarse al barro,
encontrar la fuerza para
devolverle la sonrisa a un niño,
sangrar una despedida,
limarle las garras al rencor
y reunir el valor suficiente
para volver enamorarte.

Estirar los cordones,
apretar el lazo
y dar el paso.

Entonces,
y sólo entonces,
si aún quieres
y todavía no te asusta la aventura,
la vida te invita a tocar el cielo:
¿Quieres? —y te guiña un ojo,
y tu corazón relincha

como un caballo salvaje
que no le teme a las embestidas;
no tengas miedo,
recuerda que es tuyo,
acarícialo, móntalo,
agárralo fuerte,
y ponle el susurro
en el oído:

Late, retumba y no te apagues,
que la vida es breve y lo que
viene, grande.

CHRIS PUEYO
Hombres a los que besé

Capítulo 7. Hospital de corazones rotos

Un corazón roto es como tener las costillas rotas, pero más doloroso y más difícil de sanar

Y una vez que la tormenta termine, no recordarás cómo lo lograste, cómo sobreviviste. Ni siquiera estarás seguro de si la tormenta ha terminado realmente. Pero una cosa sí es segura. Cuando salgas de la tormenta, no serás la misma persona que entró en ella. De eso se trata la tormenta.

HARUKI MURAKAMI

—Acaba de tener un paro cardiorrespiratorio —me dijo el doctor mientras yo esperaba inquieta alguna noticia.

—Pero está bien, ¿verdad? —le pregunté ingenuamente.

—Su corazón se detuvo y no respira por sí solo —me respondió tajante.

Hace un tiempo tuve una pareja que padecía de lupus. Se hizo un par de tratamientos con corticoesteroides, pero después decidió abandonarlos argumentando que lo que lo iba a matar eran los medicamentos, no la enfermedad. Con todo el terror del universo, decidí confiar en él y lo apoyé en su decisión.

Esa mañana lo había llevado al hospital en un estado de emergencia. Nos habían informado que para saber exactamente qué tenía y cómo tratarlo, le iban a hacer un estudio para el cual lo tenían que sedar. Estaba en la sala de espera, cuando me dieron la noticia del paro. Además, me dijeron que estaba conectado a un respirador. En ese momento sentí como si me hubiera caído un camión de tres toneladas encima, no podía respirar y la angustia me invadía completamente. Millones de pensamientos se arremolinaron en mí y me quedé paralizada un momento.

Luego recordé que había leído un libro de Carlos Castaneda donde comparte las enseñanzas de un sabio llamado Don Juan. En ese momento no recordaba bien la técnica o los detalles descritos en el libro, sólo recordaba que implicaba una caminata que daba poder. Mis múltiples *shots* de adrenalina con cortisol me estaban consumiendo, por lo que moverme parecía una buena opción. Me puse a caminar de un lado al otro de la sala de espera. Recuerdo que mis brazos se movían coordinadamente, uno adelante, uno atrás, adelante, atrás… Para calmar mi mente comencé a orar, suplicando que nos ayudaran en esto, conectando mi corazón con la tierra y con el universo.

Después de unos minutos, sentí que llevaba años caminado. Mi cuerpo se movía solo y no estaba cansada, como si hubiera actuado en modo automático. Yo hubiera creído que habían pasado horas, días, semanas, pero, según me informaron después, caminé sin parar más o menos una hora y media.

De pronto, sentí lo que podría describir como un tentáculo que salía de mi vientre con una fuerza descomunal: era grueso, luminoso y muy poderoso. Por un lado, sabía que era como una ilusión, no se trataba de un tentáculo físico, no lo podía tocar con mis dedos, pero por otro, era sumamente real y tangible. En mi mente toda la escena era como de película de ciencia ficción, donde uno de los superhéroes es capaz de sacar algo así de su cuerpo. La punta del tentáculo tenía una especie de gancho de luz de colores.

Me encontraba entre dormida y despierta, como si tuviera la posibilidad de escuchar los colores, tocar los sonidos y darme cuenta de todo lo que estaba sucediendo en el universo. Por lo que he leído, eso es estar en estado de trance.

De pronto, la punta del tentáculo se enganchó dentro del vientre de mi pareja. Como si él hubiera estado en un lugar muy profundo y oscuro, y el gancho lo hubiera sacado de ahí de un tirón.

A pesar de que podría asegurar que lo que más deseaba en el mundo era que reaccionara, lo que yo estaba sintiendo era algo que no podía controlar conscientemente. No es como cuando le das la orden a un brazo de que tome un objeto: ese tentáculo salía de mí, pero realmente yo no le estaba dando ninguna orden. Ahora que lo recuerdo, me cuesta trabajo entender por qué no tuve miedo, terror o pánico. Pero en ese instante todo mi ser estaba enfocado, haciendo lo que tenía que hacer. Nunca en mi vida me había sentido tan poderosa y completa. A la fecha no puedo explicar lo que pasó.

A los pocos minutos salió el doctor a informarnos que ya estaba respirando.

Dos años después de acompañarlo en su proceso, las cosas iban mal entre nosotros. Me sentía agotada y poco valorada con el trabajo que hacía, como conductora de tv, mamá, ama de casa, enfermera y terapeuta, apoyándolo en su enfermedad. A pesar de todo, seguía más comprometida que nunca con seguir sacando adelante a mi familia.

Hasta que llegó la gota que derramó el vaso. Uno de mis hijos se había ido a vivir con su papá una temporada, lo que, aunque respetaba, me dolía mucho. Un día, llegué a casa de trabajar, y vi que mi pareja estaba sacando las cosas de su cuarto. Cuando le pregunté por qué, me dijo que había decidido convertir ese cuarto en una oficina o un gimnasio. ¡Cuando él ni trabajaba ni hacía ejercicio!

Me enfurecí como pocas veces en mi vida y tuvimos la peor discusión como pareja. Le dejé muy claro que si él no respetaba a mi hijo, que es parte fundamental en mi vida, tendríamos que replantearnos si de verdad valía la pena seguir juntos. Me respondió que se iría unos días de viaje, y que de regreso me diría su decisión.

Unos días después, justamente el día de mi cumpleaños, llegué a casa y me encontré mi pastel favorito en el refri. "Es para usted, de parte del señor", me dijo la chica que me ayuda en casa. Eso me dio una alegría enorme, porque para mí era la señal de que él estaría dispuesto a jugársela por todos los miembros de la familia, incluyendo mi hijo, y que podríamos sanar nuestras diferencias. Tomé una rebanada y me fui bailando muy contenta a mi cuarto.

Una hora después más o menos, entró bruscamente a la habitación y me dijo que quería hablar conmigo. De sus ojos salía fuego: "Quiero separarme porque no has hecho suficiente por ganarte a mis papás. Mi enfermedad es tu culpa. Me voy de la casa. Quédate con todo, no quiero nada. Ya hablé con los niños para informarles que ya no viviré con ellos". Se dio la media vuelta y se fue.

Me quedé fría como hielo. No la veía venir. Mi cabeza seguía imaginando esa gran reconciliación que había creído que sucedería. Pero lo que más me dolió fue que hubiera hablado con mis hijos sin darme siquiera la posibilidad de que fuéramos los dos quienes les diéramos una noticia tan dolorosa, que no me hubiera dado la oportunidad de proteger su corazón. El mío se rompió en mil pedazos.

Esta situación dejó en mi vida y en mi casa escombros, cenizas... una devastación muy profunda. Fue un golpe fulminante para mí y para mis hijos. En ese momento fui inmediatamente a hablar con mis niños. Estaban en *shock*, aún no habían asimilado la noticia.

Los apapaché un rato para que se quedaran dormidos y los encargué con su nana. Salí corriendo a buscar a unos amigos para que me ayudaran a procesar la noticia tan fuerte; sentía que me desangraba por dentro. Cuando llegué a su casa no podía respirar, no podía dejar de llorar, no podía hablar. Ellos, con todo su amor, me contuvieron para no perder la razón y poder agarrar fuerza para tomar a mis hijos y llevarlos a un viaje que les habíamos prometido.

Por mi cumpleaños, habíamos planeado ir a la playa todos juntos, pero sólo nos fuimos mis hijos y yo. Al viaje llegamos unos zombis, con el corazón hecho trizas. Intentaba ser optimista y también traté de esconder mis sentimientos y emociones, pero los peques se encargaron de decirle a cada persona que se les acercaba en la alberca lo que había sucedido. Así que todas las preguntas de la gente estaban dirigidas a ese tema. Nadie lo podía creer.

Fueron días muy difíciles. Una noche cayó una tormenta como nunca había escuchado en mi vida, el mar se mezclaba con el cielo, colérico, furioso. Las nubes y yo lloramos muchas horas. Hasta que me di cuenta de que amar es querer que el ser amado sea feliz, aunque eso implique que no esté cerca de ti. Yo lo amaba, y entendí que, si para él era mejor estar lejos de nosotros, estaba dispuesta a aceptarlo. Ésa es sin duda una lección que me será de mucha utilidad siendo madre de tres hombres.

Ese día los rayos de la tormenta me aconsejaron que lo dejara ir, que si ésa era su decisión tenía que respetarla. Si él no quería estar conmigo yo no podía hacer nada. Habíamos acordado no decirle nada a nadie por el momento. Guardé el secreto también con la esperanza de que, en un futuro cercano, él recapacitara y pudiéramos retomar nuestra relación y familia. No supe nada de él por varios meses.

Un día, tocaron la puerta y era él. Había perdido la razón. Lo recibí en casa y comencé a cuidarlo como si fuera un niño pequeño. Su mirada estaba perdida y no podía completar una frase con coherencia. Lo ayudé y lo acompañé hasta que se recuperó casi completamente.

Dos meses después, se volvió a ir.

De pronto, me llamó. Estaba en el hospital y me dijo que no era necesario que fuera. Mis hijos y yo teníamos influenza, pero cuando nos recuperamos, lo fuimos a ver a pesar de haberme dicho que no quería verme ahí. Al llegar, y frente a mis niños, comenzó a reclamarme por haberlo abandonado. ¡Me estaba culpando de todo! Había mucho resentimiento en sus ojos, así que con mucho dolor salimos mis hijos y yo del hospital. Yo no quería dejar así las cosas. A los cinco días regresé, ahora sola, y volvió a suceder lo mismo. Ya no regresé más.

Unos meses después recibí un mensaje donde me informaban que él había dado la noticia de nuestra separación, donde me responsabilizaba a mí de lo que había sucedido. Decía que yo había abandonado el barco porque no había aguantado su enfermedad.

A partir de ese momento todos me acusaron de ser la peor persona del mundo, colocaron en mi frente el estigma de mujer mala e inmoral.

Como él había estado enfermo, yo tenía todo en contra. La empresa para la que trabajaba me pidió no decir la verdad. Elegí no hablar y confiar en que era más importante lo que yo, lo que mis hijos, mi familia y amigos cercanos sabían de mí. Elegí mi paz por sobre todas las cosas, confiando en que lo que la gente dijera no era asunto mío, y que el tiempo, que es sabio, mostraría la verdad de los hechos. Lo que realmente sucedió. Pero mi cuerpo, mi mente, mi alma y mi corazón sangraban con su traición.

Así es como perdí mi familia, mi imagen y mi estabilidad emocional, laboral y económica.

Un corazón roto es como tener las costillas rotas; nadie puede verlo, pero duele cada vez que respiras.

Generalmente relacionamos los estados de emergencia con un problema físico, no un golpe emocional. En mi caso, me estaba muriendo... Cada día tenía que recoger los pedacitos de mí que estaban desperdigados por todos lados.

Cuando acudimos al hospital, regularmente es para que nos ayuden a recuperar la salud física. Pero ¿qué hay de la salud emocional? ¿A dónde acudimos a pedir ayuda?

Además de mi tristeza absoluta, comencé a tener varios padecimientos físicos: insomnio, ansiedad, angustia, depresión, ataques de pánico, fibromialgia, dermatitis, gastritis, colitis, fatiga crónica... Sólo quería llorar, meterme en mi cama y no salir de ahí nunca. Vomitaba llanto. De día y de noche. Perdí el apetito por la comida, pero también por la vida. Creía que después de llorar muchas horas los ojos se secarían de tantas lágrimas, pero no sucedía.

¿Y qué podemos hacer cuando estamos en ese estado de emergencia emocional, cuando ya perdimos no sólo el interés por la comida, sino el interés por vivir?

Lo que hay que hacer es un control de los daños. La buena noticia es que para eso sí tenemos una opción: se llama "hospital de corazones rotos", donde no sólo tenemos la oportunidad de recuperar nuestra salud emocional, sino que podemos transformarnos y convertirnos en la mejor versión de nosotras mismas. Y así como un alquimista convierte el metal en oro, nosotras podemos convertir el dolor en amor propio.

Y para muestra, un botón.

Quiero compartirte la historia de Elizabeth Robinson, la atleta de 16 años que volvió de la muerte para colgarse la primera medalla de oro olímpica en la historia del atletismo en la carrera de 100 metros, logrando además un nuevo récord del mundo.

Meses antes, Betty casi pierde el tren de regreso a casa. Empezó a correr para alcanzarlo, y consiguió subirse como en escena de película. Su profesor la vio y quedó impresionado por la gran velocidad a la que corría. Por eso comenzó a entrenarla en atletismo.

En sus primeros juegos, también ganó la de plata en relevos. Betty regresó como toda una heroína a Estados Unidos.

Tenía un primo con una avioneta, y en el verano fue a darse una vuelta con él para librarse un poco del calor (a los atletas no se les permitía nadar por miedo a posibles lesiones). Al poco tiempo de despegar, el motor falló y el avión se estrelló.

Cuando rescataron a Betty entre los escombros, no respondía a las tareas de reanimación. Tenía el brazo izquierdo roto, la pierna izquierda destrozada y una enorme herida en la frente. Pensaron que estaba muerta, así que la llevaron a la morgue.

Al prepararla para el entierro notaron que su cadáver tenía "algo raro". Así que la llevaron al hospital por precaución. Allí los doctores descubrieron que no estaba muerta, sino en coma. Siete meses después, Betty Robinson volvió a la vida.

La recuperación fue especialmente dura. Los médicos le dijeron que no iba a volver a caminar. Debido a sus fracturas estuvo seis meses en silla de ruedas. Pero no se rindió. Como un ave fénix, resurgió de sus cenizas, y aunque los doctores no le pintaban un buen escenario, ella empezó una durísima rehabilitación para volver a competir.

A los dos años logró volver a caminar. Luego a correr, y en poco más de un año, a entrenarse. Aunque sus marcas iban mejorando, no podía doblar la rodilla, y en la prueba de 100 metros los corredores arrancan agachados, por lo que sólo podría competir en relevos.

Cinco años después del accidente y de que la dieran por muerta, Betty Robinson, "la sonrisa de América", ganó la medalla de oro en sus segundos Juegos Olímpicos.

¿Te has sentido como Betty alguna vez? Aunque no puedes ver tus heridas y no tienes huesos rotos, ¿te duele el cuerpo y te sientes aplastada como si los tuvieras?

Betty tuvo la ayuda que necesitaba cuando llegó moribunda al hospital, y gracias a los doctores pudo recuperarse. Si hay un lugar para curar los males del cuerpo, ¿por qué no hay uno para curar las heridas del alma?

Cuando sales de una relación con un abusador emocional, cuando te han traicionado, lastimado..., quedas de alguna manera como Betty, como si hubieras tenido un accidente donde no moriste de milagro.

Tu cuerpo te duele, tu mente está vuelta loca produciendo pensamientos sin cesar, el miedo y la inseguridad te provocan cambios de ánimo constantemente. No confías en nadie, menos en la vida. Te preguntas una y mil veces por qué estás en esa situación, si eres una persona valiosa que no le hizo daño a nadie. No tienes energía y ves todo sin color.

Cuando una mujer es golpeada por su pareja, tiene las pruebas para poner un límite, en lo social e incluso en lo legal. Puede demandarlo, levantar una denuncia. Tiene las marcas visibles del abuso. (Desgraciadamente podemos ver las redes sociales tapizadas de fotografías de mujeres mostrando cómo los hombres las han atacado brutalmente con títulos de "¡Ya basta!").

¿Qué pasa cuando un hombre te ataca brutalmente, pero las heridas no se ven? Ni siquiera puedes pedir un justificante para pasar tiempo a solas, asimilar y procesar lo sucedido. Tienes que seguir con tu vida y sientes que no tienes fuerzas.

Cuando nos golpean emocionalmente muchas veces nadie nos cree. Estás sangrando por dentro, pero el abusador emocional dice que no sabe qué te pasa, que no entiende por qué estás así.

Difamar es un acto sumamente violento que daña a las personas, incluso más que los golpes, porque sus secuelas no se ven con los ojos, por lo cual la gente no tiene piedad. Pero sus efectos son sumamente destructivos porque van directo al alma, que es mucho más vulnerable y delicada que el cuerpo.

Yo recuerdo que cuando estaba así, semimuerta, intentando sobrevivir, la gente me insultaba en la calle; las redes sociales e internet estaban tapizados de mensajes donde me golpeaban aún más. Y yo no sabía cómo suplicar piedad.

Hoy sé que salí adelante gracias al hospital de corazones rotos.

¿Y dónde está el hospital de corazones rotos?

No es un lugar físico, no tiene paredes, ni doctores, ni aparatos, ni medicinas; no necesitas tener un seguro médico para acceder a él. No tiene horario de servicio y no tienes que pagar cuentas estratosféricas cuando te dan de alta.

Éste es un lugar único y hermoso: *está dentro de ti*.

Eso no quiere decir que el trabajo lo harás sola. Es muy importante que puedas estar acompañada de especialistas y de personas que ames y te amen para poder salir adelante. Aunque todo está dentro de ti, la ayuda exterior puede hacer un cambio importante.

> *Una de las palabras más bellas del mundo*
> *es* Nankurunaisa. *Es japonesa y significa*
> *"con el tiempo se arregla todo".*

Etapas de recuperación

1. Urgencias

Primero, así como en los hospitales físicos, llegas al área de urgencias, sientes tu corazón completamente destruido, sangrando, a punto de morir, y no sabes cómo vas a sobrevivir. Si te encuentras en esta etapa, confía en que algunos seres de luz amorosos y sabios te estarán acompañando para ayudarte, no estás sola.

En esa primera etapa no entiendes qué te pasó, tu realidad es confusa, estás adentro de una burbuja en la que sientes que las cosas pasan muy rápido y te cuesta trabajo entenderlas. No sabes por qué estás en esa situación, sólo sabes que duele, que duele mucho.

Tratamiento

No intentes cambiar eso que sientes, no busques que se vaya, no trates de salirte de ahí. Siente todo eso que estás sintiendo. Todo pasa, todo. Date tiempo. No te presiones para estar bien o para convencerte de que estás bien.

No estás bien, y está bien no estar bien.

Estás en urgencias, asegúrate de recibir la atención que necesitas de ti para ti.

> *Cuando surgen las emociones fuertes, tienes que*
> *dejar lo que estás haciendo y encargarte de ellas.*
> *Presta atención a lo que ocurre.*
> Thich Nhat Hanh

2. Terapia intensiva

De urgencias pasas a terapia intensiva, tienes la sensación de estar entre la vida y la muerte. Hay días incluso en los que no quieres vivir, sientes que todo está destruido y que tu vida ya no tiene sentido. Te duele todo, estás confundida y no sabes qué hacer. Pero es normal, es parte del proceso, confía en que vas mejorando. Al menos ya empiezas a moverte, a caminar un poco, a tener pequeños atisbos de ti y de quién eres.

Tratamiento

Llora, llora todo lo que puedas y quieras. Llorar puede ser el medicamento más efectivo en esos momentos. ¡Llorar es una herramienta, úsala! Si sientes angustia o tienes un ataque de pánico o ansiedad, date cuenta de que aparecen para mostrarte que estás viva, que, aunque te sientes que mueres, no lo estás.

Nunca guardes tus lágrimas, los sentimientos
reprimidos oxidan la vida.
DANNS VEGA

3. Terapia intermedia

En esta etapa empiezas a tener un poco más de energía y recuperas un poco tu consciencia, y comienzas a preguntarte "¿por qué a mí?". Ésa no es la pregunta correcta.

Por eso quiero compartirte esta historia:

Cuando el legendario jugador estadounidense de tenis Arthur Ashe estaba muriendo de SIDA, del que se contagió por medio de sangre infectada administrada durante una cirugía del corazón en 1983, uno de sus fans le preguntó:

"¿Por qué Dios tuvo que elegirte para una enfermedad tan horrible?".

Arthur Ashe respondió:

"Hace muchos años, unos 50 millones de niños comenzaron a jugar al tenis, y uno de ellos era yo.

"5 millones aprendieron realmente a jugar al tenis,

"500 000 aprendieron tenis profesional,

"50 000 llegaron al circuito,

"5 000 alcanzaron Grand Slam,

"50 llegaron a Wimbledon,

"4 llegaron a la semifinal,

"2 llegaron a la final, y nuevamente uno de ellos fui yo.

"Cuando estaba celebrando la victoria con la copa en la mano, nunca se me ocurrió preguntarle a Dios: '¿Por qué a mí'.

"Así que ahora que estoy con dolor, ¿cómo puedo preguntarle a Dios: '¿Por qué a mí?'".

Tratamiento

Cuando te preguntes "¿por qué a mí?", responde "¿por qué no?". Recuerda que en la vida a veces se gana, a veces se pierde, pero siempre se aprende. Busca el aprendizaje y sal adelante.

Aplica las tres S: Siente, Suelta y Sonríe.

En esta tercera etapa vale la pena que salgas lo más pronto posible, porque si no, corres el riesgo de quedarte ahí, en la *victimés*. Conozco a personas para las que ser víctimas se ha vuelto su estilo de vida, incluso podría ser un gran negocio, pero no es un lugar de felicidad.

La vida es aprendizaje: cuando dejas de aprender, mueres.

Tom Clancy

4. Fuera de peligro

Esta etapa sería equivalente a cuando en el hospital te llevan a tu cuarto, y ahí, conectas con el enojo, te das cuenta de que te lastimaron y sientes impotencia.

Estás "fuera de peligro", pero eso no quiere decir que estás bien. Ves tu vida y tu cuerpo destruidos, y te provoca una furia tremenda. Comienzas a buscar culpables, y puede que tu cabeza comience a generar o a crear ideas para vengarte. Y empiezas a cambiar tus preguntas. Pasas del "¿por qué a mí?"

al "¿por qué se comportaron así conmigo?", "¿qué hice mal?", "¿qué puedo hacer para que paguen?".

Tratamiento

Antes de embarcarte en un viaje de venganza,
cava dos tumbas.
CONFUCIO

Es pobreza de espíritu obstinarse en devolver
el daño que se ha recibido.
NIETZSCHE

La mejor venganza es ser diferente a quien realizó el daño.
MARCO AURELIO

Vivir bien es la mejor de las venganzas.
GEORGE HERBERT

Jamás uses la venganza, sólo siéntate y espera.
Aquellos que te hieren suelen destruirse por sí solos.
ANÓNIMO

Es probable que osciles entre las etapas 2, 3 y 4. A veces crees que ya lo superaste y algo pasa que te das cuenta de que regresaste a la etapa 1. Pero es importante que sepas que no estás regresando a ningún lado. La vida se despliega en capas, y aunque parezca que regresaste al punto de partida, éste es un espacio más profundo. Confía, sigues avanzando en tu recuperación.

5. Rehabilitación

En la quinta etapa parecería que las cosas van a ser más fáciles, pero no siempre es así.

Ésta es la etapa de rehabilitación donde todavía tienes algunas heridas que están sanando, otras que siguen sangrando, o algunas que creías que ya estaban sanadas, pero algo sucede que aún duelen.

Habrá algunas veces donde te darán ganas de tirar la toalla. Pero, por otro lado, ya puedes ver tu valor, aunque te cuesta trabajo tener confianza en ti misma.

Recuerdo que llevaba siete años sin pareja, y como no conocía a ninguna mujer que hubiera pasado tanto tiempo sin pareja, me sentía algo así como un *freak*, un bicho raro, y lloraba mucho por eso. Entendía que mis heridas habían sido muy profundas y dolorosas, y que recuperarme me iba a llevar algún tiempo. Sobre todo, confiar en que ya no me volvería a pasar lo mismo. Pero, por otro lado, llevaba años diciéndome a mí misma: "Todo pasa por algo", y me preguntaba: "¿Dónde está o qué es ese algo?".

Había tardado varios años en llegar a la etapa de rehabilitación, y si bien la mayoría de los días estaba bien, algunas heridas me seguían doliendo o provocando desconfianza. A veces sentía que ya estaba saliendo adelante, que ya estaba empezando a caminar a buen paso, que ahora sí estaba lista para salir a jugar al terreno del amor. Pero tenía una cita con algún hombre que a lo mejor no se comportaba de la mejor manera, y yo volvía a llorar, lo cual era una señal de que algunas de esas heridas aún no habían sanado.

Tratamiento

No podemos cambiar las cartas del destino,
sólo podemos elegir cómo jugamos con ellas.

RANDY PAUSCH

Tu trabajo en la etapa de rehabilitación será aprender a revalorarte día a día. Aprender a sentirte orgullosa de haber sobrevivido, de salir adelante y confiar.

A lo mejor muchos intentaron aniquilar tu esperanza, pero siempre puedes encontrar un pequeño rayito de luz en tu corazón que te ayude a darte cuenta de que, aunque a veces sientas tu cuerpo apagado, tu alma sigue encendida. Eso te ayudará a tener la certeza de que nada ni nadie la puede destruir.

Las cosas no te suceden a ti, suceden para ti.

ENRIC CORBERA

Las rutinas saludables que compartiré contigo más adelante serán muy útiles para superar cualquiera de las etapas, pero en la rehabilitación podrás sentir aún más sus beneficios.

6. Prueba SuperHada

¿Cómo sabes cuando estás lista para que te des de alta? ¿Cuando ya no te importa? No. Cuando te sientes fortalecida, como si un *hada* te hubiera tocado con su magia y de pronto te sintieras agradecida por haber vivido esa experiencia. La intención de haber pasado por eso era moverte de lugar, que te dieras cuenta de que eso que llamabas *vida* no era vida, que ahora estás más conectada contigo, con el universo y con los demás.

Haces cosas que amas; antes no te dabas esas oportunidades. Te conoces más, te sabes más, te amas y eres la mejor versión de ti misma.

> *Las mujeres con pasado y los hombres con futuro*
> *son las personas más interesantes.*
> Chavela Vargas

¡¡Pero aguas!!

A veces tendrás recaídas y necesitarás regresar a tus prácticas en cada una de las etapas, dependiendo de cómo te sientas. Pero puedes estar segura de que no estás retrocediendo, no estás volviendo a caer... Estás sanando.

Las pérdidas son algo que nos cuesta mucho trabajo procesar. Lo que me ha ayudado muchísimo en mi proceso es entender que, cuando pierdes, la vida no te está castigando, a veces es todo lo contrario.

Míralo de esta forma: a veces no tienes idea de lo que eres capaz, pero el universo sí, y por eso quiere que desarrolles todo tu potencial. Esto significa que a veces no conseguirás lo que quieres, sólo con el propósito divino de que te des cuenta de que eso no era en realidad lo que necesitabas. De igual forma, en otras ocasiones vas a perder algo sólo para entender que te estorbaba, te detenía, y que es la forma en la que el universo te está ayudando a depurar tu vida para prepararte para algo mucho mejor.

Checa estos tres pasajes de la historia del pintor Henri Matisse, que son un ejemplo de ello:

Primero, Henri comenzó a pintar cuando estaba convaleciente de apendicitis, y su madre le llevó materiales para hacerlo.

Él describe esta época de su vida como una "especie de paraíso".

Si no está en tus manos cambiar una situación que te produce dolor, siempre podrás escoger la actitud con la que afrontes ese sufrimiento.

VIKTOR FRANKL

Segundo, como pintor gozó de notable éxito, a pesar de que hacer lo que amaba decepcionaba a su padre.

Tercero, cuando era anciano, padeció cáncer de colon y tuvo que ser sometido a varias operaciones quirúrgicas. Pasó sus últimos días en una silla de ruedas, y los dolores eran tan agudos que ya no podía sujetar ni un pincel. Esto podría ser una gran tragedia para cualquiera, pero más para uno de los pintores más geniales que hemos conocido. Sin embargo, descubrió que sí podía sujetar unas tijeras y usarlas para cortar la cartulina con la que jugaba con sus nietos. Esto llevó a que los historiadores del arte consideren aquélla como una de las mejores fases de su trabajo: los recortables de Matisse.

Así que, por lo visto, cualquier cosa que te suceda la puedes convertir en una obra de arte.

Adopta la idea de que

Todo, absolutamente todo, es una oportunidad camuflada de amar con más intensidad.

MYRIAM PEÑA

Medicamentos para un corazón roto

1. Love of My Life - Queen
2. That's My Girl - Fifth Harmony
3. Cry Me a River - Justin Timberlake
4. I Can't Fall in Love Without You - Zara Larsson
5. You Are the Reason - Calum Scott ft. Leona Lewis
6. Secret Love Song- Little Mix ft. Jason Derulo
7. It Must Have Been Love - Roxette
8. How Do I Live - LeAnn Rimes
9. How Am I Supposed to Live Without You - Michael Bolton
10. Always - Bon Jovi
11. Open Arms - Journey
12. Every Breath You Take - The Police

Capítulo 8.
Tu mente NO eres tú

¿Cuántas cosas te ha dicho tu mente que no son ciertas?

Deja de pensar y termina con tus problemas.

Lao Tse

Corro, corro deprisa, a toda velocidad... Acelero, acelero un poco más. Siento que mi cuerpo va a explotar, le estoy exigiendo demasiado, pero necesito alejarme, huir de todos los que me quieren hacer daño, me quieren atrapar, lastimar, desollar.

Busco otros caminos. Hay varias puertas: ¿cuál puedo abrir para escapar? Intento abrir una a una, desesperadamente, pero están todas cerradas. Las amenazas que vienen detrás de mí se acercan aún más. Busco, ¿dónde me escondo? Giro y encuentro otros caminos a lo lejos, pero aún me persiguen. Volteo y veo sus ojos, diabólicos, con odio y furia, ¡me quieren matar!

Finalmente, encuentro un lugar donde refugiarme. Se trata de un cuarto viejo al fondo de un pasillo muy estrecho. La puerta está semiabierta, entro y la cierro abruptamente, colocando mi espalda en ella para poder respirar por unos segundos. De inmediato me doy cuenta de que en la puerta hay varios cerrojos con candados. Los cierro todos para asegurarme de que estaré a salvo y guardo las llaves, todas juntas en mi vientre, donde no las puedan encontrar.

De pronto, intentan colarse en el cuarto por las rendijas del aire acondicionado, forzando las chapas de las puertas. Ahora sí, no hay salida. Estoy atrapada, no tengo a dónde ir.

Cierro los ojos, me hago bolita en el suelo, le ruego a Dios con todas mis fuerzas y mi corazón que me ayude, que me saque de ahí, que me proteja.

Las paredes empiezan a romperse, también están destruyendo la puerta a patadas, y empiezan a deformar el metal de las rendijas para entrar. Estoy perdida.

Abro los ojos abruptamente como si me hubieran jalado o sacado de ahí. Descubro que estoy en mi cama, sudando frío, temblando. Fue tan real…

Salí de esa pesadilla y empiezo a recordar que estuve abrazada a mi almohada hasta las 3 a. m., sin poder dormir, cansada de tanto llorar. Comienzo a tomar consciencia y me doy cuenta de que mi infierno en la vida real es peor que en mis pesadillas, que los sucesos de mis terrores nocturnos sólo son una réplica sutil de los acontecimientos diurnos. Me sentía congelada, paralizada, no podía moverme, como si hubiera pasado un tractor encima de mí. Mi cara estaba llena de marcas de todos los gestos que había hecho durante la noche. Tomé aire y necesité de mucha fuerza para quitar las sábanas de mi cuerpo. Aunque el pánico comenzó a ceder, la ansiedad y angustia se hicieron más intensas. Incluso un poco más que cuando estaba dormida. Ahora tenía más miedo.

Ya eran las 5 de la mañana. "¿Hace cuántos años que no duermes una noche corrida?", me pregunté. Una vez más, me encontraba despierta en medio de la noche, aterrada, sin saber qué hacer.

Una cascada de pensamientos se abalanzó sobre mí. Eres una maldita, inhumana, muérete. Eres una zorra, desgraciada, infeliz… Palabras que escuchaba todo el tiempo, provenientes de los medios de comunicación, las redes sociales y la gente en la calle.

Eres una tonta, qué estúpida, no sirves para nada. Ahora tienes que ver cómo solucionar todo esto. ¿No que muy fregona? Todo por enamorarte, otra vez elegiste mal. Siempre la riegas, no vales nada, nadie te quiere… ¿Y si haces A? ¿Y si haces B? ¿Y si haces C? ¿Y si haces Z? Estos pensamientos se habían vuelto una constante, me tenían atrapada de día y de noche. Pero en ese momento dije: "¡Ya basta!".

Comencé, según yo, a hablar con el universo. "Si lo que quieres es que esté despierta toda la noche, y que me muera del cansancio, está bien, ya no voy a pelear con eso", le dije.

Así que me levanté de mi cama. Cuando pisé el suelo, las plantas de mis pies dolían, dolían mucho. ¡Estaban hinchadas! ¿Será que el cuerpo me duele porque corro mucho en mis pesadillas? ¿O es producto de mi imaginación? ¿O será que vivo en otra realidad? ¿O me estaré resistiendo a sentir mis emociones? Más preguntas sin respuesta.

Así, cojeando un poco, fui a la cocina, me preparé un té y me fui al balcón a que me diera aire fresco. Me senté en mi pequeño sillón de mimbre y comencé a tomar mi té a sorbos pequeños, mientras veía la hermosa vista de la ciudad.

Y ahí volví a retar a lo que yo creía que era el universo torturándome: "¡Muy bien, ya me tienes aquí, ahora dime todo lo que me querías decir!".

Cerré mis ojos y me puse con mucha atención a escuchar lo que el universo me diría a través de mis pensamientos, y ¡oh, sorpresa! No había ni un solo pensamiento en mi mente. Me di cuenta de que, si les ponía toda mi atención, se callaban.

Como si lo único que hubieran intentado hacer todo ese tiempo era que les hiciera caso. Como un niño chiquito haciendo pataleta para que le pongas atención.

Al poco tiempo me distraje con mi té y la cascada de pensamientos regresó con la misma fuerza. Me estuvo torturando un buen rato hasta que pensé: "Mejor voy a leer para distraerme con otra cosa".

Fui al librero de mi recámara y tomé un libro, el primero que encontré. Regresé a mi balcón, encendí una lucecita y comencé a leerlo.

Resulta que ese libro comenzaba diciendo que nuestra mente crea nuestra realidad. Y que el miedo/FEAR (False Evidence Appearing Real) es evidencia falsa que aparece como real.

"¡Ay, ajá!", pensé. "Ahora resulta que mi mente es la que está creando todo este relajo, sí cómo no".

El problema era que me regañaba y culpaba constantemente por no ser capaz de encontrar la solución de mis problemas, por no saber qué hacer. Y eso saturaba mi mente.

También pensaba: "Estas personas son lo peor del mundo, sus actos son viles y crueles, esto es personal. Es el universo, es Dios que me odia…, porque yo jamás me haría algo así a mí misma".

"¿Cómo es posible que haya algo en mí que esté provocando toda esta injusticia? ¡Eso no es posible! Si ni en la parte más turbia de mi mente se me hubiera ocurrido tanta maldad".

En ese libro sugerían la meditación como guía para transformar tu mente y tus pensamientos, y como lo decían de formas muy convincentes, decidí darle una oportunidad.

Así que, tal y como imaginas, empecé a practicar meditación. Al principio era sumamente incómodo. No me podía quedar sentada, quieta, todo el cuerpo me picaba, me dolían la espalda y el cuello, me la pasaba cambiándome de posición y pensando en la inmortalidad del cangrejo, o me daba sueño, o hasta me perdía la meditación completa pensando en las cosas que tenía que hacer en el día. "Yo creo que no tengo talento para meditar", me aseguré muchas veces. Algunas otras estuve a punto de abortar la misión, pero como en todos lados decían que era la onda, decidí confiar y seguir.

Muchas veces, en plena meditación, mis pensamientos de víctima y enojo me torturaban, así que terminaba y me daba cuenta de que no había logrado ni un instante de paz en toda mi práctica. Creía erróneamente que la finalidad de meditar era poner la mente en blanco, y la mía tenía todos los colores del arcoíris. Pero aun así seguí probando, aunque me sintiera muy lejos de cualquier resultado óptimo.

> *La mente es un gimnasio, y la meditación*
> *es un ejercicio básico.*
> DANIEL GOLEMAN

¿Qué ocurriría si pasáramos tanto tiempo en nuestros gimnasios mentales como en los físicos? Si quieres ver realmente quién eres, y trabajar con tus pensamientos, éste es un gran camino.

Como yo soy un poquis intensa, también regresé a mis clases de yoga e hice varios *detox* de colon que prometían calmar mis pensamientos.

Así mi mente comenzó a estar más tranquila. Empecé a recuperar la alegría y a sentirme mejor, pero aún estaba lejos de sentirme completamente bien.

Un día, platicando con un amigo muy querido, me hizo la pregunta que cambió mi destino:

"La voz en tu cabeza, ¿la puedes escuchar? Todo el tiempo nos dice cosas como 'tienes que hacer esto o lo otro', 'estuvo mal que hicieras esto o aquello', 'no tienes todo lo que necesitas', 'pobre de ti', 'esfuérzate más', 'no tienes razón', 'no vales', 'exageras'". ¡Y sí, ése era mi caso sin duda!

Tu mente puede ser el peor de tus enemigos. Ni la persona más malvada del mundo te diría las cosas tan horribles que te dices a ti, sobre todo con la frecuencia y la falta de compasión con que lo haces. Todos esos pensamientos y preocupaciones te generan muchísimo estrés porque crees que son ciertos.

Siempre he pensado que los niños son más sabios que los adultos, y lo he comprobado miles de veces. Un día mi hijo Luciano, cuando tenía como seis años, me dijo: "Me doy cuenta de que me doy cuenta de mis pensamientos".

¿Cuántas veces te has peleado todo el día con la vida porque las cosas no son exactamente como, según tú, deberían ser? Es probable que tu mente esté todo el tiempo criticándote y juzgándote. Escuchas que habla y habla y habla…

Tu cerebro es capaz de hacer análisis muy complejos, elaborar cálculos matemáticos y resolver problemas de forma lógica, pero también es capaz de generar toda esa conversación tóxica que te está alejando cada día más de tu felicidad.

Darte cuenta de que eres la jefa de tu mente hará toda la diferencia.

¿Quién trabaja para quién? Tú eliges. La diferencia está en si tu mente trabaja para ti o en contra tuya.

Lo más importante que debes saber para estar tranquila y realmente crecer espiritualmente es que *no eres la voz de tu cabeza, eres quien la escucha.* ¿Cuántas cosas te ha dicho tu mente que no son ciertas? Si no entiendes esto, imagínate los problemas que te debe de estar causando sin que seas consciente.

Por eso te compartiré los siete INGRIDientes básicos para entrenar tu mente.

El trabajo de tu mente

¿De qué te sirven tus pensamientos?

Generalmente, no tienen importancia, sólo son una pérdida de tiempo y energía. Te hacen sentir mejor o peor de acuerdo con lo que sucedió en tu pasado y lo que se supone que debería suceder en el futuro. Están para tu consideración, por lo tanto, no tienes que obedecerlos.

¿Y para qué existen?

Nuestros pensamientos existen para servirnos.

Hace un tiempo leí el libro *Untethered Soul* de Michael A. Singer. Él dice que nuestros pensamientos se generan por la misma razón por la que una tetera chifla. Necesita liberar energía.

¿Te ha pasado que estás enojada con alguien y estás piense y piense en todo lo que deberías decirle? Cuando sientes que no te has podido defender, tus pensamientos están continuamente atacando a esa persona, porque piensas que es una manera de protegerte o de defenderte, pero en realidad es todo lo contrario. Con esos pensamientos estás generando más ataques. Todo ese parloteo mental es muestra de que no estás bien en tu interior, y por medio de tus pensamientos tu mente está pidiendo ayuda para liberar un poco de esa energía.

Te enoja que las cosas o las personas no sean como quieres, y ése es tu problema, no el de los demás.

Hay algo que debes tener claro: mientras tengas miedos atrapados dentro de ti, cualquier evento, incluso el más insignificante, siempre los va a estimular.

La buena noticia es que cuando eres consciente de que tus pensamientos no son tú, evitas que esas semillas de furia, miedo o culpa crezcan y se conviertan en monstruos del enojo. Tu felicidad depende, en gran medida, de la relación que tengas con tus pensamientos. El problema es que desde niña aprendiste que las cosas están bien o mal. Cuando en realidad las cosas llegan a tu vida a mostrarte algo, y eso siempre está bien.

> *Bueno es lo que te hace más fuerte, malo es lo que te hace más débil.*
>
> FRIEDRICH NIETZSCHE

Si quieres crecer espiritualmente, lo que más te conviene es sanar la parte de ti que no está bien, la que etiqueta las cosas como buenas o malas de acuerdo con tus propias heridas.

Una vez salí con un hombre que ni me gustaba, pero cuando me dejó de hablar lo primero que pensé fue: "¡Eso está muy mal!". Entonces me deprimí. Y luego me enojó mucho que esa mala persona me quisiera lastimar. La realidad es que tocó mis heridas de abandono que no había sanado. En este caso, debí alegrarme y agradecer que una persona que no era para mí se alejara de mi vida.

Cuando sanas tus heridas, eres capaz de ver las cosas objetivamente.

Los pensamientos no tienen poder, a menos que tú se lo des.

Lo que te confunde es que a veces la mente te dice cosas que valen la pena, y por eso piensas que deberías escucharla y hacerle caso TODO EL TIEMPO. Pero no.

He aquí una clave fundamental: lo que es para tu bienestar lo escucharás en forma de susurros; lo inútil lo escucharás en forma de gritos.

En mi caso, yo quería que mi mente fuera como el genio de la lámpara, y que me concediera mis deseos. Por lo que todo el tiempo le exigía que encontrara la solución de mis problemas:

"Quiero que todo mundo me quiera, que nadie hable mal de mí; que todo lo que diga o haga sea aceptable y les guste a los demás, que nadie me lastime; no quiero que pase esto, quiero que esto pase exactamente como yo quiero. Y quiero que logres que todo esto sea posible, tendrás que ver cómo hacerlo, no importa si tienes que pensar en ello día y noche".

Mi mente, muy obediente, se puso a trabajar incansablemente en una tarea que era imposible. Por eso llegó un punto donde ella parecía un perrito maltratado, amarrado a un árbol todo el día, que lejos de estar tranquilo y calmado, era rebelde e histérico.

La consecuencia para mí: insomnio crónico, angustia, estrés, ataques de pánico, etcétera.

Si le hubiera dado la tarea a mi cuerpo de cargar un bulto de 150 kilos, al ser una tarea imposible, me hubiera roto la espalda como mínimo, lo cual me hubiera causado mucho dolor. Pues lo mismo le pasó a mi mente: se rompió intentando hacer algo para lo que no estaba hecha. Mis pensamientos eran neuróticos todo el tiempo, lo cual era un aviso del daño psicológico que me estaba causando.

Si sientes que tienes muchos pensamientos todo el día, podría ser una señal de que le estás cargando la mano a tu mente.

Si sientes que tienes muchos problemas o que la gente te la hace difícil, date cuenta de que ésa no es la causa de cómo te sientes. El problema, en realidad, está dentro de ti. Y esos enemigos llegan a tu vida con la intenciÓN de ayudarte a resolver tus problemas internos.

Por lo tanto, intentar solucionarlos todo el tiempo es inútil, porque ellos no son la raíz del problema. La raíz del problema son tus miedos. Si no la identificas, buscarás a alguien o algo para cubrirlos: personas, comida, dinero, éxito, poder…

Yo buscaba recuperar mi carrera como conductora de televisión, ver la forma de ganar dinero, encontrar una pareja y que ya no hablaran mal de mí, pensando que eso era la razón de mi sufrimiento. Ahora entiendo que si hubiera encontrado a una persona perfecta que me hubiera "amado" y si hubiera "triunfado" profesionalmente, en realidad habría sido un fracaso, porque esconderme detrás de las finanzas, las personas, la fama o el poder no era resolver mi problema.

Por ejemplo: vamos a suponer que comenzaba una relación con la enorme necesidad de cariño que tenía. Con tal de no sentirme sola, hubiera envuelto a la otra persona en mi problema. Por eso hay tantos problemas con las relaciones, porque el problema interno no se resuelve involucrando a alguien más. Esa relación no funcionará porque fueron nuestros problemas los que en primer lugar nos llevaron a querer tener esa relación.

¿Lo puedes ver?

De lo que se trata es de experimentar tu vida, en lugar de estar tratando de cambiarla para que se solucione lo que está mal dentro de ti.

El arte radica en ser consciente de que *el trabajo de tu mente NO es solucionar tus problemas personales.*

Un día estaba viendo una película de ésas donde el amor entre los personajes es como de cuento de hadas, y lloraba y lloraba porque pensaba: "Yo creo que no soy lo suficientemente bonita, me falta inteligencia y tengo mala suerte, por eso no puedo vivir un amor así. Tengo muchos problemas y como soy muy tonta porque no encuentro solución, por eso soy infeliz".

¿Te ha pasado? Tu mente puede generarte mucho dolor emocional usando los pensamientos que te llevan al sufrimiento.

¿Y qué pasaría si te digo que tu infelicidad no es consecuencia del "problema", sino de querer que sea diferente o intentar resolverlo?

Así como la felicidad influye en tu salud, también tu salud influye directamente en tu felicidad.

Te han dicho de mil formas que la vida se trata de ser exitosa, de trabajar mucho, de ser buena madre, esposa, de tener seguridad financiera y una vida llena de metas. Esas cosas te pueden dar éxito, pero no felicidad. Y el esfuerzo cobra facturas muy altas.

¿Qué pasa cuando las cosas no salen como quieres? ¿Y si la vida quiere darte algo mejor de lo que creías que era bueno para ti? Tu felicidad no depende de las condiciones del mundo a tu alrededor, sino de los pensamientos que tú creas sobre ellas.

¿Qué pasa cuando pierdes tu trabajo o no te dan la oportunidad que querías? Sufres porque crees que perdiste. ¿Y si mejor te abres a la posibilidad de que llegue algo mejor? El secreto está en qué te enfocas.

Vamos a jugar, ¿va?

Ponte cómoda y relájate, toma un respiro profundo y suelta el aire por la boca. Ahora cierra los ojos e intenta pensar en dos cosas al mismo tiempo. Por ejemplo: imagínate bailando una canción que te guste y a la par llorando en tu cama.

¿Pudiste ver las dos cosas simultáneamente? ¿Verdad que no? Tuviste que ir cambiando de una escena a otra como si fueran dos canales de televisión diferentes. Eso es porque sólo se puede pensar en una sola cosa a la vez. Ni siquiera las mujeres somos *multitasking*, eso es un mito.

Pues eso mismo puedes hacer con tus pensamientos. Cuando haya uno que no te haga bien, mejor cámbialo al canal donde recuerdes algo que te guste o en el que estés haciendo algo que disfrutas o te encuentres con quien amas.

No se trata de querer cambiar el problema, sino de cambiar el pensamiento acerca del problema.

A tu cerebro le cuesta trabajo distinguir entre lo real y lo imaginario, por eso puedes hacer esta "trampa" para que piense cosas que te hagan sentir bien.

Atención plena

Una de las claves para calmar la mente es la atención plena. Tomar el control de lo que piensas y sientes. Es como ponerte en el asiento del conductor y darte cuenta de que no eres toda esa basura que piensas, sino que eres quien se da cuenta justamente de que esa basura está saliendo, quien lo experimenta.

Ése es el asiento de la consciencia, desde donde puedes ver cómo tu basura interna es golpeada, pero no te pierdes en ella porque la estás observando y sintiendo.

Si no te das cuenta de esto, vives en la oscuridad. Y cuando no eres consciente de que tú eres el observador tienes la tentación de estar siempre tratando de arreglar las cosas. No tienes claridad, porque sólo quieres que esa experiencia que te molesta tanto se acabe. Y comienzas con instintos de supervivencia.

También ayuda poner en acción tus sentidos, y para ello, te tengo otro juego. El siguiente ejercicio me lo compartió mi amigo Fer Broca. Me ayuda mucho en estos casos. Se llama "Escalera":

Relaja tu cuerpo, inhala profundo y suelta el aire. Es importante siempre empezar con esto para que nos ayude a centrarnos a poder cambiar el canal.

1. Ahora enfoca tu atención en cinco cosas distintas que tengas a tu alrededor. Puede ser un foco, una mesa, una lámpara. No importa qué sea, sólo míralas una por una...

2. Ahora toca cuatro cosas. La tela de tu falda, tu brazo, el sillón donde estés sentada, una hoja de papel...

3. Luego, pon atención en tu oído. Escucha tres sonidos distintos. Puede ser el sonido de tu respiración, algún auto o camión de la calle, un perro o pájaro...

4. Después, huele dos cosas. Tu ropa, tu pelo, tu mano o algún objeto que tengas cerca...

5. Por último, pon atención en el sabor de tu boca: ¿es dulce?, ¿jugosa?, ¿a qué sabe?

Se trata de observar con tus sentidos.

Ahora cierra tus ojos y pon atención en tu interior. ¿Cómo se siente tu cuerpo? ¿Tus músculos están relajados o están tensos? ¿Te duelen? ¿Cómo está tu espalda y tu cuello? Sólo obsérvalos.

Regresa tu atención a tu respiración y siente cómo corre la sangre por todo tu cuerpo. Date cuenta de que, si estás poniendo atención en tu respiración, ésta no está en tus pensamientos. Es una manera de filtrar lo que corre por tu mente.

En este ejercicio no le estás dando a tu cerebro cosas buenas en que pensar; simplemente estás intentando que tu mente se enfoque en tu respiración. Eso ayuda a calmarla.

Al principio puede ser muy incómodo para tu mente porque está acostumbrada a ser la jefa, y buscará defenderse mandándote más pensamientos. Intenta mantenerte calmada. Sigue observando el mundo de adentro y de afuera. Sigue filtrando una y otra vez hasta que el silencio regrese.

Estos ejercicios me ayudan mucho a calmarme, incluso me funcionaban cuando tenía ataques de pánico.

Entrena tus músculos del amor

Venía de una semana muy pesada, llena de "cosas que hacer". Estaba sola en mi casa, había terminado de trabajar y mis hijos estaban con su papá.

"Ya no tengo pendientes y puedo tener la tarde libre para mí. ¡Yei!"

Día tranquilo para descansar. Me sentía feliz y relajada. Me recosté en mi sillón favorito dispuesta a sólo ser, sentir y disfrutar del momento. A los cinco minutos comenzó esa sensación que conozco bien. Primero me dio un poco de hambre, sentí el vacío en la boca del estómago, se me bajó la presión y un escalofrío recorrió todo mi cuerpo; comencé a sudar y sentí cómo se me cerraba la garganta, el brazo se me dormía con un hormigueo y me dieron ganas de llorar...

"¡Ahí viene un ataque de pánico! ¡Pero si todo está bien en este momento! No estoy estresada ni con prisa, ¡¿por qué viene ahora?! Aaaahhhhhhggg", me decía.

Intentaba controlarlo, pero no se dejaba. De repente, sentí una pata de elefante sobre mi pecho, no podía respirar...

"¡Ayuuuudaaaa!", pero no había nadie en casa.

"Pobre de mí..."

"¡Estás muy mal, muy enferma, te vas a morir!"

Los pensamientos de víctima comenzaban a atraparme y estaban a punto de darme la estocada final.

"Ahora sí llegó el fin", dije lamentándome.

"¡No hay nadie que pueda ayudarme, me voy a morir y no me quiero morir!"

"Si tan sólo tuviera una pareja, me ayudaría en este momento, pero como estoy sola porque nadie me quiere, así moriré. Y sí, tenía razón, siempre la tuve, no valgo nada y por eso los hombres me tratan mal."

Me estaba creyendo todas y cada una de las palabras, pero estas últimas tuvieron algo que me hizo dudar. Así que ahí paré y volví a decirlas, pero ahora en voz alta: "No valgo nada y por eso los hombres me tratan mal".

"¡Ah, caray! ¡Ah, caray! O sea que ¿ahora yo tengo la culpa de la maldad humana? ¿En serio? ¿O será que de alguna manera me gusta ser víctima? ¿Será que en nuestra cultura la gente cree que las víctimas son buenas y los fuertes son malos? Auch, eso sí dolió. ¿O será que sólo quiero tener la razón de todo lo que me he dicho?", me cuestionaba.

"¡Nooo, no estoy dispuesta a que mi mente tenga el control! Necesito calmarme y centrarme. Siento que mis pensamientos me quieren arrastrar, pero no lo voy a permitir. Utilizaré mi fuerza de voluntad interna para no irme con ellos", dije muy decidida.

"Ingrid, dame un pensamiento que me sirva", me pedí.

"Me perdono por este pensamiento de miedo. En cambio, elijo el amor. Me perdono por este pensamiento de miedo. En cambio, elijo el amor", comencé a repetir como un mantra.

Y así, poco a poco, el ataque de pánico comenzó a disminuir para luego desaparecer. Pero la prueba no estaba superada.

Al poco tiempo estaba en mi programa de tele entrevistando a un especialista y le hice una pregunta que no era muy buena. Eso hizo que mi mente se volviera loca y comenzó a bombardearme con palabras negativas: "¡¡¡¡Soy una tonta!!!! ¡¡¡Naaaaadie me quiere!!! ¡¡¡Toooodo el día me insultan!!!".

Y ahí recordé el planteamiento del libro *Amar lo que es* de Byron Katie: "¿Esto es totalmente verdadero? ¿Soy una tonta o simplemente me equivoqué? ¿Nadie te quiere, nadie? O sea, ¿no hay ni un minuto del día en donde no te insulten? ¡Obviamente que sí!". Decir que nadie me quiere o que me insultan todo el día era una exageración.

Si bien había muchas personas que me odiaban por unirse al colectivo y creer que habían encontrado una forma de deshacerse de su propia basura interna, no quería decir que nadie me quisiera. Eso en estricto sentido era una mentira.

Ahí me di cuenta de lo que tenía que hacer: entrenar los "músculos del amor". Si quieres que tus músculos crezcan, los entrenas y te nutres bien para que suceda, ¿no? Por eso es tan importante alimentar tu mente con la información correcta.

Desde ese momento, en cualquier situación donde los pensamientos se me dejan venir con todo, empiezo a preguntarme: "¿Qué parte de esta historia mi mente estará filtrando o exagerando o cambiando?", "¿Habrá algo que deba saber antes de tomar una decisión o creerle todo lo que me dice?", "¿Eso que pienso es totalmente cierto?".

Recuerda esto: tu felicidad depende en gran medida de la historia que te cuentes a ti misma. Si eres capaz de contarte una segunda y mejor historia, de parar, de tomar un respiro y dejar ir todas las cosas negativas, esa nueva historia te creará una nueva realidad.

> *El único verdadero viaje de descubrimiento consiste no en buscar nuevos paisajes, sino en mirar con nuevos ojos.*
> MARCEL PROUST

Me encanta esta frase que escuché una vez en un taller: "La verdad te hará libre, pero primero te romperá los huevos".

Entre "Nadie me quiere" y "Él se lo pierde" hay una gran diferencia que determina si te sientes feliz o infeliz. Y ambas cosas podrían ser producto del mismo evento.

Regla de oro de la felicidad: *elige creer el lado de la historia que te haga más feliz.* Relajarte y soltar es la mejor forma de lograrlo. No les des tu atención a esos pensamientos negativos, no los alimentes, si no se harán más fuertes.

Te amas a ti misma entrenando los músculos del amor, y se entrenan cuando eres capaz de tomar las riendas de tu mente.

El *Curso de milagros* dice que lo logras poniendo atención en cómo tus pensamientos afectan tu cuerpo, lo cual te ayuda a ser más consciente de lo que sientes.

> *Nuestra mayor libertad humana es que, a pesar de nuestra situación física en la vida, siempre somos libres de escoger nuestros pensamientos.*
> VICTOR FRANKL

Y si hay alguien que debilita tus músculos del amor, es el ego.

Ojo con tu EGO

Por ejemplo, si a lo largo de este capítulo te cachas pensando que esto no debe de servir para nada, tienes la tentación de cerrar el libro, o sientes la lectura un poco pesada, puede ser una resistencia provocada por tu ego que está acostumbrado a tener el control e intentará que tú NO tomes el control y sea él quien continúe manejando tu vida. Por eso te pido, NO DESISTAS. Tómate un tiempo si quieres, pero no pares.

Cuántas veces pensaba: "Con todos los cursos, talleres y terapias que he tomado, *ya me debería sentir bien*, y aún sigo mal. ¿Por qué vivo sintiendo que alguien me va a matar cuando no hay una amenaza real ante mis ojos?". No es que hubiera personas con pistolas o cuchillos o armas reales alrededor de mí, pero sentía miedo como si las hubiera. Mi cuerpo segregaba cortisol y adrenalina, irrigando más sangre hacia mis piernas. Estaba lista para correr, pero ¿correr a dónde?, ¿huir de quién?

¿Te has sentido así? ¿Estresada y con prisa todo el tiempo? ¿Buscas "amenazas reales" y no las encuentras? Esto se llama *estrés social*: puede que tengas miedo de no caerle bien a la gente y ser juzgada, o sientas que no eres suficiente. Tal vez tienes temor de quedarte sin dinero o de estar sola... O simplemente miedo de todo.

Al ego le gusta ponerse por encima o por debajo de los demás. Puede decirte que no eres lo suficientemente inteligente o bonita, o que eres más linda o más capaz que las demás. Y eso se convierte en una amenaza real.

Lo podemos ver muy claramente con la adicción a los *likes* en las redes sociales. Cuando alguien te hace un mal comentario o alguna publicación no tiene éxito en tu Instagram, te sientes mal: eso es una reacción de tu ego que quiere asegurarse de tu supervivencia. Aunque realmente tu vida no depende de si le gustas a alguien o no, o de si te hablan bonito, tu mente lo cataloga como *eso que no te gusta*, así que *es una amenaza real*. Por lo tanto, tu cuerpo produce hormonas como la adrenalina para huir, y como no puedes huir de tu propia mente, te intoxican porque no las usaste.

En realidad, hoy en día, todo lo que provoque a tu ego es una amenaza. Por ejemplo, la difamación y el chisme.

Yehuda Berg dice en su libro *El poder de la kabbalah* algo contundente:

"Difamar a una persona es tan malo como matarla físicamente. El pecado de derramamiento de sangre no se limita a actos de violencia física. El derramamiento de sangre también se refiere a la sangre que fluye del rostro de una persona por vergüenza o humillación cuando ha sido deshonrada frente a otros".

¿Ahora entiendes por qué sientes que te mueres cuando hablan mal de ti? ¿O cuando alguien te rechaza o cuando te exhiben en público o cuando te inventan un chisme o cuando no validan lo que dices? Lo vives como una amenaza de muerte real.

Y si esa violencia viene de alguna persona que quieres o con quien te comportaste bien, sientes que no hay recompensa por tu bondad. Esa impunidad descalibra tu brújula de supervivencia, lo que provoca que vivas con miedo.

El ego es eso que creemos que somos, y lo que creemos que la gente cree que somos.

Es la forma en la que tú desearías que los demás te vieran. Lo que usas para encajar o para ser aceptado. No importa quién seas en realidad.

"Lo que importa es lo que aparentas", te dice siempre tu ego. Es el personaje principal de tu película. Tu adicción al "qué dirán" te mantiene en un estado de necesidad de atención. Mientras más intentas ser aceptada, más te alejas de tu verdadera naturaleza, y eso te vuelve infeliz porque tu identidad vive detrás de una máscara, es una actuación.

Muchas veces las opiniones de los demás sobre ti tienen más que ver con ellos que contigo, pues cada uno proyecta en el otro lo que necesita. Cuando las personas no pueden afrontar su propio dolor, a menudo lo proyectan.

Yo antes pensaba: "Me amo porque soy buenísima como conductora de tele, soy la consentida de la televisora, todos me quieren...". Pero si creo que me amo por eso, estoy muy confundida, es muestra de un ego inflado.

El ego no se ama, y alimentarlo sólo te traerá infelicidad. Tu trabajo, tus logros, tu dinero, tus éxitos... todo eso es ego. Si estás deprimida porque no eres más alta, más delgada o más fuerte, tu ego está debilitado.

El ego cree que las amenazas están afuera de ti, cuando en realidad vives con el enemigo dentro. Y ése es nuestro mayor problema como seres humanos: lidiar con nuestro ego, el cual se refleja en nuestros miedos, inseguridades y patrones de comportamiento destructivo.

Cuando algo doloroso toca tu cuerpo, o percibes olores o sabores desagradables, tratas de empujarlos instintivamente. Cuando tu imagen personal es atacada o amenazada, tu instinto busca proteger tu ego. Tu mente hace lo mismo cuando algo le molesta: lo rechaza para protegerse a sí misma.

Así como a veces el ego se cree superior a los demás, las personas que se victimizan todo el tiempo también tienen inflado el ego. Una víctima encuentra en la tragedia la forma de sentirse importante.

Por eso, ¡atención! Un mujerÓN no se ve como víctima jamás, incluso en las circunstancias más difíciles, dolorosas o injustas. No está dispuesta a aceptar ese rol, no es esclava de su pasado, no pretende mantener vivo lo más horrible que le haya ocurrido. Sabe que las experiencias tienen guardadas grandes oportunidades y las usa como trampolín para cambiar el curso de su vida, por eso se enfoca en encontrar soluciones al problema interno.

Ser mujerÓN implica crear tus circunstancias en lugar de permitir que las circunstancias te manejen.

Por otro lado, al ego también le encantan las exageraciones. Por eso lo ideal es que trates de no caer en ninguno de los extremos de las emociones. Por ejemplo, es mejor buscar un equilibrio entre sentirte víctima o superior a los demás, o entre la depresión total y la euforia. Ahí no hay ego, es tu ser viviendo.

Una forma para aquietar al ego es a través de la respiración. Varios estudios científicos han demostrado que ése podría ser el gran secreto para estar y sentirte bien. Más adelante te compartiré los ejercicios que más me han funcionado. (También puedes visitar www.ingridcoronado.com.mx).

Si quieres conocer más a tu ego, Yehuda Berg lo describe espléndidamente en su libro *Satán, una autobiografía*. En él afirma: "Suelta al ego y yo te soltaré a ti". Sin duda, uno de mis libros favoritos.

Ojo con tu miedo

El miedo dentro de mí no es el enemigo. Más bien,
el enemigo dentro de mí es la cobardía, que
se niega a enfrentar el miedo.
CRAIG D. LOUNSBROUGH

Yo, como muchas mujeres de mi generación, crecí con la idea de los cuentos de hadas. Esta imagen de la princesa que está atrapada en la torre rodeada de dragones y demonios esperando que llegue su príncipe azul a que la rescate. Y la realidad es que los príncipes azules no te rescatan (y ni siquiera existen). Las únicas que podemos "rescatarnos" somos nosotras mismas.

A veces esos "príncipes azules" no tiene nada de príncipes; es sólo un disfraz, son perversos, llegan a nuestra vida a estimular los demonios que viven atrapados dentro de nosotras para darnos la oportunidad de liberarnos. Varios de esos hombres son monstruos y hacen que la batalla sea muy dura. Pero siempre estamos en la posibilidad de sanar nuestras heridas y enfrentar nuestros miedos.

Por lo general vemos esos miedos más grandes de lo que son. Por ejemplo, cuando yo era niña, veía el patio de mi escuela gigantesco, del tamaño de una cancha de futbol como la del Estadio Azteca. Muchos años después regresé y me di cuenta de que en realidad era de una décima parte del tamaño que yo recordaba.

Así también podemos ver nuestras heridas de la infancia porque se gestaron cuando éramos muy pequeñas: nos sentíamos indefensas y vulnerables y creíamos que no teníamos el poder de sanarlas. Cuando llegan los tiranos, a veces abusadores emocionales que tocan esos botones que nos hacen enfrentarnos a nuestros demonios, al principio los percibimos del tamaño que los veíamos cuando éramos niñas, pero si nos atrevemos a observarlos de frente, si decidimos que ya no queremos seguir viviendo atrapadas por ellos, al principio será duro y muy doloroso, pero después nos daremos cuenta de que ya tenemos la posibilidad de sanar esas heridas, destruir esos demonios y, finalmente, liberarnos.

Siempre tenemos la posibilidad de encontrar la llave que abre la puerta para activar las oportunidades mágicas, y muchas veces el camino es revelar nuestro enojo, llorar y sentir esas vulnerabilidades para al fin recuperar nuestra libertad.

Los pensamientos de miedo están siempre anclados en el futuro. Miedo es igual a resistencia.

> *El miedo hace que suceda lo que uno teme.*
> Viktor Frankl

Tu ego quiere que continúes cómodamente muerta en tu zona de confort, que, por cierto, no es nada confortable.

Cuando estás asustada, crees que la vida está tratando de patearte y que estás en peligro a menos de que "hagas algo" para protegerte, pero la realidad es que sólo quiere que pruebes todos los sabores que te ofrece. Agrio no es peor que dulce, son simplemente diferentes. Por eso trata de capturar tu atención, y tú estás tratando y esforzándote para apagarla. Las experiencias te invitan a ser más consciente.

Una manera de aquietar al ego es aceptando que todo lo que sucede ahora mismo está bien. Sufrir por miedo es generalmente más doloroso que enfrentar el miedo.

La única manera de superar nuestros miedos más oscuros y profundos, es verlos directo a los ojos, danzar con ellos, respirarlos, sentirlos, permitir que se transformen, y darles la bienvenida a casa.

Ojo con tu jaula de oro

Tenemos que aprender a ventilar las emociones para que no se queden enraizadas en el alma.

GABY VARGAS

Ahora, si no trabajas con tus miedos, es probable que te encierres dentro de ti. Y al hacerlo, lo que tu mente hará es construir una estructura psicológica de energía alrededor de ti. Y te pondrás en modo paralizado, defensa o huida.

Te encierras en una jaula de oro.

Cuando eres incapaz de salir de tu zona de confort, estás enjaulada.

El rabbi Abraham Twerski lo plantea de esta manera:

La langosta es suave y vive dentro de un caparazón rígido. Ese caparazón no se expande. Entonces ¿cómo puede crecer si su caparazón la limita? La langosta se siente bajo mucha presión e incomodidad. Así que cuando es momento de crecer, se va debajo de una formación de piedras para protegerse de los depredadores, deja su caparazón y produce uno nuevo.

Eventualmente, ese caparazón también se vuelve muy incómodo, por lo tanto, regresa debajo de las piedras, y repite esto varias veces en su vida. El estímulo que permite a la langosta crecer es *sentirse incómoda*.

Si las langostas tuvieran medicamentos, nunca crecerían. Porque en el momento en que la langosta se sintiera incómoda, iría al doctor a que le diera un antidepresivo o un ansiolítico y ella creería que se siente mejor. Por lo tanto, nunca se quitaría su caparazón y, por ende, no crecería.

Así que creo que debemos darnos cuenta de que los "tiempos de estrés" también son "tiempos de crecimiento". Y si utilizamos la adversidad de manera correcta, podemos crecer a través de ella.

A lo largo del día estás constantemente golpeándote con los límites de tu jaula, de tu caparazón, sientes inseguridad, celos o miedo, por lo que generalmente te retractas o tratas de forzar las cosas para que cambien y vuelvas a sentirte "cómoda". Tu jaula es así.

Tu mente-jaula va a tratar de convencerte de que estás bien, que la otra persona está mal, e incluso llegarás a creer fielmente que la vida va a castigar a quien te haga daño. Pero si lo ves desde otro punto de vista, lo que ese otro individuo está dañando es tu jaula; a ti no te pueden dañar.

¿Cómo sabes dónde están los muros o los barrotes de tu jaula? Cuando alguien hace o dice algo que te enoja y sientes que te hierve la sangre, o cuando con una sola imagen sientes que se calientan todos tus sistemas. O cuando pasa algo que te hace sentir avergonzada, es porque se derribó uno de esos muros. Por lo tanto, aunque no te guste, esas cosas que te "perjudican" en realidad te están ayudando, porque puedes usar las emociones dolorosas como gasolina, como un catalizador para el cambio y la sanación.

Esas paredes emocionales suelen mantenerte alejada de relaciones, ideas y oportunidades para una vida más rica. Puedes pasar toda la vida perfeccionando tus defensas. Pero si quieres ser más feliz, lo que más te conviene es aprender a liberarte de ellas.

El conflicto nace cuando intentas adaptar la realidad
a tu forma de ver las cosas, en lugar de adaptar tu forma
de ver las cosas a la realidad.

DAVID DEL ROSARIO

Algunos científicos especializados dicen que la mayoría de las decisiones de las personas están basadas en su necesidad de evitar las experiencias negativas porque son las que su mente cataloga como experiencias de peligro de muerte. No recuerdo en qué libro leí que "el cerebro es como un velcro de experiencias negativas y como un teflón de experiencias positivas", y si hacemos memoria nos daremos cuenta de que es cierto.

Por eso podrías plantearte lo siguiente: si tu mente crea muros alrededor de ti para protegerte, ¿qué pasa si te atreves a tirar esas paredes y sales de la jaula de oro que tú misma construiste?

Las emociones son túneles. Tienes que atravesar
la oscuridad para alcanzar la luz al final.

EMILY NAGOSKI

Así que, si quieres liberarte, tienes que ir a ese lugar para darte cuenta de que no es oscuridad lo que realmente está ahí. Son tus experiencias pasadas, los conceptos, las miradas, las opiniones, las creencias, los sueños y los deseos que has ido recolectando los que han construido paredes que están bloqueando la luz infinita. A lo mejor sentirás que te vas al abismo, pero tienes que transitar a través de la noche para alcanzar la luz, porque lo que llamas oscuridad generalmente es sólo un bloqueo.

Cuando te defines a ti misma como "yo soy así" o "yo soy esto" o "no soy aquello", realmente lo que estás definiendo son esas paredes. Cuando las cosas no son de la forma que quieres, se agita el núcleo de tu ser y desafía la casa de tus pensamientos en los que has vivido encerrada. El verdadero problema es que eres capaz de parchar los agujeros muy bien: esos parches están hechos de pensamientos. Eso es lo que haces con tus muros. Los mantienes sólidos. No permites que nadie te mueva de ahí, y si alguien lo intenta, lo calificas como la peor persona del mundo.

> *La verdadera libertad está muy cerca, y está justo*
> *del otro lado de tus muros.*

¿Cómo sales de tu jaula?

La escritora Etty Hillesum, quien murió en el Holocausto, escribió sobre esto sólo un año antes de perder la vida en Auschwitz.

> *Cuando tienes una vida interior, ciertamente no importa*
> *de qué lado de la cerca de la prisión estés.*

Tus muros "te están protegiendo", y sin ellos es probable que te sientas muy insegura. Pero hay una forma de que no los necesites más, y es *fortaleciendo tu interior* para no necesitar protección. Cuando no te importe lo que el mundo opine de ti y hagas lo que amas, disfrutarás más del viaje.

> *Cuando se abandonan las defensas no se experimenta*
> *peligro. Lo que se experimenta es seguridad.*

Lo que se experimenta es paz. Lo que se experimenta
es dicha. Lo que se experimenta es a Dios.

HELEN SCHUCMAN
Un curso de milagros
Manual para el maestro 4 VI 1:11-15

Aprende a ser quien eres, no quien la gente pretende que seas. Al principio te dará mucho miedo que la gente se vuelva contra ti, que tomen ventaja y que no les guste tu cambio o que dejen de amarte. Me imagino que estas cosas te agobian tremendamente, pero revisa tus experiencias del pasado. En lugar de sentir tus emociones, te estuviste protegiendo de sentirlas.

Somos sanados del sufrimiento solamente cuando
lo experimentamos a fondo.

MARCEL PROUST

Al fortalecer tu interior, puedes salir al mundo y mostrar lo que eres, y serás reconocida, amada y valorada.

Cuando ya no podemos cambiar una situación, tenemos
el desafío de cambiarnos a nosotros mismos.

VIKTOR FRANKL

Mente ÓN

Para ser mujerÓN, primero debes tener una mente ÓN, una mente entrenada que sabe pensar espléndidamente y que produce pensamientos divinos. La mente ÓN sabe que no tiene que trabajar tan duro para conseguir lo que desea, sabe que los mejores resultados se obtienen cuando fluye y deja de compararse con otros.

Probar a alguien que está mal es la manera más fácil para sentirse superior. Y no requiere del trabajo de ser mejor. Solamente requiere pensar que alguien es menos y listo. Si alguien te juzga o te critica, no te está evaluando a ti, se está evaluando a sí mismo.

La vida no te da ni te quita, sólo te ofrece lecciones para tu propio crecimiento. Y si quieres que tu vida mejore, escucha esto: atraemos mejores cosas cuando somos agradecidos, cuando podemos decir "¡Gracias! Por las puertas que cerraste para protegerme y por las puertas que abriste para bendecirme".

> *Agradece la gota que derramó el vaso. Sí, esa mera.*
> CHECO HERNÁNDEZ, *EL BARBÓN*

Una mente ÓN sabe que puede lidiar productiva y creativamente con todo lo que la vida le ofrece; lo bueno y lo malo, y eso le da un sentido enorme de satisfacción.

Eso no quiere decir que niegues lo que te pasa y lo que sientes, o que debas estar alegre todo el tiempo. Más bien experimentas las emociones y el dolor profundamente, pero también gozas la vida con la misma intensidad.

Así mismo, reconoces que en realidad nadie te hace nada. Por ejemplo: si un ladrón te roba alguna de tus pertenencias, no afecta tu forma física, ¿verdad? Puede que tus pensamientos sufran, pero tu verdadero ser, el que observa, no ha perdido absolutamente nada.

Nadie puede lastimar tu alma, sólo tú puedes hacerlo
con tus actos. Cuando lastimas a alguien,
lo que realmente dañas es tu alma.
Genius of the Ancient World: Confucius

Playlist para una mente ÓN

1. Fight Song - Rachel Platten
2. Belief - John Mayer
3. Brain Damage - Pink Floyd
4. Human Behaviour - Björk
5. Under Pressure - Queen ft. David Bowie
6. Don't Look Back in Anger - Oasis
7. Paranoid Android - Radiohead
8. Loser - Beck

Capítulo 9. Cuida tu corazÓN

Esclava del miedo y del dolor

A veces, tu mente necesita más tiempo
para aceptar lo que tu corazón ya sabe.

MARIO BENEDETTI

Abrir el cuerpo a lo divino es todo un arte.

Si somos lo suficientemente sabias, podemos no sólo obtener un aprendizaje de cada experiencia, sino extraer el poderoso elíxir que hay detrás de lo que nos sucede.

Cuando escuchamos la frase "cuida tu corazón", pensamos en varias opciones, desde no comer alimentos que eleven nuestro colesterol para que no se tapen nuestras arterias, hacer ejercicio cardiovascular, hasta no arriesgarnos en el amor para que no nos lo rompan.

La realidad es que el verdadero cuidado del corazÓN tiene que ver con abrirlo para que alimente de sangre a nuestro cuerpo y de energía a nuestro espíritu. Podemos diferenciar el *corazón* del *corazÓN*, ya que el primero está cerrado y el segundo está abierto.

Recuerdo que en una época me costaba muchísimo trabajo levantarme en las mañanas para ir a hacer mi programa de televisión. Casi todos los días lloraba porque no quería moverme de mi cama. Pero también era consciente de que no me podía dar el lujo de faltar, y menos cuando las cosas no estaban bien. Sentía que cualquier paso en falso les daría las razones suficientes para despedirme, por lo que, con todo el esfuerzo del mundo, me levantaba de mi cama en contra de mi voluntad, me ponía la máscara y el disfraz de "*miss cool* todo está bien" y me iba a trabajar.

Ya estando ahí, por un lado, verme arreglada, entaconada y con ropa linda me ayudaba a levantar mi estado de ánimo, las cosas estaban muy tensas, por lo que por más que intentaba hacerlo lo mejor que podía, había momentos donde comenzaba a sentir que el pánico me invadía. Se me empezaban a dormir los brazos, tenía la sensación de que no podía respirar, se me ponía la mente en blanco… al aire, en ¡un programa en vivo!

Había estudiado mucho sobre ataques de ansiedad y sabía que eran pasajeros, por eso no le llamaba al 911 para que me llevaran a urgencias.

Cuando terminaba una sección, me metía al baño a llorar, para descargar un poco las emociones que me estaban ahorcando. Pero sabía que durante todo el programa tendría que luchar contra el ataque.

Probé varias técnicas que me funcionaron para transitar esos momentos de angustia, como poner atención en mi respiración o tocar las texturas de mi ropa o el sillón donde estuviera sentada. Eso me ayudaba a que no se notara o hiciera más escandalosa mi tragicomedia interna. Cuando llegaba a casa, me caía una loza encima, y necesitaba dormirme un rato para que el ataque de pánico cediera.

En esta etapa tan dolorosa de mi vida, **me retiré emocionalmente, cerré mi corazón y me oculté detrás de mi escudo protector.**

Cada que alguien hablaba mal de mí, no podía correr físicamente, porque a donde fuera me encontraban. En mi celular me llegaban por todos lados notas e información desagradable y dolorosa. Sentía que había un dolor muy profundo dentro de mí que necesitaba protección, pero no sabía dónde esconderme.

Si fuera un venado, me habría ocultado detrás de unos arbustos, pero siendo conductora de TV, con un programa de tres horas diarias... ¿Qué se supone que debía hacer? No había escapatoria para mí (o eso creía).

"¿Por qué me importa tanto lo que digan de mí?", me pregunté mil veces. Hoy entiendo que, en el fondo, había un dolor que no había procesado con respecto al rechazo. Y con la intención de evitar ese dolor, había creado una capa para esconderlo.

A lo mejor te pasa como a mí, que te duele que alguien no te quiera o te rechace, y pierdes de vista que muchas muchas veces la gente rechaza lo que es mejor. No te puede querer una persona que se odia a sí misma, y ésa no es tu culpa ni tu responsabilidad. Por eso es tan importante que entiendas esto para que no te cierres.

Al cerrar el corazón, nos alejamos por completo de lo que somos.

¿Cómo sabes que cerraste tu corazÓN?

Tu corazón es un centro de energía. Lo puedes abrir o cerrar.

Tienes una cantidad infinita de energía que no viene de la comida, ni del sueño. Siempre está disponible para ti. La única razón por la que no la sientes todo el tiempo es porque la bloqueas cerrando tu corazón.

Crees que si te cierras nunca más te volverán a lastimar, pero la realidad es que no te estás protegiendo de absolutamente nada; lo único que estás haciendo es guardar energías negativas y generar bloqueos que cortan la fuente de energía positiva que surge dentro de ti.

Si te dieras cuenta del poder de la energía de tu corazÓN, nunca lo cerrarías.

Recuerda la primera vez que *te rompieron el corazón*: es como si te hubieran *chupado toda tu energía* en un instante. Seguro estabas como yo, hecha un lío, en total depresión, sin querer salir de tu cama porque no tenías energía. Pero ¿qué hubiera pasado si ese galán te hubiera llamado para decirte que eras el amor de su vida, que por favor lo perdonaras y que quería invitarte a cenar para compensarte? Hubiera regresado toda tu energía en un instante, ¿no? Y podrías haber estado sin dormir días enteros de la emoción. Esto sucede porque la energía está en tu corazón, y puedes disponer de ella cuando lo abres.

Esta energía tiene muchos nombres; por ejemplo, en la medicina china se llama *chi*, los yoguis la llaman *shakti*, en occidente la llamamos espíritu. Esta energía no envejece, no se cansa y no necesita comida. Lo único que se necesita para poder disponer de ella es apertura y receptividad.

Al cerrar tu corazón puedes sentir que se contrae, o algo de tensión o compresión en tu pecho. Emocionalmente puedes sentirte muy cansada, exhausta, apática, de mal humor, a la defensiva, ofendida, triste, deprimida. Éstas son señales claras de que cerraste tu corazón. Cuando lo cierras, tu cuerpo está fuera de balance y pierdes tu centro, ese lugar tan hermoso en donde todo está bien.

Lo más importante en la vida es tu energía interna, la energía de tu corazón.

Al cerrarlo, bloqueas tu energía en un pequeño compartimento dentro de él. Todo lo que has recolectado en tu vida se guarda ahí.

En la tradición de los yoguis, este patrón de energía se llama *samskara*. En sánscrito esta palabra significa "impresión". Los yoguis lo consideran la influencia más importante para nuestra vida. El samskara es un bloqueo, una impresión del pasado, un patrón de energía que termina dirigiendo tu vida.

Es como las olas que necesitan mantenerse en movimiento. La forma de liberarte es haciendo circular la energía. Remover el samskara sería algo así como dejar de resistirnos a experimentar estos patrones del pasado, que son los que causan el estancamiento de la energía.

En mi caso, por ejemplo, desarrollé un terror a la frase: "¿ya viste...?". Durante muchos años, algunos con la intención de mantenerme informada, otros con la intención de molestar, me decían: "¿Ya viste lo que salió en esta revista?", "¿Ya viste lo que dijeron de ti?", "¿Ya viste cómo te odian?"...

Lo escuché mil veces. Y cada que me lo decían sentía un golpe en mi estómago, y mi corazón se tensaba y cerraba porque sabía que no me iba a gustar lo que habían dicho de mí. Me dolía en lo más profundo de mi ser.

A veces me tiraban la bomba justo antes de empezar mi programa en vivo, y yo me tenía que tragar mis lágrimas para sonreír y darle a la gente los buenos días. Tuve que pedirle a cada uno de los que me lo decían que por favor dejaran de hacerlo, pero muchas veces llegaba alguien más a "informarme".

Por eso, años después cuando alguien me decía "¿ya viste...?", sin importar lo que viniera después, yo seguía sintiendo ese golpe en el estómago. A veces me decían: "¿Ya viste... que está nublado?", y con ese simple hecho tardaba un tiempo en recuperarme del susto. Yo te aseguro que si a ti te dicen "¿ya viste?", no experimentas eso que sentía yo, porque a mí me golpeaban ese bloqueo que estaba *en mi corazón*.

Por eso cuando tienes energía bloqueada, aunque creas que ya puedes manejar la situación, cada que te enfrentas a algún evento que te lo recuerda, sientes ese golpe.

Todo lo que no has podido superar, desde que eras bebé hasta este momento, está dentro de ti. Todas esas impresiones, esos samskaras están incrustados en la válvula de tu corazón espiritual. Cada día crecen y restringen el flujo de energía. Cuando estás deprimida y ves todo negro, es porque permitiste que esa energía bloqueada creciera.

También puedes verlo de esta manera: tienes un bloqueo en tu corazón y viene una persona o situación que lo golpea. Esta persona tiene como finalidad espiritual, aunque no lo sepa, aunque lo haga por maldad, ayudarte a remover lo que está bloqueado dentro de ti. Porque eso que está bloqueado es la raíz de tu miedo. Ese miedo provoca que no fluya la energía a tu corazÓN, lo que lo debilita y lo hace susceptible a vibraciones bajas. La más baja de todas es el miedo: ahí es donde quedas atrapada en un círculo vicioso.

La realidad es que los samskaras son la causa de todos tus problemas.

Para vivir feliz y que nada te moleste, te conviene remover los bloqueos que te causan miedo y que están almacenados en tu corazón, y el único camino para eso es abriéndolo. El problema es que proteges los bloqueos para no sentir el miedo que está almacenado ahí, lo que te condena a vivir defendiéndote y cerrándote.

Así es que, si quieres crecer espiritualmente, debes darte cuenta de que guardar tu basura dentro de ti te mantiene atrapada. Cuando eres consciente de que todo lo que sucede estimula tu crecimiento, ya no juzgas lo que está bien o está mal; te das cuenta de que los problemas no los causan las otras personas y que todo es una oportunidad para liberarte de tus bloqueos.

Pero no sólo bloqueamos lo "malo"; también lo "muy bueno". Podemos guardar impresiones positivas. Cuando tienes una maravillosa experiencia, se adhiere a tu corazón. Cuando no quieres que acabe y no quieres que se vaya. Cuando te han dicho que te aman sinceramente. Cuando te has sentido protegida. Esos momentos que te gustaría poder revivir una y otra vez los grabas. Los almacenas para poder ponerles *play* cuando quieras, lo cual genera samskaras positivos, y cuando son estimulados liberan energía positiva.

Lo que haces es que tratas de empujar las energías "negativas" afuera porque te molestan, o abrazas energías "positivas" para poder conservarlas dentro porque te gustan. Pero lo mejor que puedes hacer es permitir que fluyan tanto las "buenas" como las "malas". No te resistas a unas y te aferres a otras.

El camino de soltar

> *Soltar no significa dejar ir, soltar significa dejar ser.*
> Jack Canfield

Cuando las olas de la emoción se apoderen de ti, déjalas venir, déjalas estar y déjalas ir. El único precio a pagar por la libertad de tu alma es dejar ir.

Y estarás de acuerdo conmigo que no hay precio que pague tu tranquilidad.

La purificaciÓN es el proceso de dejar ir. De liberar la basura que has almacenado en tu mente y corazón, sentir el dolor y dejarlo pasar. ¡Suéltalo!

Let it be, let it be, let it be, oh, let it be.
THE BEATLES

Se trata de practicar la alquimia: la popó de la vaca se usa como fertilizante, ayuda a que las semillas crezcan y se conviertan en flores hermosas, el excremento se transforma en rosas: esto es magia.

Alquimia es lo que harás a través de este libro. Transformarás tu basura (miedos, enojos, vergüenzas, sombras, oscuridades, culpas) en oro (amor, alegría, felicidad).

Hay que purificar el karma: *dejar ir, soltar y abrir. Sentir para sanar.*

¿Y qué es sanar? Estar libre de odio, ansiedad, depresión, tristeza, culpa…

A veces, para sanar, vale la pena alejarte un poco del mundo. Darte tiempo para estar a solas y para recorrer tus abismos interiores, abrir tus heridas y curarlas con mucho amor.

Tuve que alejarme para sanar, porque eso hacemos los valientes, SANAR. Sanar para no repetir los mismos errores. Sanar para no matar mundos ajenos. Sanar para no ensuciar otros corazones. Sanar para no herir. Sanar para no dar amor a medias. Sanar para no ser conformista.

Sanar para darme cuenta de que las flores
crecen en los jardines y no en el desierto. Sanar
para no autodestruirme. Sanar para
limpiar mis adentros.

Y aunque mi garganta cargaba miles de
nudos. Y aunque creía casi imposible dejar
viejas costumbres, quise sanar, porque
eso hacemos los valientes.

Me falta mucho, el universo sabe que todavía
me falta, pero día a día voy quitando de mi piel
aquello que me hizo sufrir. Lo estoy
haciendo... Lo hago...

Sigo sanando por la persona más importante
de mi vida... Sigo sanando por mí.

ANÓNIMO

Por eso este mundo está de cabeza, porque la gente sigue tomando decisiones basadas en sus bloqueos cuando los estimulan. Cuando nuestro trabajo es aprender a estar centrados y permitir que salga la basura que hemos acumulado.

Muchos de tus traumas están almacenados en lo más profundo de tu corazón, por eso es probable que no los recuerdes y que tengas la tentación de seguir peleando por cosas que a veces no entiendes. Cuando los "recuerdas", es porque de alguna manera están empezando a salir para que puedas liberarte de ellos y sanar. A veces será durante el día por medio de recuerdos; otras, en tus sueños. Así que no los juzgues, sólo respira y suelta. Es algo bueno para ti. Aunque sea incómodo, velo como un trabajo personal de limpieza profunda y liberación. Puedo decir que no será fácil al principio, pero te prometo que muy pronto tu corazÓN se acostumbrará a este proceso de soltar y limpiar. Sólo permite que suceda.

Se trata de encontrar el balance entre tu versión más real y descubrir y aceptar tu basura. Esto puede ayudarte a sentirte poderosa, a trascender tus viejos condicionamientos y patrones. De comprometerte a sentir y soltar. Cuando sientas algo jalando tu corazÓN, suelta.

Cuando sientas una emoción fuerte, en lugar de cerrar tu corazón y poner un muro donde esa emoción se queda estancada, abre y déjala pasar como si fuera niebla. Y como sugieren los científicos de HeartMath: imagina que quien respira es tu corazón, no tu nariz, para mantenerlo abierto.

Entrénate como para las olimpiadas, como una *atleta de paz interior.* Ejercítate para no engancharte, para no pelear, para permitir que las energías entren y se muevan dentro de ti.

Cuando te digan esas palabras que te hacen sentir miedo, cuando veas a la persona que te hace sentir celos o enojo, cuando alguien te rechace o se aleje de ti, simplemente abre, agradece, sonríe, relájate y suelta. Siéntete feliz de que ese samskara que había estado guardado dentro de ti todo este tiempo tiene la oportunidad de salir.

Pero, por favor, no lo empujes hacia dentro otra vez. Por supuesto que va a doler cuando salga. Estuvo guardado con dolor y va a tener que salir con dolor también. Tienes que decidir si quieres seguir con ese dolor guardado bloqueando tu corazón y limitando tu vida, o si estás dispuesta a dejarlo ir cuando algo lo estimule. A veces sentirás mucho miedo, pero será sólo unos minutos y después se acabará. Es tu decisión.

Se trata de afinarnos. Cuanto más afinado esté el instrumento, más nítida será la melodía que nazca de él.

MYRIAM PEÑA

Muchas personas eligen el camino de la negación. Yo misma lo elegí por mucho tiempo, me mantuve "positiva" sin importar la gravedad de la situación. En algunos momentos me escondí detrás del alcohol o de medicamentos para la ansiedad y la depresión. Ésta es una manera de cruzar el problema sin tener que sentir todo el dolor. Lo malo, desafortunadamente, es que al negarlo también niegas la felicidad a largo plazo.

Cuando no sientes tus emociones, creas una ilusión de que todo está bien, pero no puedes ser profundamente feliz porque no estás experimentando la vida completamente.

El profesor Jon Kabat-Zinn, creador de la técnica de reducción del estrés basada en la atención plena, dice: "No puedes detener las olas, pero puedes aprender a surfearlas". Así que, a surfear con gracia las olas de cualquier cambio que se te presente.

La palabra crisis, cuando se escribe en chino, está compuesta de dos caracteres: uno representa peligro y el otro representa oportunidad.

JOHN F. KENNEDY

A mí me costaba trabajo entender estos conceptos, hasta que un día llegó a mis manos el libro *El perdón radical* de Colin Tipping, y su forma de plantearlo se me hizo muy interesante. Él dice que todo lo que nos duele o nos molesta en realidad nos señala alguna herida interna de nuestra infancia, algo que no pudimos expresar o manejar, y que más tarde regresa a través de otras personas para que lo podamos sentir y sanar.

Cuando somos niños necesitamos de atención, aceptación, afecto, apreciación, y que te permitan ser quien eres. Recibir estos cinco aspectos es crucial para construir una identidad sana. Si no los recibimos, se crean heridas en nuestro corazón. Se llaman heridas de la infancia. Cuando somos más grandes, algunas personas o situaciones golpean esas heridas y se convierten en traumas.

¿Qué es un trauma?

> *Imagínate que cuando eres niño te rompes un dedo y nadie se da cuenta; el dedo crece chueco, sigue su proceso, pero nunca del modo en que iba a crecer. Ese dedo perderá capacidades y, a la larga, dará problemas. Así sucede con las heridas de abandono o rechazo en un niño; si no sanan, no le permitirán desarrollar al pequeño autoestima, autoconfianza, amor y respeto para sí. Es como si aprendieras a odiarte antes que amarte, eso ya creció chueco.*
>
> ANAMAR ORIHUELA
> *Transforma tus heridas de la infancia*

Cuando experimentamos al mundo como un lugar peligroso, cuando sentimos que no estamos a salvo, cuando creíamos que una persona era confiable y nos demostró que no lo era, eso nos genera un trauma. *No es el evento lo que causa el trauma, es la forma en la que nuestra vida cambia después del evento.*

Al trabajar con las heridas de mi corazón, pude ver cuántos eventos que me habían lastimado tenían que ver más con mi historia que con el evento en sí.

Mi mamá me tuvo a los 17 años, estaba muy joven. Cuando yo era niña, ella comenzó a tener el deseo de desarrollarse profesionalmente, lo que trajo como consecuencia que se alejara de mí emocionalmente. Más tarde se fue de mi casa, y mis hermanas y yo nos quedamos con mi papá, el cual se quedó roto y tampoco pudo darnos la contención emocional que necesitábamos.

Tenía 13 años, y no pude procesarlo adecuadamente; no entendía qué había hecho yo para que eso sucediera, lo que creó dos de mis heridas de la infancia: abandono y rechazo.

Las situaciones a lo largo de mi vida, tanto en mis relaciones de pareja como el escándalo mediático, estaban constantemente golpeando esas heridas, con la intención de que las abriera, las limpiara y las sanara.

Después de muchos años de sufrimiento —en los que, por cierto, aparentaba estar mejor que nunca—, llegó un punto en el que entendí que, si quería crecer, tenía que abrir esas heridas que no habían sanado, que ésa era mi única opción para ser feliz. Y que mientras me siguiera protegiendo de mí misma nunca sería libre.

Tenía que trabajar con el núcleo de mi dolor: mi miedo al rechazo y al abandono.

¿Qué hacer cuando golpean tus heridas?

Siente... luego actúa.

¿Cuántas veces has terminado una relación, renunciado al trabajo o dicho algo de lo que luego te arrepientes?

Cuando alguien golpea tus heridas, quieres irte de ahí lo más rápido posible. Y si tomas decisiones importantes en ese momento de confusión, no estás yendo a la raíz del problema, estás provocando otro. Por lo tanto, ahora será más difícil liberarlo, porque el problema ya no es sólo tuyo: estás dejando tu basura en el corazón y la mente de las otras personas. Ahora son dos egos los que están involucrados.

Es probable que en ese momento pienses que tienes razón, que estás haciendo lo correcto, pero la otra persona no lo verá de ese modo. Esa acción disminuirá tu vibración y te pondrá en un estado de miedo.

Uno cae primero en la oscuridad y después manifiesta esa oscuridad. Cuando haces eso, literalmente estás tomando la energía negativa de tu bloqueo y se la estás pasando a alguien más. Es como pintar el mundo con tu propia mugre. ¿Cómo se verá? Además, terminará regresando a ti.

Por lo tanto, estarás contaminando tus relaciones y comenzarás ciclos viciosos y negativos. Es algo así como tomar un pedacito de lo peor de tu pasado y colocarlo en el corazón de las personas de tu presente. Esto te debilitará, y entre más débil estés, habrá más zonas vulnerables, por lo tanto, es más probable que otro bloqueo pueda ser golpeado, y luego otro...

Cuando sientes que te golpean, trata de ver dónde está la raíz de ese miedo: ¿a qué edad o qué persona se comportó contigo de esa manera? Así descubrirás dónde está la herida original y entonces podrás sanarla.

Cuando alguien golpea una alfombra, los golpes no son contra
la alfombra, sino contra el polvo en ella.

RUMI

Incluso, puedes hablar con tu niña interior. Dile:

Te amo, te acepto, pero ahora yo soy quien tiene el control y está
a cargo.

Trata de entender que cuando tus bloqueos son golpeados, es algo bueno para ti. Es momento de abrirte internamente y liberar la energía bloqueada.

A veces me pregunto si a eso se refiere Jesús cuando dice: "Si alguien te pega en una mejilla, ofrécele también la otra".

Te purificas liberando bloqueos. Este proceso te fortalece en lugar de debilitarte. Comienzas a vibrar cada vez más alto.

No importa lo que suceda en ti, prueba expresar tus emociones. Escribe lo que sientes, exprésate artísticamente o consulta otras ideas en video en www.ingridcoronado.com.mx.

Esto puede ser todo un arte, y como todo arte, requiere de mucha práctica. A veces lo lograrás y otras sentirás que caes en el abismo del miedo o del dolor, así que:

Si te caes en el camino, levántate y suéltalo.
Si te sientes avergonzado, olvídalo.
Si te sientes con miedo, siéntelo.

Siempre libérate en el momento en el que te des cuenta de que caíste. No pierdas tu tiempo; usa tu energía para elevarte.

Libérate llorando

A lo largo de mi vida he ido descubriendo que a lo que más le tenemos miedo los seres humanos es a experimentar el dolor emocional. Y justo cuando no nos atrevemos a experimentarlo, es cuando nuestro cuerpo lo manifiesta en forma de dolores físicos o enfermedades.

La medicina común ya no sabe qué hacer: por más que la investigación médica produce más y más medicamentos, cada vez hay más gente enferma.

Tengo la teoría de que cuando uno llora, nunca llora por lo que llora, sino por todas las cosas por las que no lloró en su debido momento.

MARIO BENEDETTI

La buena noticia es que la luz puede entrar a tu hermoso ser, nada más y nada menos, que por medio de tus heridas. Y como maga ahora es cuando te digo: "¡Taráááán!".

Es importante que te aprendas bien esto: si la vida te enfrenta a algo que te causa un disturbio o dolor, en lugar de empujarlo, mejor deja que pase a través de ti, como si fuera el viento.

Las mujeres debemos tener mucho cuidado con la culpa, aunque no hayamos hecho nada "malo". Es un asunto cultural que venimos arrastrando inconscientemente debido al pasaje bíblico de Adán y Eva.

Eva mordió la manzana del conocimiento, y por su "culpa" se nos expulsó del supuesto paraíso. Eva es la representación arquetípica de la mujer. Y aunque no lo sepamos, muchas veces esa creencia nos tiene con la soga en el cuello permanentemente.

> *Si tus vibraciones son de culpa, el universo te enviará*
> *un castigo. Y no porque quiera castigarte, sino porque*
> *simplemente resuena con tu campo vibratorio.*
>
> ENRIC CORBERA

La culpa, aunque no sea consciente, actúa silenciosamente y sabotea a las personas. Por eso es importante trabajar con el perdón, y ver si no es la culpa la que podría estar jugándote en contra, manteniéndote alejada de una vida de amor, presencia y propósito.

¿Y cómo te liberas de las culpas? Abrazando tu integridad y estando alerta todo el tiempo para cachar cuando caigas en trampas de tu inconsciente.

Los desafíos son oportunidades. ¿Y cómo te enfrentas a ellos? Con creatividad.

Un día un hombre le preguntó a un escultor: "¿Cómo puedes hacer cosas tan hermosas de una piedra?". Él respondió: "La belleza ya está escondida allí. Yo sólo le quito lo que le sobra".

Así tú eres hermosa y sólo tienes que liberar los bloqueos y los miedos que te sobran. Sólo tienes que estar dispuesta a abrir tu corazÓN y a sentir el miedo al enfrentar cualquier cosa y cualquier persona como parte de tu purificación.

Secretos para un corazÓN abierto

Mantente abierta, nunca cerrada.

Es así de simple. Todo lo que debes hacer es tomar la decisión y tener la intención de estar abierta. Si tienes el hábito de cerrar tu corazón, como cualquier otro hábito, puedes romperlo.

Cuando sientas que tu corazÓN se está cerrando, cuando estés frente a alguien que te da miedo o con quien te pones nerviosa, solamente di:

"Alto, no voy a cerrarme. Voy a permitir que esta situación tome el lugar que tiene que tomar. Con honor y respeto puedo lidiar con esta situación".

Respira, abre y relájate.

¿Y cómo mantienes abierto tu corazÓN? Permitiendo que los eventos de la vida pasen a través de ti.

Mantenerte lo más cerca de tu centro es lo mejor que puedes hacer.

El tao lo describiría como el punto en donde están en balance el yin y el yang, lo femenino y lo masculino, la luz y la oscuridad. Los extremos son poco convenientes e inestables. Como en un tornado, lo mejor es mantenerse en el centro. En los extremos gastas mucha energía y las cosas no fluyen, aunque éstos pueden ser grandes maestros. Sólo recuerda: entre más en el extremo estés, menos avanzas.

¿Y cómo logras regresar al centro si estás en un extremo? Usemos la imagen de un péndulo. El péndulo no se va a un extremo a menos que lo empujemos; si lo dejamos en paz, regresa al centro. Dejar que la quietud y el silencio te aconsejen. Ésa debe ser nuestra meta en la vida, mantenernos centrados. Cuando estés en tu centro, eso se reflejará en tus relaciones, en tu cuerpo y en tus finanzas.

¡Es el mejor lugar en el mundo!

Es como un invidente que va en la calle. Vamos a pensar que el bastón es el buscador de extremos,

va tocando los límites de un lado al otro. No está
tratando de descubrir dónde caminar, está tratando
de encontrar dónde no caminar.

Mo Gawdat
Solve for Happy

Si no puedes ver con claridad tu camino, SÍ puedes sentir los extremos. Donde hay dolor, odio, tristeza, angustia, conflicto o preocupación es en el extremo. Sabes que no debes ir ahí para seguir en tu camino, por lo tanto, cambia de dirección, encuentra el balance en el centro y vivirás en armonía.

Si tu corazÓN ama la vida, nunca enfermará, se cerrará o en-
vejecerá.

Puedes vivir con inspiración infinita, amor infinito, apertura infinita, porque ése es el estado natural de tu corazÓN.

Si estás abierta a experimentar el regalo de la vida en lugar de estar peleando con ella, te moverás a las profundidades de tu ser, y cuando alcances este estado, empezarás a encontrar los secretos de tu corazÓN. Y te darás cuenta de que *nada es personal*. La energía del corazÓN te inspira y te levanta, es la fortaleza que te acompañará toda tu vida. Esto significa que las respuestas a todos tus "problemas" están dentro de ti todo el tiempo.

Las mejores experiencias de tu vida, el más alto estado de gozo que has sentido, son simplemente el resultado de qué tan abierto ha estado tu corazÓN. Si no te cierras, tienes la posibilidad de estar así todo el tiempo.

Tienes que ser consciente de no vender tu plenitud a un precio tan bajo como cerrarte para evitar que te lastimen. Lo único que tienes que "hacer" es permitir que las experiencias de la vida vengan y pasen a través de tu ser. Si las energías viejas regresan, es porque no fuiste capaz de procesarlas antes; por lo tanto, ésta es una magnífica oportunidad para dejarlas ir. Es así de simple.

Mantente abierta, relaja tu corazÓN, perdona, ríe y haz lo que tú quieras.

Playlist para abrir el corazÓN

1. Scars to Your Beautiful - Alessia Cara
2. Before You Go - Lewis Capaldi
3. Hold On - Wilson Phillips
4. Let It Be - The Beatles
5. Fix You - Coldplay
6. More Than a Feeling - Boston
7. Don't Be So Hard on Yourself - Jess Glynne
8. Stronger - Britney Spears

Capítulo 10. El sexo *Dévil*

Tú no estás a prueba, él lo está

He decidido con un espíritu lleno de paz, un corazón lleno de
amor y una mente clara que te vayas a la chingada.

KARINA VELASCO

Recuerdo que una vez estuve saliendo con un "hombre ratón de palabras bonitas". Era algo así como un poeta: su forma de expresarse era rimbombante y adornada, y sus acercamientos conmigo eran por medio de las letras de las mejores canciones del mundo.

Al principio me tenía fascinada, despertaba todas las mañanas para ver mi WhatsApp y descubrir con qué otra canción de maravillosa letra me estaba dando los buenos días.

Mi ego estaba de fiesta porque me decía "mi cielo" y yo pensaba: "¡Está enamoradísimo de mí!". Veía cómo se dirigía a las demás personas y siempre era tierno, de palabras suaves, con un *speech* amoroso e impecable.

Pero el día que se quitó la máscara pude ver que era de hecho un hombre violento con toques narcisistas que había encontrado en su manera "bonita" de decir las cosas una forma de seducir a las personas y manipularlas.

Su verdadera personalidad no era así de dulce, era más bien bipolar. Podía mandarme canciones de amor por tres días seguidos, y al cuarto no responderme el teléfono, sin importar si habíamos quedado en llamarnos, simplemente porque se le habían quitado las ganas de hablar conmigo. Si algún día sin avisar me llamaba, y estaba ocupada, ya no respondía, me castigaba dejándome en visto cuando lo buscaba, por no haber estado lo suficientemente disponible cuando a él se le había antojado hablarme.

Un día me invitó a salir. La velada terminó siendo una insufrible pesadilla en la que sólo hablaba de él y él y él. Parecía que me había invitado únicamente con la finalidad de que yo "disfrutara" escuchando de sus proyectos profesionales. Incluso me hacía señas de no interrumpirlo cuando intentaba meter algún bocado a la conversación. Cuando por fin "me tocó" hablar a mí, intentó por todos los medios de convencerme de que yo estaba equivocada si pensaba que a mis proyectos profesionales les iría bien.

"Seguro te estás engañando y no lo ves", me dijo.

Una cosa es querer conocer a una persona, apoyar sus sueños, metas y ambiciones, demostrar que te interesa genuinamente su éxito y bienestar —porque sabemos que eso es invaluable para un hombre—, y otra muy distinta es que la relación se trate sólo de él y sus logros.

Así que con mucho *tacto* le di las gracias.

> *Tacto es la capacidad de decirle a alguien que se vaya*
> *a la chingada, de tal manera que se entusiasme con el viaje.*
> KARINA VELASCO

Ahora le agradezco, porque si bien no me enamoré de él, sí provocó que me reenamorara de la música, que hoy en día es un INGRIDiente principal en mi felicidad.

¿Necesitas a un hombre?

Seguramente, lo que quieres es una relaciÓN, pero pasaste por momentos tan duros que te has vuelto muy temerosa.

Recuerdo que algo que ocupaba mucha de mi energía era que no quería que me vieran como la pobre mujer necesitada de un hombre, y hacía todo para convencer a todos de que sola estaba bien, y que no necesitaba de nadie, aunque por las noches llorara por mi mala fortuna.

Un día me di cuenta de que lo más saludable es aprender a admitir que, aunque no "necesito" que un hombre me mantenga o pague mis próximas vacaciones, sí quiero que mi pareja me abrace al final del día y esté cerca de mí para acompañarme. Deseo a un hombre en mi vida que apoye mis sueños y me cuide.

Nadie está destinado a vivir solo, independientemente de que en el momento aparezca una opción viable o no. ¿Te parece aterrador aceptar que también necesitas un acompañante en tu vida? Es un miedo que entiendo muy bien de primera mano. Después de que me rompieron el corazón en múltiples ocasiones, me volví reacia a aceptar que necesitaba a alguien y me coloqué una armadura de guerrera ultrasupermegaindependiente.

Y sí, puedo ser independiente y al mismo tiempo seguir siendo una mujer que desea a un hombre para compartir su vida.

Cuando llevas mucho tiempo soltera, hay momentos donde la amargura puede intentar apoderarse de ti. Recuerdo que a veces cuando veía a una pareja feliz, atacaba mentalmente su romance juzgando su relación, creando pensamientos tipo:

"Yo creo que no van a durar" o "Yo creo que no se quieren tanto como dicen" o "Ella no le puede gustar tanto"...

Eso que ves no es toda la historia. Todos tenemos nuestras propias batallas, ya sea problemas corporales, de salud mental, miedos sobre nuestro trabajo o nuestras relaciones. Y es probable que esas personas que ves en las redes sociales sonriendo alegremente, mostrándose extremadamente felices, como si estuvieran viviendo la mejor vida posible en cada momento del día, también tengan problemas. Y cuando podemos dar conscientemente un paso atrás de la tentación de desear lo que otros tienen o lo que creemos que tienen, creamos más espacio para la consciencia, la perspectiva y la compasiÓN.

Y créeme que te entiendo, a veces es traumático darte cuenta de que llevas soltera mucho más tiempo del que te gustaría. La oscuridad de una mujer soltera puede ser precisamente eso, que se pelea con su estado civil todo el tiempo. ¿Y cómo iluminarla? Al entender que, si eres capaz de ver lo que eres, y también de ver el amor y la felicidad en alguien más, tendrás la posibilidad de ver ese amor y felicidad en ti misma, sin necesidad de reflejarte en una pareja.

> *Cuando ves el auto de tus sueños, una pareja feliz, el cuerpo perfecto, niños, grandes cualidades en una persona, o lo que sea que quieras, ¡significa que estás en la misma frecuencia que esas cosas! Así que emociónate, porque tu entusiasmo lo atraerá.*
>
> RHONDA BYRNE
> *El secreto*

Por eso vale la pena que desarrolles el hábito de ver el lado positivo de las cosas; te aseguro que la mayoría de las veces, sacarías más provecho de la vida. Comprométete a que cada vez que salgas, no importa a dónde y con quién, pases un buen rato, y asegúrate de que los que te rodean también lo pasen bien. Tu diversión y felicidad no están condicionadas; por lo tanto, la alegría está en ti, no en donde o con quien estés.

Las mujeres más bellas y atractivas no son las que tienen el cuerpo perfecto, ni las más bonitas e inteligentes; son las que tienen alegría de vivir, son tiernas, optimistas y graciosas, lo que es tentadoramente femenino. La talla, edad y formas no son relevantes en una mujer que sabe proyectar su positividad en quienes la rodean.

Es maravilloso cuando un hombre puede estar en presencia de una mujer que está completamente enamorada de su vida y participa activamente en el milagro de ésta. Una mujer que exuda su alegría interior y que puede convertirse en el centro de atención sin siquiera intentarlo, mientras ríe, sonríe e irradia alegría al mundo.

Realmente hay algo mágico y misterioso en una mujer que puede divertirse y compartir su felicidad con los demás, incluso en las situaciones más aburridas y en las circunstancias más incómodas. Por favor lee este párrafo de nuevo.

La mayoría de las mujeres no somos modelos de Victoria's Secret, y, en serio, los hombres no tienen ningún problema con eso, ni esperan que su pareja sea un prototipo de belleza. Pero un hombre que comparte su vida con una mujer alegre es un hombre muy afortunado. Por lo tanto, enfócate en ser feliz tú, para después compartirte con un hombre completo. Una mujer que es capaz de levantarle el ánimo cuando las cosas no salen bien y alegrarse por sus victorias con un entusiasmo inigualable es un enorme tesoro al que puede aspirar.

En definitiva, la alegría y el optimismo son cualidades muy atractivas en una mujer. Se trata de conquistarte a ti, de enamorarte de ti. El trabajo no está en querer ser o verte más perfecta; está en aprender a cultivar la alegría y practicar la gratitud, porque éstas son algunas de las claves que conducen a una personalidad encantadora, y que, como consecuencia, pueden conquistar el corazón de un hombre de alta calidad, un señorÓN que a lo mejor otras mujeres considerarían inalcanzable.

Estar orgullosa de ser un mujerÓN te mostrará también que, si estás soltera o no, es lo menos importante, porque te tienes a ti.

Así que ya sabes lo que quieres. También sabes que puedes obtener todo lo que deseas dentro de ti. Por lo tanto, desea a un señorÓN. Siente tu atractivo sexual y proyéctalo, báñate en la confianza de la verdad. Verás que la vida funcionará a tu favor.

Como consecuencia, llegará a tu vida un gran amor, uno que lo supere todo. Ese con el que puedes ser más tú que nunca, el que no te hará repetir los mismos errores de siempre, que te ayudará a querer hacerlo todo mejor y ser mejor. Y que puedan crecer juntos.

Un amor sano, que te ayudará a ver por fin lo increíble que eres. Pero también mostrará aquellas áreas en las que aún necesitas crecer. Ese amor que sabe cómo te sientes con sólo mirarte a los ojos. Y con él te darás cuenta de que puedes amar a alguien y aceptar todos sus matices, así como esa persona amará los tuyos.

Dios siempre contesta de tres maneras:
Te dice sí y te da lo que pides.
Te dice no, y te da algo mejor.
Te dice "espera" y te sorprende con algo maravilloso.

ANÓNIMO

Los cinco principios de citas del sexo *Dévil*

Por muchos años nos han dicho a las mujeres que somos el sexo débil, y la pregunta es ¡¿débiles de dónde?! Somos capaces de crear vida en nuestro vientre y dar a luz: si eso no es fuerza, ¿entonces qué es? Además de que incluso la palabra fuerza ¡es femenina! Por eso, para las cuestiones de citas me gusta más describirnos como el sexo *Dévil*, porque cuando nos damos cuenta de que no somos nada débiles, cuando descubrimos nuestro poder, podemos ser más inteligentes y astutas, e incluso divertirnos poniendo a prueba a un hombre para ver si es él lo que queremos en nuestra vida.

Aquí es cuando te guiño el ojo.

Por eso hablemos de la conquista.

Estamos acostumbradas a creer que eso de conquistar a un hombre y dejarnos conquistar es algo no sólo normal, sino bueno. Según el diccionario, *conquista* es ganar un territorio o posición por medio de una acción bélica. ¿Y realmente es eso lo que deseamos? ¿Queremos que nuestra pareja se adueñe de todo nuestro ser, de nuestro tiempo, gustos y deseos? ¿O mejor nos habitamos a nosotras mismas? ¿Buscamos pertenecerle a alguien más o compartir nuestra vida con un hombre completo sin perder nuestra individualidad?

Ser mujerÓN no es ni conquistar ni permitir que te conquisten; es dejar entrar a tu vida a alguien que te sume para que ésta sea mejor, así como sumar en la suya. No somos objetos que se agreguen a una maleta de pertenencias. Lee de nuevo este párrafo, poooorrr favorrrr.

Por eso, para tener una relación sana, equitativa y satisfactoria, pongamos manos a la obra, vístete con tu mejor traje del sexo *Dévil* y aplica estos cinco INGRIDientes básicos.

1. *Scouting*

Después de un estudio científico hecho por mí y mis amigas del sexo *Dévil*, hemos descubierto que la mayoría de los problemas en las relaciones comienza en la forma de pensar que tenemos las mujeres cuando vamos a una cita.

Quizá tú, como yo y como muchas otras mujeres, crees que, si le gustaste al hombre en cuestión en la primera cita, lograste tu cometido. Ese día, te encargaste de decirle y mostrarle todas las cosas maravillosas que eres, y usaste todas tus armas de seducción para conquistarlo. Y si le gustaste, si te vuelve a buscar, crees que ¡la cita fue todo un éxito!

En lugar de enfocarte en ver si ese hombre vale la pena y si es lo que TÚ quieres en tu vida. Y así, basada sólo en lo que ÉL opinara, dejaste que avanzara la relación. ¡Grave error!

Un mujerÓN no va a una primera cita para ver si logra que el hombre en cuestión la quiera; va a ver si el hombre le interesa a ella, a descubrir si es lo suficientemente valioso como para que le dedique más de su tiempo.

Una de las causas por las que tus relaciones han fracasado es porque olvidaste que eres el centro de tu universo, y por el contrario, te enfocaste en lo que él quiere, lo que él necesita, y en cómo dárselo para conquistarlo.

El principal problema es que muchas veces proyectas en tu hombre las características que crees que deseas para ti misma. Ves virtudes que no tiene, y con eso comienzas un calvario para sostener esa ilusión. Y cuando él muestra lo que realmente es, intentas ser más linda, más amorosa, más cariñosa, más perfecta, con la idea de que, si das más y más, tendrás un mejor resultado.

Mi terapeuta Mónica Schapira lo expone así:

Ves a un hombre que te gusta y luego luego sacas a relucir todas tus armas de seducción, lo que hace que lo veas como un arbolito de Navidad, lleno de luces y adornos por todos lados. Y crees que conquistaste al mejor hombre del mundo. Con el tiempo, cuando se caen las ilusiones, comienzas a ver la realidad, y unos meses después, ya no sabes qué hacer con ese pinche pino seco.

Desde este punto de vista, no me extraña que después de varios años de relación no conozcas a tu pareja, y creas, cuando te separas, que se convirtió en otra persona. Y no es así. Más bien, toda tu energía estuvo puesta en gustarle y en que esa persona te amara; no en conocerlo a fondo para ver de qué estaba hecho.

Por eso, antes de enamorarte y de hacer todo lo posible por conquistar a un hombre, tienes que saber qué es lo que quieres tú, qué es lo que necesitas tú y cómo te conquistas a ti misma. Y por eso, mujerÓN, ya no te cansarás de tener citas, porque es a través de ellas que te conocerás y reafirmarás lo que quieres en tu vida.

2. Entrevista

La primera fase de una relación es la entrevista. Se trata de que pongas atención en lo que dice y cómo lo dice, identificar si es honesto, si es un hombre respetuoso y responsable.

Hazle preguntas de manera práctica. Su trabajo es demostrar que es digno de confianza.

Si la relación funciona o no, eso lo dejamos para después. Por ahora únicamente se trata de ver si es sincero, ya que muchos hombres mienten, especialmente en la primera cita. Así que no desperdicies tu tiempo tratando de convencerlo de lo maravillosa que eres: si él no puede verlo, entonces ese hombre no es para ti. Mejor utiliza tu tiempo en conocerlo, hazle las preguntas adecuadas para que se quite la máscara lo más pronto posible y sepas con quién estás saliendo.

¿Qué valores tiene? ¿Qué probará que quiere una relaciÓN? ¿Quiere tener hijos? ¿O ya no quiere tenerlos? ¿Es un buen papá? ¿Qué pensamientos lo hacen realmente único? ¿Puede hablar de cultura o de temas de interés general para provocar una conversación interesante? ¿Puede hacer referencia a conceptos e ideas de algún libro para que le des tu opinión? ¿Qué lo motiva en la vida? ¿Cuáles son sus intereses? ¿Cuáles son sus planes a corto y largo plazo? Todo ello para saber si está interesado en una relación pasajera o una relaciÓN real.

A lo mejor habrá respuestas que no te gustará escuchar, pero recuerda que te ayudarán a ver quién es realmente esa persona. Es mejor saber todas esas cosas importantes antes de que te involucres emocionalmente.

3. Escucha más, habla menos

Un mujerÓN no habla, y habla, y habla, y le confiesa sus más profundos deseos y secretos al hombre, dándole armas para que después él pueda manipularla. Una mujer valiosa escucha a ese hombre para ver qué tiene él para ofrecerle.

Por eso, las primeras veces que salgas con un hombre, evita enfocar la conversación en ti. Sé más inteligente y redirígela de forma coqueta y casual hacia él.

¡Pero ojo! Tampoco se trata de ser su fan y escucharlo toda la noche vanagloriarse de sí mismo. Incluso si eso sucede, ya te habrá dicho mucho de él, como me pasó a mí en aquella cita con aquel hombre. Más bien, se trata de conocerlo lo suficiente como para entender sus verdaderas intenciones, su historia y sus planes a futuro. A lo mejor te dará temor ver la realidad, pero si no quieres verla, ¿para qué salir con él?

4. Él está a prueba

Otro de los errores enormes que cometemos las mujeres es que nos apresuramos a iniciar una relación por el deseo interno de "ser la novia de alguien", y por eso fracasamos.

Las primeras salidas con un hombre son simplemente una prueba para ver si esa persona es digna de tu exclusividad. Es algo así como hacerle un *casting* para el puesto de pareja. NO eres tú la que va a hacer una audición para ser la novia de alguien o encontrar a quien te quiera.

Las citas no son para enamorarse, eso se dará cuando ya estés en una relación. Las citas son un gran vehículo para desarrollar habilidades para conocer a los hombres y conocerte más a ti misma.

No sabes si estás a dos hombres de encontrar a tu pareja perfecta, a 12 o a 20, pero lo que sí sabes es que tu éxito dependerá de la rapidez con que aprendas estas habilidades, y de no rendirte porque ya saliste con varios y no llega lo que quieres.

Esto me recuerda a J. K. Rowling, la autora de *Harry Potter*. Su primer manuscrito fue rechazado por 12 editoriales hasta que por fin lo aceptaron en una para publicarlo. Ahora es una de las mujeres más poderosas y la mayor vendedora de libros del mundo.

5. Un mujerÓN no teme gustarle a un hombre

Sabe que es una reina. Quiere y merece un rey en su vida. También sabe que en el mundo hay menos reyes que sapos, por lo que tendrá que ser paciente. Llega a sus citas relajada, sin estrés, sin pensamientos de ansiedad y en total control de sí misma y su mente, para descubrir cada uno de los secretos que el hombre esté guardando. Eso le da la oportunidad de agudizar su ingenio para hacer bromas, compartir sus conocimientos y conversar haciendo preguntas inteligentes que le ayuden a desenmascarar la verdadera personalidad del hombre y sus intereses.

La mayoría de las mujeres están en relaciones confusas porque no establecieron su valor en esta primera etapa, no supieron poner límites y dejar claro que un buen trato es prioridad si quieren estar con ellas. Como resultado, intentan mantener a flote un barco que se hunde para no tener que volver a la supuesta vergüenza de estar soltera.

"Peor es nada" NO es una buena frase. Siempre será mucho mejor nada que peor.

Si no ha llegado un señorÓN a tu vida, es porque a lo mejor todavía hay cosas que trabajar en ti. No quiere decir que no seas un buen partido, simplemente estás subiendo de nivel. Éste es un viaje. Necesitarás aceptar este desafío sin frustrarte o renunciar porque el tipo de hombre que quieres aún no llega a tu vida.

¿Qué pasa si cambias tu forma de pensar y te das la oportunidad de comenzar tus relaciones de pareja desde otro lugar?

Siete categorías para conocer a un hombre

Además de los cinco INGRIDientes del sexo *Dévil*, existen siete categorías en las que es importante conocer a un hombre y, sobre todo, evaluar si es compatible contigo.

1. Valores

Es importante que conozcas sus valores antes de enamorarte. Cuál es su punto de vista con respecto a la infidelidad, la honestidad, su visión del dinero...

Podríamos pensar que son cosas de sentido común, pero:

El sentido común no es nada común.

VOLTAIRE

Puedes hacer preguntas indirectas sobre su opinión respecto a ciertos temas, pero cuida que no se vea como el villano. El sexo *Dévil* es capaz de jugar sutilmente al abogado del diablo (aquí es donde de nuevo te guiño el ojo).

Por ejemplo, ante una pregunta como si encubriría a alguna persona que le está siendo infiel a su pareja, a lo mejor puedes decirle: "Si mi hermano o mi mejor amiga me pidieran que los encubriera en esa situación, tal vez lo haría". Esto podría darle pie a que responda como muchos hombres machos o a lo mejor te muestra algo más interesante y diferente.

Puedes preguntarle cosas como: "Si pudieras borrar una experiencia negativa de tu vida, ¿cuál elegirías?". A lo mejor te responde que nada, porque todas sus experiencias lo han hecho el hombre que es. Y ahí le puedes poner una palomita. Sólo una, ¿eh?

También puedes preguntarle qué opina del sueldo de los deportistas profesionales que ganan millones. Tocar esos temas podrían estimular sus sentimientos de víctima o envidia; podría hablar de que el gobierno o el sistema son una basura o lo injusta que es la vida con él.

2. Lo oculto

Cuáles son sus miedos, vergüenzas y secretos.

Por ejemplo, podrías preguntarle: "¿Cuál crees que fue tu error con tu última pareja?".

También puedes utilizar las oportunidades cuando él te comparta cosas de su vida.

Una vez salí con un hombre que me dijo que su ex ya no quiso tener más hijos con él, que a él le habría gustado tener más de dos, y que ahora ella tiene un tercer hijo con su nuevo esposo. Ahí hubiera sido una buena oportunidad para preguntarle: "¿Cual crees que fue tu error, la razón por la que ella ya no quiso tener más hijos contigo?".

3. Mente, cuerpo y espíritu

¿Es superficial o profundo? ¿Se cuida? ¿Qué tan vanidoso es?

En los últimos años, podría decir que la causa número uno por la que no pasé a la segunda cita con el 90% de los hombres que conocí fue porque tomaban mucho. El hecho es que, si no pueden manejar la cantidad de alcohol que toman, eso muestra mucho más que un problema de bebida. Una persona que se excede en cualquier área: comida, cigarro, puro, alcohol, compras, trabajo, es una persona a la que le hace falta trabajar con su mente, su cuerpo y su espíritu. Y si no se cuida, no sabrá cómo cuidarte a ti tampoco.

Descubre cómo se trata. ¿Qué come? ¿Hace ejercicio? ¿Descansa y se consiente? ¿Qué practica para tener un buen estado de salud? ¿Fuma, bebe, se droga, se excede en el trabajo? ¿Tiene alguna preferencia religiosa o espiritual?

4. Éxito

Es muy importante evaluar si es exitoso en su profesión y en su vida, como hombre y como padre, si es una persona feliz o si está frustrado.

Esta pregunta es muy buena porque puede mostrar mucho de una persona: "¿Qué cambiarías de tu vida si supieras que vas a morir la próxima semana?". Una persona exitosa y feliz seguiría haciendo casi lo mismo que hace ahora, simplemente porque ama lo que hace.

5. Gustos e intereses

¿Qué le gusta hacer y en qué le gusta invertir su tiempo? Es muy importante saberlo para descubrir si es compatible contigo. Si tú odias lo que él ama, aunque sea una buena persona, tarde o temprano sus gustos los alejarán. Deportes, entretenimiento, cultura, arte, música, cine…

Podrías preguntarle: "Si viera tus búsquedas en Google, ¿qué encontraría?" o "¿De qué son tus anuncios en Instagram?".

6. Estabilidad

Un señorÓN es un hombre estable económica y emocionalmente.

Económicamente:

No permitas que las cortinas de humo como el coche que maneja o donde trabaja sean una prueba de que le va bien. Conozco a varias mujeres que se fueron con la finta y llevan años manteniéndolos en su matrimonio.

Una amiga se casó con un hombre "rico" de "buena familia". Lo que supo hasta que estuvo casada es que ese dinero era de su suegro, no de su esposo, y ella teminó gastando todos sus ahorros para sostener el nivel de vida al que él estaba acostumbrado. No se trata de sólo relacionarte con hombres de posición acomodada, pero sí es importante que sean sinceros y tú sepas en qué condiciones reales está.

Pregúntale qué es lo que hace, desde hace cuánto y hacia dónde va. Eso se puede preguntar incluso hasta cuando hables con él por teléfono. Las citas pueden ser para hablar de temas más profundos, para ver cuáles son sus ambiciones, lo que realmente hace en el trabajo, y si lo disfruta, o si sólo está de paso en su carrera.

Emocionalmente:

En mi opinión, ¡la más importante! Si un día te quiere y al día siguiente ya no. Si hoy es el más interesado y mañana ya no. Si hoy te trata bien y mañana no, ¡huye! Esos hombres son sumamente tóxicos.

7. Seguridad

Un hombre inseguro puede ser un enorme dolor de cabeza. Generalmente proyectará sus inseguridades en ti. Puede hacerte enormes escenas de celos, demandas de cariño o de tiempo imposibles, o ser incapaz de darte lo que no puede darse a sí mismo. La seguridad de un hombre puede ser algo así como el santo grial de las relaciones.

Fórmula TBC

Ahora bien, ya tienes claro que primero se trata de ser tú misma, pero también tienes que saber si es un hombre digno de que lo beses.

Por eso he creado la fórmula TBC = Te Besé…

¿Quieres saber si está realmente interesado? Éstas son las tres palabras que componen la fórmula:

¿Te da tiempo? ¿Te busca? ¿Te comparte?

1. Te da tiempo

Tiempo dedicado a la búsqueda creativa. No es sólo el tiempo que te dedica para estar contigo, sino el que invierte en organizar planes que te puedan gustar.

Candidato señorÓN:

¿Te propone consentirte, mostrarte descubrimientos? ¿Compra boletos y reserva en lugares? ¿Compra regalos y organiza sorpresas? ¿Te invita a su casa, te atiende y te consiente?

Candidato RSL (ratón, sanguijuela, lobo):

¿Las citas siempre son en su casa o en la tuya para ver películas? ¿No está dispuesto a invertir en ti? ¿No paga las cuentas? ¿Va a tu casa a comer o a cenar con las manos vacías?

2. Te busca

El interés tiene pies, dice el dicho.

La presencia de un hombre se nota. Si no se nota, mmmm, no es un señorÓN. Recuerda que un señorÓN sabe lo que quiere, y si lo que quiere eres tú, será evidente.

3. Te comparte

Si un hombre quiere ser parte de tu vida, es importante que te comparta también de la suya: ¿cómo está?, ¿cómo se siente?, ¿cómo amaneció?, ¿cómo le fue en el trabajo?, ¿te comparte sus planes, victorias, fracasos?, ¿te habla de su vida, su familia, su trabajo?, ¿o sólo quiere ir a "comer pizza en tu casa" = sexo gratis?

No importa si es muy agradable, divertido, sexy, guapo… si no cumple con las tres palabras de la fórmula TBC (tiempo, busca y comparte), no te valora lo suficiente.

Tú eres el premio

En mi vida premujerÓN vivía con miedo a que los hombres me rechazaran. Cuando tenía una cita, mi pensamiento principal era "¿Y si no le gusto?", lo que me convertía en un manojo de nervios.

Un mujerÓN sabe que ES EL PREMIO, por lo tanto, el hombre es el que está en el banquillo. Se trata de que él descubra cómo hacerte reír, cómo mantener tu atención para que lo escuches, y así ganar otra cita.

NO estás a prueba, él lo está.

Si quiere tener el placer de pasar horas hablando contigo mientras luces tu mejor *outfit* el sábado por la noche, tendrá que ganárselo. Si desea tocar tus labios con los suyos y tener acceso a la mejor piel que ha saboreado, primero tendrá que demostrar que es un hombre especial y valioso. Lo cual significa que, si un hombre no te está beneficiando de una manera positiva, entonces tienes que eliminarlo de tu historia y dejar de darle tu tiempo, energía o atención.

Tu misiÓN, si decides aceptarla...

El objetivo principal de las citas es conocer a varios hombres para encontrar uno con las mismas cualidades que tú, que exhiba su potencial emocional para crecer contigo. A través de conversaciones profundas, actividades fuera de casa y una buena comunicación entre encuentros. Tu misión es despejar las diversas capas de un hombre, asegurándote de que sea quien pretende ser.

Porque tú no eres una mujer típica. Un mujerÓN es una mujer muy especial, y aunque a veces lo has olvidado, en el fondo lo sabes. Así que llegó el momento de cambiar de actitud. Ya no eres una nena haciendo berrinche porque "los hombres no me tratan bien", mientras tiras una lagrimita.

Eres un mujerÓN que llega a sus citas a poner las reglas, a escarbar en la verdadera personalidad del hombre en cuestión. Enciende tu intuición y verás que cuando salgas de tu zona de confort, conocerás tu verdadero poder.

Y recuerda, algunos hombres mienten de formas increíbles con tal de tener sexo contigo, mienten sobre sus intenciones con más facilidad que con la que un perro mueve su cola. ¡Y no sienten culpa alguna!

Por eso debes entrenar tu músculo de la observación para ver lo que hacen, y no sólo escuchar lo que dicen.

El amor y el interés se notan; la falta de ambos se nota aún más.

Define tu intención de compartir tu vida con una pareja de verdad, y deja de rescatar palomitas heridas que no lo valoran, o que incluso convierten sus heridas en armas emocionales contra ti.

Por eso debes adoptar esta regla general de mujerÓN:

Si tu vibra no grita "¡un señorÓN!", dale vuelta a la página y no pierdas tu tiempo.

Por eso, por favor, deja de intentar ser la "señorita perfecta para él", porque lo único que provocarás es que él se ponga la máscara de "don le echo ganas un ratito".

El objetivo es encontrar a *la persona que conecte con tu alma.* Si ambos tienen una máscara de lo que es políticamente correcto hacer, sólo están perdiendo el tiempo.

¿Qué deseas de un hombre? Que te cuide, te acompañe, te entienda, te respete y te valide, ¿no? Para que un hombre te dé todo eso, primero tienes *que asegurarte de que tú eres la indicada para él y que él sea el indicado para ti.* Si esa conexión se da, todo lo demás ocurrirá naturalmente. Ambos llevarán el mismo ritmo en sus corazones. ¿No sería eso lo más increíble?

Hay una metáfora que me gustaría usar:

Cuando bailamos salsa de pareja con un hombre, lo que más nos conviene es dejarnos llevar por los pasos de baile que él proponga. Si intentamos controlar hacia dónde ir y no dejamos que fluya, es probable que terminemos incluso pisándonos y perdiendo el ritmo.

Así como cuando bailas, intenta dejar que el hombre sea el líder en la etapa de las citas, que marque el tipo de música y el ritmo al que quiere llevar la relación. Se trata de descubrir las notas de su alma, y que tú veas si eso te gusta o no, en lugar de intentar cambiar la pieza por una más rápida o lenta.

No pierdas de vista que tú vas a descubrir, a hacerle preguntas interesantes, a conocerlo, no a agradarle exclusivamente. Por eso, deja que él tome el liderazgo. Eso no quiere decir que vas a hacer lo que él quiere siempre. Es muy importante que muestres tus deseos y, más aún, que marques tus límites, que seas honesta cuando te sientas incómoda, que hables acerca de las cosas que te importan y que defiendas tus propias necesidades. Sólo déjate llevar a su ritmo con respecto a los mensajes, llamadas y salidas. Y ve qué pasa...

Por ejemplo, en mi caso, algo superimportante es la presencia. Qué tan presente está en tu vida y qué tan disponible está para ti. Para mí, esto es algo innegociable. Por lo tanto, si un hombre no está presente desde el principio, no tiene posibilidad alguna conmigo.

Construyendo la relaciÓN

¿Qué ocurre cuando el hombre ya pasó las primeras pruebas? Es un hombre valioso, sincero y, sobre todo, compatible contigo. Entonces, llegó el momento de comenzar a construir una relación. Y la relaciÓN es de dos.

Ya no sólo se trata de lo que tú quieres y deseas: también vale la pena que veas qué es lo que él quiere y desea, y así sus deseos juntos construirán una relación de amor y respeto.

¿Qué es lo que más valora un hombre de una mujer?

¡Justo las cualidades de un mujerÓN!

Nutridora, coqueta, misteriosa, respetuosa, vulnerable y femenina.

1. Nutridora

Es curioso, porque las mujeres no tenemos muy claro lo que es ser una mujer nutridora. Contribuir a la nutrición emocional de un hombre tiene que ver con acompañarlo, NO con decirle lo que tiene que hacer. A veces nos confundimos y ejercemos nuestros talentos de "madres", y ése es un gravísimo error.

NO ERES su mamá, "cuidarlo" NO es decirle lo que puede y no puede hacer "por su bien", ya es un adulto y en teoría sabe lo que es bueno para él. Las actitudes de "madre" son tus deseos de controlarlo, no nutrirlo. Él ya tiene una madre y lo que desea es una pareja. Jugar a ser su madre, el hombre señorÓN lo interpretará como que no confías en él.

La ternura, amabilidad, consideración y afecto son todos los aspectos de una mujer nutridora; tiene más que ver con ser una persona cariñosa. Los hombres anhelan el toque tierno y el afecto cálido de una mujer. Buscan estas cualidades de forma instintiva, porque una mujer cariñosa tiene más probabilidades de convertirse en una excelente madre para sus hijos. Y aunque ya tenga hijos, esto es algo que lo atraerá de forma inconsciente.

2. Coqueta y espontánea

El coqueteo, el humor y las bromitas románticas le suman muchos puntos al encanto de una mujer. Los señorONes aman a las mujeres que saben cómo estimularlos psicológica y emocionalmente.

Ser juguetona como niña, reír, estar alegre y tener la capacidad de sorprenderte y sorprenderle puede ser sumamente sexy.

3. Misteriosa

Ser misteriosa puede volver loco al hombre por ti, en el buen sentido. El misterio de una mujer intriga a un hombre y lo hace querer más. Lamentablemente, en occidente las mujeres hemos ido perdiendo el arte de la seducción. La clase, elegancia, modestia y sutileza son cualidades misteriosas que los señorONes aman. Y cometemos dos errores: o somos muy activas en nuestra conquista, o nos convertimos en libros abiertos.

Google y las redes sociales nos juegan en contra. Porque un hombre puede averiguar más sobre una mujer en estos días con una búsqueda rápida que a través de una conversación íntima. Por lo tanto, tenemos que compensar con suavidad y permitir que la información se desarrolle lentamente.

4. Respetuosa

Un buen hombre querrá que confíes en él, y por ello se ganará tu confianza de forma genuina, y valorará las cinco A: que lo aceptes como es, aprecies, admires, apruebes y apoyes.

Por lo tanto, si quieres que un hombre sea feliz, acepta sus imperfecciones y no trates de cambiarlo; no lo critiques ni lo castigues cuando se equivoque. Sólo ten cuidado de tener claros tus límites para que esos errores, que todos tenemos, no vulneren tu integridad emocional ni física. Y por favor, no hables mal de él frente a la gente. Así lograrás que él te respete también a ti. Un hombre quiere saber que lo apoyas en las buenas y en las malas, que estarás con él también cuando le vaya mal en cualquier área de su vida, que es importante para ti.

Como mujerÓN, también debes entender que los hombres aman de manera muy diferente a las mujeres. Mientras nosotras anhelamos el amor y el afecto —y son nuestras necesidades primordiales en la relación—, los hombres anhelan desesperadamente respeto y admiración. Un hombre puede retirar fácilmente su amor de una mujer irrespetuosa, así como una mujer puede dejar de respetar a un hombre que no la ama ni la cuida.

Si como niña viviste en un hogar desordenado, es probable que intentes controlar a tu pareja para sentirte en orden. Si no recibiste el amor y cuidado que necesitabas, puede ser que te hayas convertido en ayudante codependiente intentando siempre hacer feliz al otro y resolver sus problemas.

Por ejemplo, si no tuviste una figura paterna o tuviste problemas paternales con quien te crio, o si viviste en un hogar donde tu padre no te brindó un profundo sentido de seguridad, tienes más posibilidades de crecer con mayor desconfianza en los hombres, y te costará más trabajo respetarlos que si hubieras crecido en una familia donde tu padre hubiera sido alguien confiable.

Las mujeres que tienen buenas relaciones con su papá suelen tener una mayor autoestima, por tanto, son más respetuosas con los hombres. Eso no quiere decir que no se pueda aprender a respetarlos, ¿okey?

Recuerda, los hombres sienten amor cuando saben que son respetados. Si te resulta difícil respetar a un hombre, es probable que, en primer lugar, no sea el hombre adecuado para ti, así que mejor ábrete a la posibilidad de conocer a alguien que realmente se complemente contigo. Respetar a un hombre va más allá de ser educada con él; tiene que ver más con confiar en él y no intentar cambiarlo. Respetar a un hombre es no intentar controlarlo, y si él te respeta tampoco intentará controlarte a ti. Si son pareja, se comparten lo que hacen, no se piden permiso; simplemente es ser respetuoso con el tiempo del otro.

Se trata de poder compartir tus pensamientos y sentimientos, y escuchar lo que tu pareja tiene que decir. Respetar sus decisiones, gustos y necesidades.

Cuando las cosas en tu vida han estado descontroladas, en caos, inconscientemente tratas de controlar cualquier aspecto en tus relaciones. Pero lo que más te conviene es trabajar en ti, en tu control.

En mi caso, confieso que estuve muchos años utilizando diferentes estrategias para que los hombres se comportaran amorosos conmigo. Ahora me queda claro que, si no es amoroso, simplemente no es la persona adecuada para mí; lo dejo ir en lugar de intentar cambiarlo.

Recuerdo que hace un tiempo salía con un hombre en el que no podía confiar; la sensación era como estar en la cuerda floja todo el tiempo. Cuando le mostraba que desconfiaba de él, se defendía argumentando que yo era una mujer con mucho pasado, y me repetía incansablemente que él no era como los demás hombres de mi vida y que jamás me lastimaría. Pero por más que me decía esas cosas, había algo en mí que me impedía confiar en él.

Con el tiempo descubrí que tenía actitudes de hombre ratón y de hombre lobo, y aunque eran distintas a las de mis relaciones pasadas, mi intuición gritaba que por ahí no era.

Así que, si sientes que la idea de confiar en un hombre es muy abrumadora, a lo mejor necesitas ayuda profesional para trabajar con esas heridas. Ahora, si ya has trabajado tus miedos y heridas de la infancia, y no confías en un hombre, hazte caso: ese hombre no es fiar.

Todo hombre se ve a sí mismo como un rey en su hogar y en su relación, y las mujeres deberíamos vernos mínimo como una reina SuperHada, segura y capaz.

5. Vulnerable

A las personas nos da terror mostrarnos vulnerables, creemos que es algo así como darle armas al otro para que sepa dónde y cómo lastimarnos. Pero la vulnerabilidad puede ser nuestro superpoder.

Cuando estaba saliendo del peor momento de mi vida, llevaba tres años soltera, la gente me insultaba en la calle por haber "abandonado" a un hombre enfermo y haberme ido con otro, lo cual era falso. No sólo porque yo me encontraba en una situación emocional donde estaba discapacitada para siquiera relacionarme con alguien, sino porque no había ni un solo hombre que quisiera algo conmigo. ¿Por qué? Pues porque si decimos que para un hombre el apoyo de su pareja es fundamental en la vida, y todos los titulares con mi nombre decían "Abandono", "Maldita", no era extraño que ninguno quisiera salir conmigo, ¿verdad?

Entonces comencé a salir con el primer hombre después de varios años de estar rota y deprimida en casa. Si bien estaba un poco mejor, aún seguía lastimada. En cada cita intentaba venderle lo feliz que era, lo bien que estaba, y lo mucho que tenía para ofrecerle. Creía que si le compartía mis vulnerabilidades, él huiría, con la idea de que "a los hombres les gustan las mujeres felices". Por la magnitud del escándalo, él sabía que había pasado por momentos muy duros, pero nunca compartí con él mis heridas ni mis miedos.

Él no mostraba demasiado interés, pero yo venía de una relación con una persona que al principio me había bombardeado con cosas deseables y luego se había convertido en un monstruo, por lo que pensaba que a lo mejor un hombre no tan expresivo era mejor para mí, porque al menos me aseguraba que no era un hombre lobo. Para mí estaba bien ir poco a poco; sin embargo, tiempo después me di cuenta de que simplemente no me estaba tomando en serio.

La relación nunca prendió, y ahora puedo ver claramente por qué.

Recuerdo que un día cuando ya no salíamos me lo encontré, y hablé con él sobre algunas cosas desagradables que estaban pasando en mi vida. Él me preguntó: "¿Por qué nunca me dijiste por lo que estabas pasando?".

Un hombre disfruta de estar en la posición de darle fortaleza a su mujer. La vulnerabilidad despierta el espíritu masculino. A los hombres les encanta ser el hombro fuerte en que te puedas apoyar. Una mujer que descubre sus heridas en el momento apropiado de una relación le da al hombre la oportunidad perfecta para proteger, defender, nutrir y amar.

Los hombres no se apresuran a mostrar sus heridas emocionales, sin importar su edad o la antigüedad que estas heridas tengan, pero cuando una mujer se permite ser vulnerable con él, le da la oportunidad de conocerla íntimamente, de ver sus fortalezas y debilidades.

Los hombres realmente quieren una experiencia emocional con una gran mujer, pero sólo pueden disfrutar de este nivel de intimidad cuando una mujer es vulnerable con él. Por eso vale la pena que estés dispuesta a mostrar tus debilidades, fracasos, inseguridades e incluso tu "lado feo" sin vergüenza ni arrepentimiento. Si un hombre reacciona amoroso y empático cuando eres más emocional, vale la pena que le des de tu tiempo.

Si alguien se enamora de tus flores y no de tus raíces, no sabrá qué hacer cuando llegue el invierno y se caigan.

KARINA VELASCO

Más aún, si se conecta con tu vulnerabilidad mostrando la suya, probablemente sea un señorÓN. Incítalo a que se sienta cómodo desahogándose contigo.

Ahora, no es trabajo de tu pareja llenar tus vacíos y transformar tus inseguridades, así como tampoco amarte tan inmensamente como para desaparecer tu falta de amor propio, ¿okey?

Tienes que aprender a no necesitar la validación de otra persona, confiar en ti misma y tus logros, ser capaz de defenderte y comprender que, pase lo que pase, al margen de quien venga o se vaya, siempre habrá amor en tu vida porque ya aprendiste a amarte a ti misma.

Y una muestra de amor a ti misma es guardar tu cuerpo hasta que haya demostrado que va a cuidar tu corazÓN. Por favor, no te acuestes con él ni en la primera, ni en la segunda, ni en la tercera cita. Algunos expertos dicen que lo ideal son tres meses de citas o esperar a las dos palabras mágicas: "te amo". Asegúrate de que esté claro que no te regalas ni te das en oferta. Que, si te quiere, le va a costar. Por eso cuídate de tomar máximo una copa de alcohol al principio, para que no te dejes llevar por tus impulsos y deseos.

6. Femenina

La feminidad física de una mujer puede ser un ingrediente irresistible. A los hombres les encanta cuando una mujer se viste como mujer, camina como mujer, habla como mujer y huele como mujer. Así que conecta con tu energía femenina, y sé auténtica con lo que eres.

Demuestra tu verdadera naturaleza haciendo que tu apariencia sea más femenina. Cuídate, usa ropa suave y delicada. A los hombres les encantan la vista y el tacto de los materiales blandos en las mujeres; le darán ganas de tocarte, abrazarte y protegerte.

Las mujeres nos hemos vuelto superultraindependientes. Por eso, pídele ayuda en trabajos "masculinos" como arreglar cosas, aunque tú lo puedas hacer sola. No olvides alegrarte y agradecerle mientras lo hace. No tienes que jugar a la mujer inútil, sino más bien fomentar su necesidad masculina de protegerte mostrándole que lo necesitas y que disfrutas tenerlo cerca. Al darle la oportunidad de hacer por ti esas cosas que te parecen complicadas o terribles, sentirá que respetas su deseo de servir y proteger.

Por lo tanto, anímalo a tomar más decisiones, y pídele su opinión con la intención de escucharlo realmente. Sentirá que respetas su sabiduría e inteligencia. Se sentirá muy masculino.

Importante

No confundas el empoderamiento femenino con ser la "señora jefa".

Una mujer que compite con el hombre, que discute todo el tiempo, que es demasiado independiente y poco cariñosa, es más hombre que mujer, por lo tanto, no es atractiva para los hombres. Cuida no ser mandona, hablar demasiado de tus éxitos y de tu sueldo. Los hombres quieren una pareja, no una jefa. Aprende a recibir y agradecer, y luego ya podrás dar tú también.

Si quieres una relación con un señorÓN, acepta su liderazgo. Si no, corres el riesgo de que la información que le mandas sea "NO estoy interesada en atraer a un hombre".

¿Cómo conservar a un señorÓN?

Ya que descubriste al señorÓN en tu vida, ya que pasó todas las pruebas, vamos a asegurarnos de que tú también te comportes a la altura.

Por eso te comparto las cinco cosas que debes y no debes hacer en tu relaciÓN para que se mantenga ÓN.

1. No lo critiques ni hables negativamente de él frente a los demás. Si es necesario decirle algo por su bien, lo haces en privado y aplicas "el sándwich": algo bueno primero, lo que puede mejorar en medio y algo bueno de él al final.

2. No le digas "tenemos que hablar". Mejor di algo como "me gustaría compartirte algo que siento y me gustaría saber tu opinión". Algo que invite a la conversación y no algo que huela a "tenemos problemas". Asimismo, procura no traer asuntos del pasado constantemente.

3. No ataques su ego o puntos débiles, ni lo insultes o menosprecies, y menos cuando esté deprimido.

4. Resuelve los problemas lo más rápido posible, no los alargues con caras largas, y no te vayas a la cama enojada.

5. Sé abierta y honesta, no te compliques ni le compliques la vida. Intenta ser relajada y toma siempre el camino con menos estrés.

Lo que puedo asegurarte es que después de varias relaciones tóxicas y mucho trabajo personal, tienes la posibilidad de verte con TUS ojos. Ya no te verás a través de los ojos de tus padres, de tus amigos o de la sociedad en general, sino que por fin te darás cuenta de tu esencia, de la persona que estabas destinada a ser. Eres mucho más que tus dudas y las creencias de los demás.

Ya no dependes de otra persona, ya no eres adicta al "amor de un hombre", porque eres capaz de reconocer el valor que aporta a tu vida, y de admitir que, si bien sólo tú eres responsable de tu felicidad y tu sentido de identidad, brillas más cuando está la persona que amas cerca. Puedes decirle: "Soy increíble, mi vida es increíble, pero tú la haces aún mejor. Sí, estoy completa como tú, pero juntos somos más fuertes y felices".

Recuerda, cuanto más te ames, el hombre valioso más te perseguirá, más te deseará, y más intentará conquistarte y poseerte.

Aprecia tu belleza sagrada, y reconoce las cosas que te hacen deseable.

Capítulo 11.
Tu oráculo personal

¡Oh, no! ¿Qué te hicieron? ¿Dónde está tu fiereza? ¿Por qué lo permitisteeee?

Gurú significa quien trae la oscuridad a la luz.

¿Qué pasa cuando ya hiciste todo para ser feliz y no lo logras?

Me desperté temprano como siempre, porque ante todo, las mamás debemos de ser responsables, comprometidas, con el cuerpo perfecto, la personalidad ideal, exitosas, vanguardistas, *cool*, chefs, doctoras, astronautas, diosas ilimitadas jamás igualadas...

Me levanté, hice ejercicio, me bañé y arreglé para ir a trabajar. Preparé el desayuno y el lunch de mis hijos, y los llevé a la escuela. Cumplí con mi jornada laboral impecablemente. Regresé por mis hijos a la escuela, les di de comer, los llevé a sus clases, y mientras, pagaba mis cuentas, terminé algunos trabajos pendientes, papeleos, trámites, trabajé en algunos asuntos legales, seguí todas las reglas. Regresé a casa, cenamos. Corrí todo el día, pero cumplí y acabé con todas las asignaturas de mi agenda... ¡Me quiero morir!

¿Por qué, si hice todo lo que tenía que hacer, me siento tan mal? ¿Será que saqué la basura de casa, pero olvidé sacar la basura de mi mente? Asigné tiempo para todo y para todos, menos para mí. Y ahora ¡me quiero aventar por la ventana!

Creemos que ser productivas es lo más importante del mundo, pero en algún momento de nuestra vida entendemos que NO LO ES. Lo más importante del mundo es ESTAR BIEN/BIENESTAR. Ésta debería ser tu prioridad absoluta. Una mujer es más feliz cuando ha entendido este principio de la vida. Y la única forma de estar bien contigo es haciendo el viaje más increíble de todos, el viaje hacia dentro de ti. Ahí podrás escuchar a tu interior y encontrar el oráculo. Tu propio oráculo.

Los oráculos son considerados como el origen y emanación de las voces divinas. Durante muchos siglos, las culturas antiguas los consideraron la suprema voluntad de los dioses, y debían ser consultados para tomar decisiones tan importantes como las que implicaban la guerra o la paz.

Millones de personas en el mundo consultan oráculos como el tarot, la astrología, el péndulo, la lectura de café o té, o la bola de cristal, para tomar decisiones que tienen que ver con el romance, las relaciones, el dinero, los negocios, la salud...

Consultarlos les da cierta "seguridad" en la toma de decisiones importantes. Y muchas veces, poner la atención afuera de nosotras nos ha llevado a perder el contacto con nuestro oráculo interno, esa guía que nos dice por aquí sí, por acá no, para, descansa, sigue...

Una vez que escarbes dentro de ti y te encuentres con tu oráculo personal, empezarás a escuchar su voz, la cual podrá responder con precisión cómo te sientes, qué necesitas, si puedes confiar en cierta persona, si te conviene ir, qué decisión tomar.

Yo, como la mayoría de las personas en el mundo, por muchos años ignoré la voz de mi oráculo. La apagué por completo. Hacía lo que los demás decían que hiciera o lo que se supone debía hacer.

Y escucha bien esto:

Cuando tienes apagado tu oráculo interno, crees que eres la milésima parte de lo que eres en realidad, o de lo que podrías ser en un estado de plenitud. Como mujerÓN, no puedes seguir toda tu vida tomando decisiones basadas en el temor a la reacción de los demás. Tienes tu oráculo a tu disposición y sólo debes conectarte con él.

Por ejemplo, así como a los hombres se les ha dicho que no deben llorar, a las mujeres se nos ha prohibido la rabia. Las niñas buenas NO DEBEMOS enojarnos, no lo tenemos permitido.

Una vez me sentía deprimida, vacía, apática. Me fui a un retiro en la montaña, sin luz, sin internet y sin wifi. Ahí me recomendaron un masaje curativo muy bueno. Cuando la "terapeuta", que por supuesto era mucho más que eso, me puso las manos en cuerpo, lo primero que dijo fue "¡Oh, no! ¿Qué te hicieron? ¿Dónde está tu fiereza? ¿Por qué lo permitisteeee?".

En ese momento me puse a llorar y entendí perfecto a qué se refería. Me habían atacado tanto y yo no había podido defenderme, por lo que tuve que reprimir todo lo que sentía, porque si dejaba salir una gota de la furia y la rabia que sentía por lo injustas que habían sido las circunstancias, por un lado pensaba que me iba a desbordar, y por el otro, que me atacarían aún más. Ahí entendí por qué me sentía así de apagada.

Después recordé uno de los eventos donde había reprimido mi furia. Estaba participando en un juego en un programa de televisión. Tenía que ponchar un globo haciendo sentadillas sobre una silla. A un payaso le pareció gracioso y me la quitó, lo que hizo que cayera al piso y me golpeara fuertemente en el coxis y en la cadera. En ese instante me paré y salí muy enojada de la escena. Aquí lo más sorprendente es que cuando sucedió ese "accidente", las personas en las redes sociales a quien atacaron fue a mí, argumentando mi poco sentido del humor y defendiendo al pobre payasito que porque lo había hecho en buena onda (por cierto, ni siquiera se disculpó ni le llamaron la atención por lo que hizo).

Eso sucedió hace cinco años, y yo sigo yendo al quiropráctico —hasta dos veces por semana—, al fisioterapeuta, y tengo un dolor casi permanente en el cuello y la espalda, lo que me obliga a tomar varios masajes a la semana. Justo ése es el problema, el enojo y la rabia en las mujeres están completamente condenados, mientras que la violencia de los hombres es no sólo aceptada, sino que hay muchos cómplices de sus actos que los apoyan, atacando a las mujeres que se atreven a mostrarse aunque sea un poco molestas ante sus agresiones, lo cual provoca que las mujeres no expresemos nuestra rabia por miedo a que nos ataquen de nuevo.

La rabia es una fuerza que te impulsa, es fuego puro; por lo tanto, negar su capacidad de acción es algo así como permitir que la bomba explote dentro de ti.

A lo mejor, así como a mí, a ti te han convencido de que la rabia no va contigo. Pero ¿qué pasa cuando NO permites que la rabia se manifieste? Te anestesias y corres el peligro no sólo de ya no darte cuenta cuando la furia se apodera de ti, sino que tampoco puedes experimentar otras emociones como la ternura, la suavidad o incluso el amor. No logras percibir la intensidad de la vida, se vuelve plana, aburrida, fría, oscura.

La rabia y el placer son grandes vehículos de tu ÓN, y han quedado excluidos de tu ser porque las mujeres rabiosas o deseosas no son bien vistas por la sociedad. Y nuestra naturaleza de mujer es más que eso: puedes ser el agua tranquila de un lago o un volcán en erupciÓN.

Vivimos en una sociedad donde nos han enseñado a reprimir lo que la gente llamaría nuestra "parte oscura". Sólo observa la enorme industria cosmética, que tiene como fin "ayudarnos" a maquillar nuestra "fealdad" y nuestras vulnerabilidades. Si estás teniendo un mal día, te aplicas maquillaje, chapas y un lipstick rojo intenso para que "no se te note", y así mostrar un lado más aceptable de ti a los demás, aunque sea una mentira y en realidad tu mundo se esté cayendo a pedazos.

Por favor escucha esto que es muy importante:

Querida mujerÓN, si quieres ser alquimista, conecta con tu rabia, arder en ella no es sólo saludable, sino necesario. ¿Sabías que las enfermedades son emociones reprimidas? Así que, mujer transformadora, ama y crea con más fiereza que una leona.

Para que te sea más fácil encontrar ese oráculo, puedo darte una pista: siente tu vientre, sí, ese lugar mágico donde las mujeres somos capaces de crear vida.

¿Cómo se siente tu pancita? ¿Se tensa? ¿Se inflama? ¿Qué haces cuando sientes que se te retuerce el estómago? ¿Cómo está la salud de tu vientre? ¿Has sentido el poder creativo de tu útero?

*Los secretos de la alquimia femenina están
en nuestro útero. Arrastra cualquier emoción*

para que, como un caldero mágico, lo cocine, lo transforme
y puedas manifestarlo con algo artístico o creativo.

MYRIAM PEÑA
La mujer oceánica

Así que, mujerÓN, uno de tus más grandes desafíos puede ser aprender a confiar en ti misma y en la perfección del universo. Así es como puedes sensibilizarte para estar en contacto con tu oráculo interno.

Manos a la obra

La mayoría de las personas dedicamos mucho tiempo a "hacer" en lugar de "ser." Es lo que el mundo moderno espera de nosotros. No se trata de hacer cosas de mujerÓN; eso sería como una mala actuación. Se trata de *serlo*.

Seamos sinceras. Te despiertas en la mañana y comienzas a correr porque tienes muchas cosas que hacer. Haces y sigues haciendo para obtener los resultados que quieres. Te cuesta trabajo agendar un tiempo para no hacer nada y disfrutar de simplemente *ser* por un rato. Y estando agotada, no puedes conectar con tu oráculo interno.

Te fascinará darte cuenta de que estar haciendo cosas no es el único camino para progresar en tu vida y tener buenos resultados.

En el tao, este concepto se llama *wu wei*, y se traduce como "no hacer".

A lo mejor te puede quedar más claro si usamos la metáfora de la jardinería. Quieres tener una planta, ¿qué hay que hacer? Sembrar la semilla en la tierra, ponerla al sol, vitaminarla y darle agua. Después de hacer eso, tienes que "no hacer" y dejar que la planta crezca por sí sola. Si le haces más cosas, sólo podrías lastimarla.

Eso no quiere decir que nunca hayas hecho nada. Hiciste todo lo que tenías que hacer y luego confiaste en la perfección de la naturaleza.

Así como un jardinero, a veces "hacer nada" es lo mejor que puedes hacer para tener los resultados que esperas. Una vez que hiciste lo que tenías que hacer, dejas de hacer y esperas pacientemente...

Capítulo 12. Tu motor

Cuando me enfoco en lo que amo, obtengo lo que amo

La capacidad creativa de una mujer es su cualidad más valiosa, pues se ve por fuera y se alimenta por dentro a todos los niveles: psíquico, espiritual, mental, emotivo y económico.

CLARISSA PINKOLA ESTÉS
Mujeres que corren con los lobos

Cuando era niña quería ser artista de fama internacional, cantaba y bailaba todo el tiempo. Al elegir mi carrera universitaria, comencé a estudiar la licenciatura en composición musical porque quería ser como Madonna, pero con conocimientos musicales para poder componer mis propias canciones y dirigir a mis músicos.

Luego recibí la invitación para entrar a Garibaldi, un grupo muy famoso. Viajábamos por todo el mundo llevando la alegría de sus canciones, pero mucha gente del público y algunos medios de comunicación decían que no cantábamos. Eso hizo que me alejara de la posibilidad de cantar. Fue algo así como una maldición. Por eso cuando salí del grupo dejé de hacerlo.

Tiempo después, cuando el papá de mis hijos se enfermó, sentí la necesidad de expresar mis emociones de alguna manera, de lo contrario me iba a volver loca. Así es como comencé de nuevo a componer canciones. Esa actividad era para mí como un *detox* emocional que me ayudaba mucho a sentirme mejor.

Más tarde decidí darme una nueva oportunidad y comencé a tomar clases de canto. Pensaba: "Le voy a dar cinco años, y si no aprendo a cantar, entonces ahora sí abandono ese sueño". Así es como descubrí que la mejor práctica espiritual es hacer lo que amas.

> *Deja que la belleza de lo que amas*
> *sea lo que haces.*
> RUMI

Si practicas un *hobby,* es como darte permiso de brillar, de florecer completamente y sentir gozo todos los días. Y no se trata de si eres extraordinariamente buena en eso que haces. Para practicar algún arte o algún deporte no tienes que ser un genio que surge de la mente de Zeus. Para empezar, muchos de los mejores artistas y los más extraordinarios deportistas empezaron no siendo tan buenos, así que ¿cómo vas a hacer extraordinaria en algo si no inicias? A lo mejor estás pensando que ya es tarde, que ya no estás en edad, o que no es el momento para hacerlo, o que no te sobra tiempo. Pero se trata de que hagas algo que amas, no que le metas presión para ser la mejor en ello. Lo importante es que disfrutes, que lo hagas simplemente por placer.

Nunca es demasiado tarde. Cuanto más aprendes, más completa eres.

Con mis dos *hobbies,* componer y cantar, empecé a trabajar más en mi creatividad, porque eso me hace muy feliz. Por eso leí el libro *The Artist's Way,* de Julia Cameron. Ahí encontré algunas técnicas para ser más creativa, y una de ellas en particular se me hizo espectacular.

Se trata de adquirir el hábito de escribir y llenar tres planas completas de un cuaderno tamaño carta todas las mañanas, en cuanto te despiertes, con la única intención de vaciar tu mente y expresar tus emociones. A veces las *morning pages* te ayudarán a darte cuenta de cosas que no te imaginabas. Por ejemplo, Julia descubrió que era alcohólica al escribir varias veces que había abusado en su consumo de alcohol. En mi caso, que había perdido el deseo de vivir, y la razón por la cual me sentía de esa manera. No se trata de escribir cosas bonitas o interesantes, se trata de vomitar todo lo que está en tu mente para ayudarte a sentirte más en paz durante el día.

Yo ahora le di mi toque personal, y en lugar de escribir palabras, dibujo garabatos simulando palabras, como tipo taquigrafía, pero de igual manera me ayudan a contactar con mis emociones y expresarlas. Cuando me siento trabada, triste, deprimida, me duele el corazón, tengo angustia o ansiedad y no sé por qué, trazo mis garabatos para soltarme, y a veces desde el primer renglón contacto con el llanto y me desahogo delicioso.

Si te animas a hacer este ejercicio, una vez que termines, destruye las hojas, y si puedes, quémalas y ofrece las cenizas a un árbol para que te ayude a transformar eso que sientes. Cuando quiero contactar con el agradecimiento, entonces sí escribo las palabras con tinta roja para que se queden grabadas en el universo.

Te recomiendo muchísimo tus *morning pages*. A mí realmente me ayudaron no sólo a sentirme mejor, sino a estar más inspirada. Practícalas y te darás cuenta de que, con el tiempo, "tu basurero mental" se irá vaciando y comenzarás a conectar con tu creatividad de formas sorprendentes.

Así es como descubrí que amo escribir. La escritura se ha convertido no sólo en una de las formas más eficaces para expresarme, sino que al escribir mis experiencias de vida, soy capaz de ver más claramente los aprendizajes. Por eso se ha vuelto una actividad que disfruto enormemente.

Cuando escribo, compongo o canto, pienso en la extraordinaria película de Disney *Soul*. Si no la has visto, te la recomiendo ampliamente. Ahí exponen de una forma muy linda cómo cuando estás haciendo algo que realmente amas, estás en un plano muy superior, estás vibrando a niveles muy altos, estás conectada con tu motor. Por eso es tan importante que practiques algún *hobby* o algún deporte.

Cuando estoy deprimida, triste o sin ilusiones, me pongo a cantar. Siento que es mi espacio de alegría que me saca de cualquier situación desagradable. Practicar un *hobby* es más que una terapia; es como volver a ser niña cuando disfrutabas de la vida completamente. Te hace sentir viva.

Si Dios es creador, ser creativa es una manera de estar más conectada con él que con cualquier otra práctica espiritual.

Hoy podría decirte que los *hobbies* fueron mis más grandes salvavidas en tiempos difíciles, fueron de lo que más me ayudó en mi recuperación personal. Esos pequeños avances se convirtieron en mi mayor inspiración. Incluso pude superar el pánico escénico que me provocaba cantar. Los *hobbies* se convirtieron en mi motor de vida.

Hacer lo que amas es mi INGRIDiente básico para superar adversidades.

¿Tú ya sabes cuál es tu motor de vida? Si aún no, no pierdas más tiempo. Identifica aquellas cosas que haces por gusto, donde eres más tú que en ningún otro lado, donde no necesitas ningún tipo de remuneración económica, ni el aplauso de nadie. ¡Es el mejor lugar del mundo!

Sólo ten presente que ver la tele o navegar en redes sociales no puede ser considerado un *hobby*. Tiene que ser una actividad, un lugar en donde logres que tu mente trabaje para ti y donde sientas que vuelas.

Recuerda que ser un mujerÓN no tiene que ver con tu posición económica ni con tus logros. No necesitas ganarte la lotería para hacer lo que amas. Se trata de seguir a tu corazón. Darte cuenta de que, si lo deseas, siempre encontrarás el tiempo para hacer cosas sólo para ti. Tampoco te conviertes en un mujerÓN cuando el hombre que te gusta te corresponde, ni cuando ganas más dinero, ni cuando consigues que te den el puesto o el trabajo de tus sueños. Ser un mujerÓN tiene que ver con sensaciones, experiencias, emociones y actividades que hablan de lo que eres como persona.

Mantra:

Cuando me enfoco en lo que amo, obtengo lo que amo.

Hacer cosas buenas para ti te dará un profundo sentido de gozo y control. Pregúntate todo el tiempo: "¿Qué me hace feliz en este momento, en este minuto?" y hazlo en ese instante. Eso te permitirá dejar ir las cosas que no son realmente importantes para ti. Descubre lo que te hace feliz, lo que te hace sentir bien, lo que te nutre, y entonces así podrás nutrir a los demás.

La felicidad no la encuentras en las personas o situaciones. Se trata de que cuando voltees a ver tu vida hacia atrás, verdaderamente puedas decir que hiciste todo lo que amabas todos y cada uno de los días. Cuando haces lo que más te gusta, es más difícil que te encasilles en el papel de víctima.

Así que ahora vas a decirles "adiós" a los "no puedo", "no tengo tiempo", "no es viable", "no soy muy buena", "no tengo dinero", "no estoy preparada", "ya es tarde"… No busques lo que a los demás les gusta, descubre lo que te hace feliz a ti.

Las mujeres somos capaces de engendrar, gestar y parir todo tipo de creaciones. Puede ser por medio de la escritura, la pintura, la música, el deporte, la gastronomía, la crianza, la naturaleza, los negocios o el erotismo… Podemos manifestar nuestra verdad de maneras creativas.

¿Qué es lo que te hace sentir real, auténtica, honesta, profunda y feliz? Cuando eres tú misma y haces lo que amas, inevitablemente te conviertes en un mujerÓN.

Así que, a sacudir tus caderas, ¡¡para liberar tu río de creatividad!!

Hasta que los muros que contienen las aguas que te habitan no tengan más remedio que ceder a la intensidad de la vida.

MYRIAM PEÑA
La mujer oceánica

Permite que el universo se exprese a través de ti como una suave melodía, porque ser un mujerÓN es vivir con tus pasiones y creatividad. Ésa es la clave para ser feliz.

La palabra universo se puede traducir en uni = uno y verso = canto. Todos somos parte de una canción.

Si siempre haces lo que te interesa, aseguras que al menos una persona esté complacida. ¡La persona más importante de tu vida: tú!

TERCERA PARTE

Fuerzas de mujerÓN

Capítulo 13. Tu ÓN

Los centavos de fuerza que aún te quedan

Hacía casi un año que había renunciado a mi trabajo en la televisión. Las ofertas laborales que me llegaban no eran ni de cerca atractivas. Me estaba quedando sin dinero y cada día se acrecentaba más mi preocupación. "¿Qué voy a hacer para sacar adelante a mis hijos?", me preguntaba muchas veces al día.

Había apostado que el destino me "premiaría" a cambio de haberme "comportado a la altura", por ser buena persona y haberme quedado callada cuando todos me atacaban… Sentía que de alguna manera la vida estaba en deuda conmigo, y esperaba que se me hiciera justicia con la llegada de algún proyecto espectacular con el que me sintiera resarcida de todo daño.

Un día recibí una llamada por parte de Morris Gilbert, sin duda el productor de teatro más prestigioso que hay en México. Me estaba invitando a hacer *casting* para el protagónico de la obra *Chicago*, que se lanzaría en México unos meses después. Yo llevaba muchos años fuera del mundo musical: profesionalmente, desde que fui integrante del grupo Garibaldi, no cantaba ni bailaba. La idea de formar parte de esta puesta en escena me emocionó muchísimo, era algo diferente y sentía que era superimportante.

"El teatro tiene mucho prestigio", pensaba… Justo lo que había perdido, ¡prestigio!

—Pero me tengo que preparar —le dije—. Dame dos meses para tomar clases y estar lista para el *casting* con las personas de Nueva York.

Se acercaba el verano, mis hijos estarían de vacaciones. "¿Cómo le voy a hacer para entrenarme y estar lista para mi *casting* si mis hijos van a estar todo el día conmigo?" Entonces se me ocurrió una gran idea.

A mi hijo le encanta el futbol, es un graaan amante de este deporte. Juega futbol, come futbol, todo el día habla de futbol, era el goleador y capitán de su equipo y soñaba con algún día poder ser como Messi. Por supuesto, es fanático del equipo Barcelona. Por otro lado, yo llevaba años luchando por superar mi pánico escénico al cantar. A pesar de haberlo hecho profesionalmente en una época de mi vida, es algo que me daba mucho miedo. Algunas veces que me presentaba a cantar en programas de TV, me encerraba a llorar en el baño unos minutos antes porque me daba terror hacerlo públicamente y que me juzgaran por ello. Y en mi investigación para la preparación de la obra de teatro me encontré a un maestro especialista en pánico escénico en Barcelona que me podía ayudar con mi problema.

Así que programé un viaje a Europa. Mis niños pequeños estarían en un campo de futbol, el mayor estudiaría un curso de audio y yo me prepararía artísticamente. Renté un departamento cerca de una escuela de baile porque el estilo de *Chicago*, el fosse, no es nada fácil, por lo que necesitaría entrenamiento más clases de actuación para teatro musical. Si bien estaba gastando lo poco que me quedaba de mis ahorros, valía la pena, porque el viaje lo veía como una inversión que nos llevaría a cumplir todos nuestros sueños.

Tres días antes de irnos a España, vi que mi hijo cojeaba un poco. Así que programé una cita con un ortopedista para que lo revisara y asegurarme de que fuera al viaje en un estado perfecto de salud y disfrutara mucho de su *camp*. Cuando lo revisó, nos pidió hacerle unos estudios. Al final nos dio la noticia de que padecía una enfermedad llamada "Legg-Calvé-Perthes", en la cual el fémur se deshace como polvorón y tarda dos años y medio en volver a formarse. Esta enfermedad no es hereditaria ni genética; realmente no saben cuál es la razón por la que los niños la padecen. Mi hijo tendría que estar en una silla de ruedas dos años y medio, y usar muletas hasta para ir al baño. No podría apoyar la pierna en ningún momento durante este tiempo.

La noticia fue demoledora para todos. Él lloraba y lloraba —con mucha razón—, y aunque yo trataba de explicarle que dos años y medio después podría volver a jugar, seguía llorando porque decía que iba a ser malísimo cuando regresara, y que iba a ser difícil volver a tener el nivel de juego de sus compañeros.

Yo creía haber tenido el corazón roto en muchas ocasiones de mi vida, pero esta vez me di cuenta de lo que es tenerlo completamente destrozado. Verlo sufrir a él era mucho más doloroso.

Cuando le llamé a su papá Ernesto para ponerlo al tanto sobre su estado de salud, ésta fue su respuesta:

"Tú enfermas a la gente: tienes a un ex alcohólico, otro drogadicto, otro con cáncer, tu hijo con diabetes, y ahora mi hijo también está enfermo. ¡Tú enfermas a las personas!".

A veces no es lo duro del trancazo, sino cómo te agarre parada. Para mí éste fue de *knockout*. A pesar de que a esas alturas del partido no esperaba cosas buenas de él, la crueldad de sus palabras me aniquiló, me aplastó.

Con esta noticia, mi niño ya no podría ir a su *camp*, por lo tanto, yo tampoco a mis clases, con lo que me despedía de mi oportunidad de hacer teatro. Dos sueños partidos a la mitad en un solo golpe.

Ahora me queda claro que el amor puede mover montañas. Con esos dos centavos de fuerza que me quedaban, me levanté con un fuerte impulso de la cama. "¡YA BASTA!", me dije y me puse a preparar nuestras maletas. Haríamos ese viaje a pesar de todo y cumpliríamos al menos ese sueño.

En mi búsqueda espiritual, había leído un par de libros de Enric Corbera, así que tomé de mi librero *Emociones para la vida* y *Curación a través del curso de milagros*, y los empaqué en mi maleta. Creía que podían ayudarme a descubrir qué es lo que estaba pasando en mi vida, y por qué venía un trancazo sobre otro, este último ahora golpeando a mi pequeño hermoso…

Y nos fuimos a Barcelona. No quería que mis hijos mayores pagaran por algo que a ellos no les correspondía.

La primera lección vino cuando vi la solidaridad con la que mis hijos se comportaron con su hermano. Nos fuimos primero una semana de paseo a París, y ellos se turnaban para empujar la silla de ruedas, jugaban con él, y el amor con el que trataban de "compensarlo" era algo que sin duda nos ayudó enormemente a encender un poco la esperanza en nuestros corazones.

En el día trataba de disfrutar el tiempo con ellos y disimular mi dolor. Intentaba pasarla bien para que disfrutáramos del viaje. Pero en la noche, cuando ellos se dormían, me derrumbaba.

Lloraba horas enteras hasta que casi se hacía de día, me ahogaba en mi propio llanto, no podía creer que la vida le estuviera haciendo eso a mi niño.

Aunque no quería creer las palabras de su papá, muchas veces me pregunté si yo de alguna manera inconsciente o mi karma le estábamos provocando este dolor a mi hijo. O por qué la vida me enfrentaba nuevamente al enorme dolor de que alguien que amo se enfermara. Es impresionante el poder que pueden tener las palabras en las personas. Éstas eran para mí como un martillo que me golpeaba y golpeaba todo el tiempo. Tengo esa costumbre de que, con el afán de hacerme responsable, me adjudico todo, cuando muchas muchas veces las cosas no dependen de mí.

Llegando a Barcelona hice mi cita en el centro de bienestar de Enric Corbera, y visité la clínica que estaba a las afueras de la ciudad.

Recuerdo que iba en el tren y la gente se me quedaba viendo. Se acercaban y me preguntaban si estaba bien, incluso me regalaban Kleenex o palabras de aliento diciendo que todo tiene solución, que todo pasa... No podía dejar de llorar, sollozaba y me faltaba el aire. Necesitaba escuchar a un profesional para que me dijera qué estaba pasando conmigo, y si realmente era cierto que yo era la que estaba enfermando a las personas que amo.

Una especialista me recibió ese día. Cuando vio mi cara, pude ver cómo empatizó conmigo al instante, y muy cariñosamente me invitó a entrar a su consultorio.

—¿Qué te trae por aquí? —preguntó.

Con la primera letra que salió de mi boca volvieron a salir mis lágrimas desbocadas. Le conté de la situación de mi hijo y la teoría de su papá.

—¿Cuántos hijos tienes?

—Tres.

—Y sólo dos están enfermos, ¿cierto?

—Sí.

—Y tu otro hijo, ¿está sano?

—¡Sí, gracias a Dios!

—Entonces, si tú enfermas a la gente, ¿por qué él no está enfermo, y por qué tú tampoco? Si fuera una maldición, como mencionas, en donde supuestamente todas las personas alrededor de ti se enferman, ¿no serían todas? Y tú y tu hijo están 100% sanos, ¿no? Además, los niños hasta los siete años sí están muy ligados energéticamente con su madre, pero no es coincidencia que él ya va a cumplir ocho: justo después de los siete empieza la influencia del padre.

Esas palabras fueron para mí no sólo un bálsamo, un salvavidas, sino, sin lugar a dudas, lo que me ayudó a no aventarme a las vías del tren en ese momento de regreso a Barcelona.

Pero lo que vino después ha sido una de las más grandes lecciones que la vida me ha dado. Mi pequeño guerrero eligió no sufrir. Desde el primer día que le entregaron sus muletas, llegó a mi cuarto muy emocionado diciendo: "Si no voy a poder ser el mejor futbolista, seré el mejor andando en muletas". El brillo de sus ojos nunca se apagó. Con unos pantalones enormes, empezó a entrenarse en natación y en bicicleta, que eran parte de su rehabilitación. Cuando íbamos en el coche componía y cantaba canciones con letras inspiradoras que lo ayudaban a salir adelante.

Con toda la tristeza del mundo, cancelé mi participación en la obra de teatro. Me convencí de todas las formas posibles de que eso, sí, también eso, era para mi propio bien, aunque me costaba trabajo creerlo…

Cuando regresamos a México, otro doctor lo revisó. No lo habíamos podido consultar como la primera ni como la segunda opción porque había salido del país. La noticia que él nos dio fue una enorme sorpresa. Nos dijo que podría hacer su vida normal, que volvería a jugar futbol, que los niños ya no necesitaban tener tantos cuidados para poder restablecerse. Así es como mi hijo recuperó lo que más amaba en la vida, pero además había descubierto otros gustos, y ésa fue la gran lección.

Mi pequeño me enseñó cómo enfrentar los desafíos, a aceptar lo que la vida nos da, invitándonos a no sufrir y seguir adelante. Pero, sobre todo, me enseñó que todos tenemos nuestro ÓN. Esa fuerza que sacamos y que nos levanta del piso cuando todo parece estar perdido. Gracias a esta experiencia, pude descubrir y activar el mío.

Dicen que no sabes lo fuerte que eres hasta que ser fuerte es tu única opción, y eso fue exactamente lo que sucedió. El día que decidí hacer las maletas y emprender el viaje, todo cambió.

¿Y sabes qué es lo mejor de todo esto? Que tú también tienes tu ÓN. Sólo necesitas ser consciente de ello, conectarte con él y activarlo cuando lo necesites.

Conecta con tu "ÓN"

¿Qué es el ÓN?

Según el diccionario de la lengua mexicana de Ingrid, ja, ja, ja: *mujerÓN* proviene de la raíz griega ÓN. O sea, es el fundamento básico de un mujerÓN.

Es ese poder interior que todos tenemos, pero que no siempre usamos. Es esa fuerza que nos mueve, que nos impulsa, que nos guía y nos protege. Y a la cual, sin duda alguna, los niños están muy conectados.

Es nuestra capacidad para hacer que las cosas sucedan de acuerdo con nuestra voluntad. Es nuestra facultad de ser los creadores de nuestra propia vida y elegir lo que deseamos experimentar. Es una manera de afrontar la vida. Es una decisiÓN, una especie de confianza que nos impulsa.

Tu ÓN es eso que te ayudó a poner límites, a decir "¡Ya basta! ¡Yo no merezco esto!" cuando estuviste ante una situación injusta o violenta. También te ayudó a levantarte cuando sentías que no tenías fuerza ni para respirar. En mi caso, mi ÓN me impulsó para hacer mis maletas y tomar el avión con mis hijos.

Los libros sobre las enseñanzas de Don Juan de Carlos Castaneda son sabiduría pura, y lo que él describe como "poder personal" yo lo llamo el ÓN. En *Viaje a Ixtlan* dice:

"El poder personal es un sentimiento. Algo así como tener suerte. O podríamos llamarle un talante, un ánimo. El poder personal es algo que se adquiere a través de toda una vida de lucha.

"No importa cómo lo hayan criado a uno. Lo que determina el modo en el que uno hace cualquier cosa es el poder personal. Un humano no es más que la suma de su poder personal, y esa suma determina cómo vive y cómo muere".

Hablar del ÓN me recuerda a Malala Yousafzai, a quien atacaron brutalmente cuando era una niña por querer estudiar. ¿Qué fue lo que no sólo la mantuvo viva, sino que la impulsó a luchar por los derechos de los demás niños? Su ÓN, sin duda.

Por eso, te quiero compartir un fragmento de su discurso cuando recibió el Premio Nobel de la Paz en 2014 a los 17 años, convirtiéndose en la persona más joven en ganar este galardón en cualquiera de sus categorías.

La gente habla de mí de diferentes maneras. Algunos me conocen como la niña a la que dispararon los Talibán; otros, la joven que lucha por sus derechos. Pero lo único que sé es que soy sólo una persona comprometida y testaruda que quiere ver cómo todos los niños reciben educación de calidad, que quiere igualdad de derechos para las mujeres y que quiere paz en todos los rincones del mundo.

La educación es una de las bendiciones de la vida. Recuerdo cómo mis amigas y yo decorábamos nuestras manos con henna en ocasiones especiales. En lugar de dibujar flores o diseños, pintábamos nuestras manos con fórmulas matemáticas y ecuaciones. Teníamos sed de educación y nos sentábamos allí con los ojos llenos de grandes sueños.

Y nuestros sueños maravillosos se convirtieron en pesadillas.

La educación pasó de ser un derecho a ser un delito. Al cambiar de repente mi mundo, cambiaron también mis prioridades.

Tenía dos opciones. Una era callarme y esperar a que me matasen. La otra, hablar alto y que me matasen. Entonces, elegí la segunda opción. Decidí hablar alto.

Que sea la última vez que un niño se quede fuera de la escuela. Y que construyamos un futuro mejor aquí y ahora. Gracias.

¿Puedes sentir su ÓN? El ÓN sólo se puede sentir desde tu propio ÓN.

Otro ejemplo es el de la activista del cambio climático Greta Thunberg, que a sus 16 años tiene su corazón conectado con el dolor de la tierra y el daño que como humanidad les hemos provocado a nuestros recursos naturales. Y así, con todo su ÓN, se dirigió a los líderes mundiales en la Cumbre de Acción

Climática de la ONU en la ciudad de Nueva York. Te comparto un fragmento de su mensaje:

> La gente está sufriendo. La gente está muriendo. Los ecosistemas enteros se están derrumbando. Estamos en el comienzo de una extinción masiva, y de lo único que saben hablar es de dinero y de cuentos de hadas para el eterno crecimiento económico. ¡Cómo se atreven!
>
> Durante más de 30 años, la ciencia ha sido muy clara. ¿Cómo se atreven a seguir mirando hacia otro lado y venir aquí diciendo que están haciendo lo suficiente, cuando la política y las soluciones necesarias aún no están a la vista?
>
> Dicen que nos escuchan y que entienden la urgencia. Pero si realmente entienden la situación, y siguen sin actuar, eso sería diabólico. Y me niego a creerlo.
>
> El mundo está despertando. Y el cambio está llegando, les guste o no. Gracias.

¿Lo sientes? ¿Sientes su ÓN?

Así que cuando te sientas más tú que nunca, cuando estés al máximo de tus capacidades, cuando te sientas segura, cuando tu creatividad esté ON fire, ya lo sabes: es porque estás entrañablemente conectada con tu ÓN.

Un mujerÓN debe entrenarse en el arte de conectar con su ÓN. En el capítulo de rituales te doy algunas ideas. También puedes visitar ingridcoronado.com.mx para más información.

Capítulo 14. Tu ¡Yei!

Mi estado de ánimo cambió, deseando que todos los demás fueran felices

Mi risa es mi espada, y mi alegría, mi escudo.

MARTÍN LUTERO

Un mujerÓN tiene una mente ÓN, un cuerpo ÓN (no hablo de estatutos de belleza, sino de salud y fuerza) y tiene una postura ÓN ante la vida. Uno de los trucos para lograrlo es mantener el estado de "¡Yei/Yeiii!".

Mi hijo Paolo me dijo hace algunos años: "Ma, tú a todo le encuentras el lado positivo; en una pared negra siempre encuentras el punto blanco. Si me caigo, me preguntas: '¿Cómo es tu raspada, cuadrada o redonda?'. Y cuando te digo redonda, me dices: '¡Ah, qué bueno!, porque las redondas son de buena suerte, ja, ja'".

Si eres mamá, tienes que saber que tus hijos te están observando todo el tiempo, y comenzarán a tener una postura ante la vida de acuerdo con la tuya. Y si no eres mamá, tú te estás observando a ti misma también. Por eso a todas nos conviene intentar verles siempre el lado bueno a las cosas.

¿Y cuál es mi la postura ante la vida?

Ser feliz, hacer lo que me gusta, compartir mi tiempo con quien amo y que la alegría surja dentro de mí.

Creemos que sólo nos podemos alegrar cuando nos pasan cosas buenas en la vida, pero ¿qué ocurre si te digo que puedes entrar en ese estado de gozo sin importar si las cosas salen "bien" o "mal"?

Manteniendo el estado de ¡Yei!, puedes lograr que las situaciones y personas no afecten tu alegría, paz y tranquilidad internas. Ésa es la mayor de todas las libertades.

Por eso quiero compartirte cómo descubrí mi estado de ¡Yei!

Llevaba mucho tiempo intentando vender una casa. Mi situación económica no era buena porque había estado dos años sin trabajo, y esa inestabilidad me causaba mucha angustia. Durante todo ese tiempo pensaba: "Cuando se venda la casa y esté tranquila económicamente, ahora sí voy a ser feliz".

Dos años después, por fin se vendió. La sorpresa fue que me sentí muy contenta un día, y al siguiente me sentí exactamente igual que antes. Por más que mi familia me intentaba de convencer de que todo estaba bien, e incluso yo misma me mentalicé todo el tiempo de que debía estar feliz porque ahora sí tenía un colchoncito de dinero en el banco y ya no tenía razones para estar estresada. Sin embargo, había una fuerza interna dentro de mí que me jalaba hacia un estado de tristeza y depresión.

Llevaba varios días en que me costaba trabajo levantarme de la cama en las mañanas, me daba mucha flojera empezar con mis prácticas espirituales, con mi ejercicio, como si incluso eso que me encanta hacer se hubiera convertido en un gran peso sobre mi espalda.

Como ya era costumbre, cuando me sentía triste o deprimida, siempre lo atribuía a mi situación económica o a mi soltería. En esta ocasión, a lo segundo.

Aunque mi terapeuta Mónica hacía todo lo posible por convencerme de que no llevaba siete años sola, porque los primeros cinco había estado sobreviviendo, intentando salir de una situación sumamente fuerte, y que en ese entonces yo no estaba en condiciones de tener pareja, para mí, cada día y cada hora de esos siete años contaban. Extrañaba enormemente el contacto físico, y deseaba con todo mi corazón poder tener intimidad con una persona, pero simplemente no llegaba a mi vida aún.

Muchas veces dramatizaba con la idea de "Todo el mundo tiene pareja, menos yo. Todo mundo es feliz con su pareja, menos yo". Aun cuando me daba cuenta de forma muy consciente de que muchas de esas parejas sólo aparentan ser felices, que esa supuesta felicidad está completamente alejada de la realidad. Incluso así, yo me victimizaba con la idea de "¿Por qué todos menos yo?".

Hasta que un día, cansada de sentirme igual, y a pesar de tener el mismo desgano de siempre, tome la decisiÓN de hacer todo lo posible, todo lo que estuviera en mis manos para cambiarlo.

Así que me levanté de mi cama, me puse mis *bikers* para andar en bici, y me fui a dar una vuelta. Cuando iba pedaleando pensé: "Si yo no puedo ser feliz, voy a desear que las demás personas lo sean".

En mi camino, encontrando gente en la calle, iba al modo de hada madrina, como si trajera una varita mágica en mi corazón, deseándoles que fueran felices, que se sintieran en paz y tranquilos. Y así lo hice de uno en uno: primero una señora paseando unos perros, después una pareja con las bolsas del mandado, luego pasé por una construcción donde había varios albañiles desayunando con música… y a todos les deseé felicidad, tranquilidad y paz.

La sorpresa para mí fue que para cuando llegué a mi casa, mi estado de ánimo había cambiado radicalmente. ¿Cómo es posible que por el simple hecho de desear que la gente sea feliz puedo yo sentirme más feliz?

Chade-Meng Tan, en su libro *Joy on Demand*, dice que el 50% de nuestra felicidad es genética, y que sólo el 3% tiene que ver con lo que nos sucede en la vida. Por lo tanto, tenemos un 47% con el cual podemos jugar, y ese 47% lo podemos entrenar para ser felices. Como ya hemos comentado antes, pero igual te lo recuerdo, la meditación, por ejemplo, es una de las prácticas que nos pueden ayudar considerablemente a entrenar ese músculo del amor y la felicidad en nuestro cerebro, aunque no tengamos razones "tangibles" para sentirnos bien.

Y así es como comencé a descubrir lo que yo llamo mi "¡Yei!".

Llevaba años usando esta expresión cuando las cosas salían bien en mi vida. Ya tengo trabajo: ¡Yei! Ya tengo una nueva oportunidad: ¡Yei! Me van a presentar a alguien: ¡Yei! La usaba como una reacción a algo afuera de mí.

Pero ¿qué pasa si yo misma lo provoco? ¿Y si pruebo moverme y luego mantenerme en mi ¡Yei! el mayor tiempo posible durante el día? Vamos a ver qué pasa…

¿Y qué es exactamente mi ¡Yei!?

¡Yei! es un estado de gozo y alegría interior, cuando estás centrada y aterrizada, cuando te sientes feliz, cuando eres capaz de apreciar y valorar los pequeños detalles de la vida, cuando te das ese espacio para contactar con tu corazÓN. Es ese lugar de conexiÓN profunda con el ser que eres y el universo. Ahí estás en paz y tranquila, sientes amor y plenitud.

La buena noticia es que tú puedes acceder a tu ¡Yei! cuando quieras.

¿Cómo descubres tu ¡Yei!?

Con cuatro sencillos pasos:

1. Respira

Vale la pena que aprendas a tomarte un respiro durante el día. Estamos acostumbradas a estar del tingo al tango y nos olvidamos de respirar.

Puede ser tan simple como tomar aire y soltarlo conscientemente. Es como si fuera una meditación exprés. Date cuenta de cómo con hacerlo una sola vez obtienes sus beneficios, te ayuda a regresar al presente y tienes la oportunidad de estar mejor.

Novak Djokovic, uno de los mejores jugadores de tenis de las últimas décadas, dice que, a través de la meditación consciente entre punto y punto, puede mejorar drásticamente su rendimiento en el campo. Me atrevo a decir que ése debe ser uno de los secretos mejor guardados de Novak para convertirse en campeón del Grand Slam.

2. Sonríe

Ahora comenzarás a practicar una técnica de sanaciÓN taoísta que se llama "sonrisa interior".

Cuando sonreímos, nuestro cerebro interpreta que sentimos satisfacción. Al captar esta sensación, el cerebro emite vibraciones positivas que se propagan por el cuerpo. Por si no lo sabías, cuando sonreímos liberamos dopamina y serotonina, que relajan todo nuestro organismo hasta el punto de bajar la tensión arterial. Asimismo, la serotonina es una hormona que nos ayuda a tener buen humor y a alejar la depresión de nuestra vida. Al sonreír aumentamos la actividad en la glándula tiroidea, por lo tanto, sentimos menos estrés.

Según la tradición taoísta, cuando sonreímos, nuestros órganos son capaces de segregar una sustancia que alimenta a todo el cuerpo. Por el contrario, las emociones como el miedo o el enojo harán que la energía quede bloqueada y la salud de nuestro cuerpo se vea afectada.

Cuando nos sonreímos a nosotros mismos es como si estuviéramos dejándonos acariciar, y esto se traduce en salud y bienestar.

Puedes hacer la práctica completa que consiste en una meditaciÓN que va llevando luz y sonrisa a todos los órganos del cuerpo. Hay videos en www.ingridcoronado.com.mx. La forma en la que yo la practico me ha ayudado enormemente a sentirme bien, a relajar los músculos de mi cara y cuerpo, y a estar más presente durante el día. ¡Te la comparto!:

Cierra los ojos, toma tres respiraciones profundas, e intenta sonreír internamente; no hagas un gesto con la boca o la cara, es sólo un sutil movimiento interno. Siente cómo se hace agua en la boca cuando te relajas. Si sigue seca, imagina que pruebas el jugo de un limón, verás cómo se humedece al instante. Es una postura activa, y se trata de sostenerla y evitar que la costumbre de estar tensa te arrastre.

¡Yei! te ayuda a cambiar de modo miedo a modo amor. Y es una forma de regresar al presente.

3. Relaja

No te das cuenta de que estás tensa hasta que pones atención en relajarte. A veces con el solo hecho de hacerlo consciente, sientes que tu cuerpo se hace como flan. La mandíbula, por ejemplo, es un lugar que acostumbramos tensar. Hay otras dos puertas que tendemos a cerrar y tensar de forma inconsciente, y que si nos conectamos a ellas podemos tener beneficios enormes: el esfínter y el ano.

El esfínter es la puerta de tu vagina. Generalmente lo tenemos tenso, o abierto. Y es superimportante aprender a abrirlo cuando queremos conectar con alguien y cerrarlo cuando queremos mantener nuestra energía circulando dentro de nosotras. Prueba cerrarlo suavemente, sin tensar, como cuando cierras los labios de la boca.

Los yoguis lo llaman banda, y recomiendan tenerlo cerrado cuando practiques yoga. En la tradición china le llaman *hui yin* y recomiendan también cerrarlo cuando practiques qigong.

El ano lo tenemos casi siempre cerrado y apretado, y cuando estamos en situaciones difíciles, más. Es como el corazón, que creemos que si lo cerramos nos estamos protegiendo. Tensar el ano no nos protege de nada, por el contrario, nos tensa. Prueba apretarlo a voluntad y luego soltarlo, podrás notar una gran diferencia al tenerlo relajado.

4. Suspira

Mi abuelita decía que debíamos suspirar más seguido. "Suspira cada que te acuerdes, mijita", eran sus palabras.

Suspirar es un hábito de las mujeres en muchas culturas alrededor del mundo. Esta sabiduría la llevamos inscrita en cada una de nuestras células.

La forma correcta de suspirar es tomar aire y luego soltarlo con la boca abierta y relajada, diciendo: "Aaaaaahhhh...", expresado como un suspiro. Verás qué sencillo y a la vez liberador es. Si alguien te escucha, seguro te dira: "No sufras", y aquí es donde internamente te ríes un poco.

Suspira para soltar tensión abriendo bien la garganta y el corazÓN.

Mi amigo, el Dr. Rubén Poplawsky, autor de *Una curación completa*, siempre dice: "Suspira antes de decir 'bien' cuando te pregunten '¿cómo estás?'. Esto ayudará a que haya sincronía entre lo que dices, tu realidad y el universo".

Sin duda, suspirar ayudará a entrar a tu estado de ¡Yei! Intenta sostener esta postura de relajación y gozo todo el día.

Cuando practico yoga, sobre todo en las posturas más incómodas, es cuando más atención pongo en relajar mi entrecejo y sostener mi ¡Yei!

Verás cómo con el tiempo no sólo la cara se te relaja muchísimo y la piel comienza a rejuvenecer, sino que también la sensación de bienestar en el cuerpo comienza a aumentar. Tu estado ¡Yei! permanecerá más tiempo en tu vida.

Después de los cuatro pasos básicos, estás lista para sentir tu ¡Yei!

A lo mejor necesitas un poco de inspiración: imagina a un bebé, la sonrisa de tus hijos, el brillo de los ojos de alguna persona que ames o un animalito. Ahora, conecta con esa sensación y permanece en ella.

Esta práctica te ayudará a salir del modo mecánico en el que generalmente vives, para entrar al modo orgánico de la vida. Y ese modo orgánico sin duda es tu ¡Yei!

El ¡Yei! es ese estado de alegría sostenido. A lo mejor sientes como un pequeño motorcito dentro de ti, o ves colores o a veces son pequeños escalofríos que recorren tu cuerpo.

Con el tiempo prueba hacerlo con los ojos abiertos, para que se convierta en un estado permanente de tu ser que te acompañe durante el día.

Sostén tu ¡Yei! mientras haces otras actividades. Tu ¡Yei! es una postura activa: sonreímos internamente para aliviar la tensión. Recuerda que, si sueltas la postura, serás arrastrada fuera de ella.

También puedes "actuarlo" para que se vuelva realidad. Amy Cuddy es una autora muy reconocida. Su Ted Talk es el segundo más visto de la historia. En su libro *Presence* dice que el lenguaje corporal moldea nuestra identidad. Y nos propone "Fake it until you make it" (actúalo hasta que lo logres). Por otro lado, el Dr. Poplawsky dice "Fake it until you feel it" (actúalo hasta que lo sientas), y me gusta aún más.

Si estás triste y caminas con los hombros hacia delante, lo más seguro es que te deprimas aún más. Por el contrario, si pones atención en elevar los hombros, luego los llevas hacia atrás y los bajas, estarás en una postura mucho mejor para levantar tu actitud.

Elevar los brazos en postura de triunfo te ayuda a estar en estado de ¡Yei!, esa postura es natural. Dicen que incluso las personas invidentes, que nunca han visto a los demás hacerlo, lo hacen naturalmente.

Lo puedes ver también como un entrenamiento del ¡Yei! Cada que alguien te exaspere, velo como una oportunidad para regresar a tu ¡Yei!, de fortalecerlo y hacerlo crecer hasta que se vuelva ¡Yeiii!, y permanece ahí la mayor parte del tiempo que puedas.

Admite tus miedos, permite lo que te hacen sentir, pero después actúa como si estuvieras muy feliz. Verás cómo se levanta tu *mood* y te conectas con tu ¡Yei!

Tendrás que practicar mucho para sostener tu ¡Yei!, pero recuerda que estar en este estado es parte fundamental no sólo de ser feliz, sino tarea esencial de un mujerÓN.

Enemigos de tu ¡Yei!

Durante mucho tiempo estuve muy enfocada en verme lo mejor y más joven que se pudiera, como si ser joven fuera lo máximo a lo que una mujer puede aspirar. Pero por fin aprendí que, entre más grande eres, sabes más, y entre más sabes, más bella eres. Creía que entre mejor me viera, más me querrían. Ahora sé que un señorÓN se enamora de un mujerÓN, no de una mujer que sólo es bonita.

Pero con la tensión de los eventos que sucedían en mi vida, las marcas en mi frente eran cada vez más pronunciadas, mis ojos estaban muy hinchados y caídos de los lados, y por más que hacía mis rutinas de hidratación y limpieza, seguía teniendo esa sensación de "¡estoy envejeciendo!".

Las marcas de mi entrecejo eran lo que más me afectaba; cada vez se hacían más profundas y marcadas. Un día escuché a una *influencer* decir que son las "marcas de la mal cogida", por lo que tomé cartas en el asunto y rápidamente me puse bótox, para que "no se notara". El precio a pagar fue que de entrada me dejaron dos moretones horribles y una semana después, mataron mi expresión de la cara.

Esos días tenía programado un curso de tantra en Tepoztlán. Cuando llegué y me vieron con las marcas como si fuera jugadora de futbol americano, me preguntaron qué me había pasado. Cuando les dije que había sido el bótox, la respuesta de Sasha, la maestra, fue no sólo contundente, sino que me ayudó a jamás volver atentar en contra de mí de esa manera: "No entiendo por qué las mujeres viven obsesionadas por las arrugas. Un hombre te amará no por cómo te ves, sino por lo que sienta por ti. Deja de hacerte daño, por favor".

¡Más claro ni el agua!

Para convencerme de no volver a hacerlo, me planteé algo relevante. Algunas culturas dicen que el entrecejo es un centro de poder muy importante, que ahí está el tercer ojo, el centro de nuestra intuición. ¡Y yo estaba paralizando mi guía con bótox para que no se notara cuando estaba tensa! Si paralizáramos la antena de una hormiga, perdería dirección, y eso era justo lo que estaba pasando con mi vida. Así que dejé de hacerlo por unos años.

Pero luego algo pasó que volví a verme con muchas arrugas en el espejo.

Empecé a buscar formas de solucionarlo como masajes, *face yoga*, aceites esenciales, faciales, tratamientos no invasivos, radiofrecuencia, y si bien sí me servían, no terminaban con mi "problema". Desde que me despertaba en la mañana, el ceño fruncido se seguía marcando mucho.

Muchas veces estuve tentada a hablarle a un cirujano plástico para que, por medio de algún método, sin importar si era invasivo, arreglara mi problema. Estuve un par de meses de "sólo por hoy no hago cita".

En gran medida, también responsabilizaba a mi envejecimiento por no encontrar pareja. O sea, no tener pareja era el causante de todos mis males, según yo. Si, ya sé que suena absurdo, pero eso hacemos, buscar "razones" por las cuales somos infelices.

Estamos acostumbradas a solucionar todo intentando controlar o cambiar las cosas, y eso nos aleja de la aceptación y de nuestra tranquilidad. Si alguien nos cae mal, lo bloqueamos en el celular; si alguien nos cae bien, le damos *like*. El problema es que solemos hacer eso con nuestras emociones. Bloqueamos y suprimimos lo que no nos gusta, creyendo que así llegarán las emociones a las cuales les podemos dar *like,* cuando en realidad todos los tipos de emociones necesitan manifestarse, ser vividos, sentidos.

De pronto me encontré una foto de cuando era niña y me di cuenta de que mis ojos siempre han sido así, papujos, ¿por qué ahora me molestaban?

Ahí recordé que cuando conocí a Eduardo Osegueda, mi maestro de zhineng qigong, me llamó mucho la atención lo joven que se veía. Sabía que era más grande que yo, pero su piel ¡no tenía ni una arruga! Al terminar el curso le pregunté cómo le hacía para tener tan lisita la frente y el entrecejo, y me respondió: "Es mi postura ante la vida".

Siempre he sido consciente de que te ves como te sientes. Si no me gusto en el espejo es porque algo más no va bien: puede ser la forma en la que me trato o permito que me traten, o que me estoy exigiendo o esforzando mucho… pero por más que revisaba, me parecía que en esta ocasión estaba haciendo lo correcto y aun así me seguían molestando esas arrugas. Hasta que me cayó el veinte de lo que ahora puedo decir que es el pilar fundamental de todas mis prácticas: mi estado de ¡Yei!

Trabajamos muy duro para anestesiar nuestros miedos, y lo hacemos a través de la comida, romances, "amor", trabajo, drogas, sexo, chismes, televisión y cualquier cosa para evitar lidiar ellos. Y eso nos genera mucha ansiedad. Lo que nos quita mucha energía es la resistencia y la preocupación.

Estamos en una constante lucha por cómo deberían de ser las cosas en lugar de relajarnos y confiar en el flujo de la vida. Y sí, fruncir el entrecejo podría ser la señal de que estoy en modo NO ¡Yei!, lo cual me provoca esas marcas tan profundas.

Así que me pregunté: "¿Qué pasa si en lugar de bloquear eso que no me gusta lo utilizo como un indicador que me ayude a estar cada vez más atenta y presente?", "¿Y si le doy prioridad a sentir cada que esté frunciendo el entrecejo como señal de que me estoy tensando, para así relajarme?".

Al poner atención a ese detalle me di cuenta incluso de otras mañas, como que masticaba los alimentos poco, y sólo del lado derecho de la boca. Eso a la larga me traería problemas dentales, sin duda.

Así que me comprometí conmigo misma a descubrir qué me estaba pasando internamente que provocaba que mi percepción sobre mí no fuera buena. Primero tomé la decisión de conquistarme a mí misma, enamorarme de mí misma, de no intentar solucionar el asunto físico, sino la forma en la que yo me percibo. Mi amor propio no se mide por la profundidad de mis patas de gallo.

Comencé un proceso de habitar mi propia piel. Una mujer habitada es consciente de su potencial. Si sé que el problema está en los pensamientos que tengo de mí misma con respecto a mi físico, ¿qué pasa si los cambio?

La mayoría de las mujeres que conozco, cuando se toman una foto, se quejan de que no les gusta cómo salen, siempre tienen miles de razones para decir: "¡Salí horrible!", lo cual nunca es cierto.

Por eso quiero compartirte EL GRAN DESCUBRIMIENTO para que te guste cómo sales en las fotos.

Si conectas con tu ¡Yei! cuando te tomen una foto, descubrirás que te gusta mucho más cómo sales. Prueba además proyectar ese ¡Yei! a través de tus ojos. La cámara captará lo que sientes y por lo tanto brillarás. Créeme que, si lo practicas, te vas a sorprender con el resultado. (Aquí es cuando te vuelvo a guiñar el ojo).

Recuerda practicar tu ¡Yei!, y para eso te comparto este mantra que te puede ayudar:

Es más sexy una mente brillante y entrenada que una piel joven y un cuerpo esculturalmente trabajado.

Queda claro, ¿verdad? Yo no sólo comencé a repetirlo cada que podía, sino que lo hacía sosteniendo mi estado de ¡Yei! para que se quedara grabado en mi alma. El tiempo que le resté a faciales y entrenamientos en el gimnasio se lo sumé a horas disponibles para leer y estudiar. Lo que me llevó a darme cuenta de que entre más cosas sé, trabajo y conozco de mí, mientras más descubro mis capacidades y entreno mis talentos, menos me importa cómo me veo.

Niveles de ¡Yei!

Primer nivel

El primer nivel es *¡Yei!* = Yo En Inspiración.

El estado de ¡Yei! lo tienes que practicar mucho. Tu costumbre de estar atrapada en emociones negativas va a intentar arrastrarte constantemente. Y no lo vas a permitir, ¿verdad?

Cuando tengas pensamientos negativos, emociones negativas, ánimo bajo o mal humor, regresa a tu estado de ¡Yei!

Especialmente con todo aquello que te aleje de tu felicidad. Desde tus emociones hasta las ideas que tienes con respecto a tu físico.

Segundo nivel

Yo En Inspiración Interna Inagotable: ¡Yeiii!

A medida que sostengas tu ¡Yei! más tiempo, comenzarás a sentir tu ¡Yeiii! más fácilmente.

Aquí te comparto otra forma de descubrirlo.

Estaba en mi cama un sábado en la mañana. Mis hijos se habían ido con su papá, y yo estaba sola con mi perro Jagger. Me había desvelado la noche anterior en la celebración del examen profesional de mi hermano. Cuando abrí los ojos, vi que eran las 11 a. m., me levanté de un salto y corrí a decirle a mi perro que me diera dos minutos, que me iba a vestir para llevarlo al parque para ir al baño. Mis pensamientos comenzaron a maldecir el hecho de tenerme que vestir cuando estaba molida, pero era algo que TENÍA que hacer.

Así que con un poco de mala gana, le puse su correa y lo llevé. Su entusiasmo era absoluto, y ya de camino, cuando me jalaba para que fuera más rápido, me comenzó a dar risa.

Ya en el parque, después de hacer sus necesidades, comenzó a brincar mientras trataba de agarrar su correa con una alegría increíble. Así que estando ahí, busqué la manera de estar en mi ¡Yeiii! Por eso me quité mis tenis y calcetines, comencé a caminar descalza en el pasto, a sentir admiración por todo lo que veía. Los colores de las hojas de los árboles, las gotas de rocío en las flores, el aire acariciando mi piel porque estaba un poco fresca mañana, los sonidos de los pájaros… De pronto, bajé mi mirada y pude observar un honguito en el pasto: empecé a observar la perfección de sus pequeños filamentos, el espectáculo era realmente bello.

Ahí me di cuenta de que tener la capacidad de disfrutar de la belleza de la naturaleza nos ayuda a mover nuestra mente de las trivialidades de la vida. Cuando somos capaces de admirar el ¡Yei! de los animales, las plantas, los árboles, como consecuencia nos podemos conectar con nuestro propio ¡Yeiii!

Otra técnica que utilizo y es muy efectiva consiste en hacer circular mi energía con los árboles. Se trata de que te pares a la altura de donde termina la copa, donde las ramas bajan un poco; ahí comienza a hacer circular tu energía imaginando que de las raíces de los árboles ésta entra por tus pies, por tu vagina, y sube y sale por la coronilla de tu cabeza, se conecta con la copa del árbol, baja por el tronco hasta las raíces y luego otra vez sube por tu cuerpo.

Para limpiarte haz este mismo movimiento, pero al revés. La energía baja por la copa del árbol, entra en tu coronilla y sale de tus pies para conectar en sus raíces y subir por el tronco. Así en círculo dando vueltas. No olvides agradecerle por haber compartido su energía y sabiduría milenaria contigo.

También se trata de abrirte y estar dispuesta a recibir todas las bendiciones que el universo tiene para ti. Así que alza los brazos hacia el firmamento todo lo que puedas. Abre el cuerpo, el corazón y el alma para recibir toda esa abundancia que está disponible para ti.

Como decía un filósofo romano:

> *Habita la belleza de la vida, observa las estrellas,*
> *e imagínate corriendo con ellas.*
>
> MARCO AURELIO

¿Se puede estar en modo ¡Yei! o ¡Yeiii! cuando las cosas no van bien?

Justo ése es el punto. Cuando las cosas no van bien tienes oportunidad de entrenar tu ¡Yei! Es un lugar al que puedes ir en cualquier momento, y cuando las cosas no van bien, es cuando resulta más importante que te conectes con él.

Una vez que experimentes tus modos ¡Yei! y ¡Yeiii!, comenzarás a reconocer a las personas que también están en ellos. Es como si al vibrar igual que otras personas no sólo se acercaran a tu vida, sino que las pudieras reconocer con claridad.

Podrás ver que es gente centrada, tranquila y conectada con sus necesidades y deseos. A veces serán artistas; otras, maestros o líderes; algunas más serán personas que defienden los derechos no sólo de ellos mismos, sino de su comunidad. Si les pones atención, podrás notar su estado de ¡Yei!

Así que ya lo sabes, un mujerÓN se mantiene en su ¡Yei! o en su ¡Yeiii! Los activa todo el tiempo, especialmente cuando las cosas no van bien.

Cuando eres impulsada por tu ¡Yei!, no es cuestión de dinero, ni de ego, ni de fama, ni de poder, es cuestión de actitud ante la vida. Y un mujerÓN es, sin duda, una maestra de su ¡Yei!

Capítulo 15. Amor

El amor de tu vida eres tú

*Amarse a uno mismo es el comienzo
de un romance de por vida.*

OSCAR WILDE

Cómo me odio

De todas las fuerzas del universo, la más poderosa es el amor. Y de todos los conceptos de este libro, del que te voy a hablar a continuación, el amor, es el más importante de todos. Sin él, nada de lo que te he dicho aquí funciona. Porque un mujerÓN, primero que nada, se ama a sí misma.

Si no te amas a ti misma, no podrás dar amor de forma genuina. No se puede dar lo que no se tiene. Y, por ende, no atraerás el amor verdadero.

Parece obvio, ¿no? Sin embargo… ¿Por qué parecería que las mujeres nos odiamos más que amarnos?

Si te dejas influenciar por lo que se supone que debería gustarte, estarás silenciando tu propia opinión. Corres el riesgo de construir tu amor propio basado en algo que no eres. Por lo tanto, cuando te rechazan, intentas mejorar tu disfraz para agradar a los demás, mientras te alejas de tu versión más real y de tu máximo potencial.

La necesidad de ser amada a cualquier precio,
de ser querida y aceptada, te lleva a no poner límites
porque crees que al ponerlos te arriesgas a que el otro
deje de quererte o se enoje contigo. Esos miedos hacen
que no seas capaz de expresar "no quiero", "no puedo",
"no me gusta", "eso no va conmigo", "no me hace
sentir bien", "no quiero vivirlo", "no lo merezco", "no
te permito". Sin embargo, el dolor del abandono y el
rechazo de tu infancia te llevan a interpretar los límites
como un abandono, un no me importas.

ANAMAR ORIHUELA
Hambre de hombre

Así es como aprendimos a odiarnos.

No permitas que el ruido de las opiniones ajenas
silencie tu voz interior. Y, lo que es más importante,
ten el coraje de hacer lo que te dicten tu corazón y tu intuición.
De algún modo, ya sabes aquello en lo que
realmente quieres convertirte.

DANIEL GOLEMAN

Así que, si no aprendes a ponerte un impermeable ante las opiniones de los demás, si no te deshaces de las mochilas emocionales de las experiencias pasadas que estás cargando, si no te aceptas y te amas como eres, difícilmente podrás ser una mujer plena, un mujerÓN.

Hay tres formas en las que podemos odiarnos: I) odiando nuestro cuerpo, cómo nos vemos; II) a través de relaciones tóxicas o destructivas, y III) autosabotaje o boicot.

I. ¿Cómo odio a mi cuerpo?

En mi caso hubo tres factores primordiales:

1. Me compré una idea de cómo debería verme físicamente para que me acepten y me amen.
2. Si un hombre no me trata bien, creo que tiene que ver con mi imagen.
3. El peso de la imagen guapa y perfecta de mi mamá.

Estos tres puntos provocaron una disminución en mi amor propio.

Éstos también son factores importantes en el padecimiento de desórdenes alimenticios como la anorexia, la vigorexia o la bulimia.

Cuando tenía como 14 años, mi cuerpo comenzó a cambiar; los chavos comenzaban a fijarse en mí, lo que hizo que despertara en mí un interés especial por mi aspecto físico.

A pesar de que en esa época no había tantos trucos para arreglar las fotografías, las revistas y los medios de comunicación publicaban a mujeres que a mis ojos eran no sólo espectaculares, sino perfectas. Por eso comencé a "cuidarme" con la intención de acercarme un poco más a esos estándares de belleza.

Si bien era una niña chula, era un poco panzoncita y no tenía tan buenas curvas como yo soñaba, pues... ¡apenas tenía 14 años!

Hoy en día, gracias a los filtros y al Photoshop que muestran cuerpos y caras irrealmente perfectas por todas partes, hay mujeres que viven atormentándose toda su vida por no verse como quisieran. ¿Cuántas conoces que desearían cambiar su nariz, su color de piel, o las proporciones o formas de su cuerpo, y eso es un tormento todos los días?

Millones de mujeres en el mundo se operan y se someten a tratamientos invasivos todo el tiempo con tal de verse de otra manera, porque los medios de comunicación nos han dicho de mil formas que, si nos vemos perfectas, seremos queridas y felices, y si no, no.

A los 15, comencé a salir con un chavo que era el guapo y popular de la escuela, y al poco tiempo se me declaró. Así comenzamos un romance en el cual primero nos besábamos, y después él tocaba mi cuerpo y yo el suyo. A medida que las interacciones subían de tono, él comenzaba a acercar su pene hacia mí y lo rozaba con mis jeans. Y aunque los dos siempre estábamos vestidos, la sensación era fascinante, linda y a la vez excitante. Él me decía que si me gustaba cómo se sentía su miembro al rozar mi pubis, me iba encantar tener sexo con él.

Yo no me sentía preparada para dar ese paso, y no porque dudara que eso fuera a gustarme; simplemente quería sentirme segura de que, si lo hacía, sería lo mejor para mí.

Mi mamá se había ido poco tiempo antes de mi casa: se enamoró de un novio que tenía, y mi papá se había quedado roto y desconsolado, por lo que no estaba en condiciones de darme atención, cuidado o amor. Yo sentía que necesitaba cariño, y eso me hacía titubear si estar con mi novio más íntimamente era una buena opción. Pero algo dentro de mí me decía que mejor esperara. ¡Y eso hice!

Cuando le comuniqué mi decisión, simplemente me cortó. Y, además, me pidió que le regresara un anillo que me había regalado.

A los pocos días, él comenzó a correr el chisme de que se había acostado conmigo y que luego me había mandado a volar. Te podrás imaginar la repercusión que tuvo eso en mi imagen y prestigio en la secundaria, así como el trato que comencé a recibir de los chavos de mi escuela a partir de ese momento. A esa edad, los niños que ya se pusieron el saco de patán creen que si ya bailaste la canción de "mi primera vez", entonces tienes que bailar la de la segunda, tercera y cuarta vez con todo el que se te acerque. Por lo que me tenía que dar a respetar constantemente, y cuando lo hacía, me rechazaban.

Hasta que llegó un chavo que se comportaba respetuosa y amorosamente conmigo. Acababa de entrar a la escuela, lo que ayudó enormemente porque no estaba contaminado de mi "mala fama".

Al poco tiempo nos hicimos novios. Podría decir que fue mi primer gran amor. Duramos varios años. Era un chavo confiable y de buen corazón, y fue a él a quien le entregué mi virginidad. Realmente pasábamos grandes y deliciosos momentos juntos. Llegó a mi vida en el momento que más lo necesitaba. Me faltaba mucho amor propio por el vacío enorme que había dejado mi mamá en mi corazón. Y, por supuesto, mi papá aún tenía roto el suyo, por lo que no podía ayudarme con el mío. Por si fuera poco, la mala fama en la escuela también había hecho estragos en mi autoestima. Pero este chavo había encendido en mí una luz de esperanza y realmente me sentía enamorada y feliz.

Un día, aprovechando que mi papá se había ido de viaje con su nueva novia, yo decidí hacer el amor con mi novio en su recámara. No supe bien cómo, pero al regresar de su viaje mi papá se enteró. Estaba furioso y simplemente me sentenció: "¡Eres igual de puta que tu mamá!".

Y así, con todo el dolor en mi corazón, con mi moral destruida, me fui de su casa a vivir con mi mamá. Estaba destrozada, pero nunca pensé que sus palabras se fueran a quedar grabadas en mi mente y en mi corazón por muchos años.

Tiempo después, corté con mi novio, y desde entonces parecía que me había caído una maldición en la que todos los hombres con los que salía me trataban peor que basura. Uno me invitó a salir, y después de pasar por mí, pasamos a recoger a otra chava: o sea, quiso salir con las dos al mismo tiempo. Otros me enamoraban para luego desaparecer de la nada. Así uno tras otro…

Un día me encontré en el antro a un exgalán. Estuvimos bailando y platicando un rato. Mis amigas me avisaron que ya se iban y él se ofreció a llevarme más tarde a mi departamento. Yo acepté. Cuando íbamos de camino, me dijo que tenía que pasar a su casa a recoger dinero para ponerle gasolina su coche. Ingenuamente le creí. Cuando llegamos, me invitó a entrar. Le dije que no, porque además de que estaba cansada, algo me olió mal. Le dije que lo esperaría afuera en el coche, y nunca más volvió a salir. Toqué el timbre y me abrió uno de sus amigos para decirme que ya estaba dormido. Así, decepcionada y humillada, pedí un taxi para regresar a casa.

No es necesario aclarar el golpe brutal que fue esto para mí y en qué nivel estaba mi amor propio, ¿no? A lo mejor podrías pensar que en números negativos después de estas experiencias tan desagradables. Pero yo le daría un "uno" de calificación, porque, al menos, pude darme cuenta y decidir no regalarle a este patán un instante más de mi vida, y menos, la oportunidad de disfrutar de mi cuerpo.

Estas decepciones "amorosas" me llevaron a pensar que lo que me hacía falta para ser más deseada y que los chavos me valoraran más era mejorar mi físico. Mis experiencias con la comida y los desórdenes alimenticios ameritarían otro libro, y quizá lo haga, por ahora sólo te diré que así es como comenzó mi calvario.

Primero, con la alimentación: dietas y dietas, y más dietas. Cada vez más estrictas. Hubo un momento en donde combinaba tres regímenes alimenticios al mismo tiempo. Al dejar de comer todo lo que prohibían los tres, me quedaban sólo siete alimentos en la lista: lechuga, pechuga de pollo asado, claras de huevo, espárragos, espinaca, calabacita y chayote hervido.

Luego, con el ejercicio. Tres horas en el gimnasio, diario, sin días de descanso, sin importar si estaba desvelada o enferma. Pasaba de un entrenador personal a otro.

Y finalmente, con todos los remedios y productos milagro que estuvieran en el mercado. Cremas, ungüentos, máquinas de ejercicio, laxantes, anfetaminas, inyecciones, masajes, tratamientos, cirugías...

El problema era que entre más hacía, más me exigía. Siempre un poquito más. El objetivo era un poquito menos de cintura, un poquito más de pierna, un poquito más de tono... En fin, nunca era suficiente.

Cuando me invitaban a una fiesta o una comida, sufría porque pensaba que "segurito iba a comer algo que no podía y eso me iba a engordar". Tanta exigencia y control hacían que cuando llegaba a algún evento y tomaba algunas copitas, me relajaba tanto que se me olvidaba que estaba a dieta: llegaba a casa y me comía la alacena entera.

Hasta que llegó un punto en el que empecé a subir de peso sin control. Mis jefes en la tele me decían: "Hago lo que quieras con tal de que bajes de peso", "Te pago lo que quieras con tal de que vuelvas a ser delgada". Pero de todo lo que hacía, nada funcionaba. Sufrí muchísimo buscando soluciones, y todo lo que hacía, lejos de ayudarme, me afectaba más y más.

Ahora entiendo que esta obsesión por perfeccionar mi cuerpo era una de las formas en las que lo odiaba. Criticarme y tener hábitos negativos me estaban provocando el problema.

Queremos ser amadas, y creemos que el camino para lograrlo es cambiarnos, por lo tanto, no nos aceptamos como somos y terminamos odiándonos a nosotras mismas.

Si bien nunca fui diagnosticada como bulímica y no necesité hospitalización, sí necesité tratamiento con una terapeuta, porque el desorden alimenticio estaba grabado en mi alma. Y era una feroz e interminable batalla que me alejaba cada día más del amor hacia mí misma.

Cuando eres adolescente y te dicen que tu mamá es la mujer mááás hermosa del planeta, creen que es un cumplido para ti, y no se dan cuenta de que te están poniendo en competencia con ella, y por su edad y por su calidad de madre, tú siempre estás en desventaja. Lo que será una loza que cargarás siempre.

Recuerdo que a mí me decían continuamente que mi mamá no sólo era más bella que un ángel, sino que, además, ¡parecía mi hermana! Ella se inflaba como pavorreal, y a mí cada día me causaba más conflicto la forma en la que me percibía a mí misma. Por más que me esforzara, nunca me iba a ver como ella.

Por eso me levantaba todas las mañanas en el canal equivocado.

Por ejemplo, crecí con la idea de que a los seres humanos no les gustan las personas con sobrepeso, y a los hombres menos. Por eso "¡Aguas con engordar!, los hombres no te van a querer", me repetía constantemente.

Un día estaba comiendo unos sopes con una amiga un poquito más llenita que yo y me dijeron: "Ándale, sigue comiendo, para que la gente diga ¡ahí vienen un par de albóndigas!". Y creen que es un buen chiste, y no tienen idea del impacto que puede tener en nosotras. Otras veces en la escuela me decían que si se me había descosido la falda, haciendo referencia a mis piernas delgadas como si fueran hilos.

Muchas mujeres crecimos creyendo que si no somos bonitas y delgadas no tenemos valor para este mundo. Y somos capaces incluso de poner en riesgo nuestra salud y nuestra vida para lograrlo.

Este problema se puede manifestar en cualquier parte de tu cuerpo: tu talla, tus formas, tu pelo, tu cutis, tu estatura, tus facciones…

Eso, en lo que pones una atención obsesiva, eso que nunca te gusta en tus fotos, es probable que haya recibido un impacto en tu adolescencia y por eso te molesta tanto.

Cuando no sientes tus emociones, intentas controlarlas con lo que comes, convirtiendo tu vida en un jaloneo entre el hambre y dejar de comer. Lo que te aleja cada día más de la experiencia de poder ver tu belleza.

¿Cuántas veces te has sentido tan vacía que has intentado llenarte con comida o con bebida? ¿Te das cuenta de cómo responsabilizas a tu cuerpo hasta por lo bien que te va en la vida, en el trabajo y en el amor?

Tú no eres tu cuerpo. Tu cuerpo no eres tú, aunque tenga demasiada de tu atención.

Si rentas un coche para ir de viaje, ¿pensarías en algún momento que el coche eres tú? No, ¿verdad? Ahora, por otro lado, si fueras a tener un solo vehículo para toda tu vida, obviamente cuidarías de él, ¿no? Te aseguro que lo mantendrías en perfectas condiciones.

Sé consciente de que tendrás un solo cuerpo toda tu vida, cuida de él y de tu salud:

a) Presta atención en la calidad de lo que comes. Por ejemplo, una alimentación basada en plantas le ofrece a tu cuerpo los nutrientes de la fuente principal. Cuando los comemos por medio de los animales, ellos ya se quedaron con muchos nutrientes para poder vivir. Así le ayudamos a nuestro cuerpo y también al planeta. Además, los alimentos provenientes de plantas son principalmente alcalinos, por lo que tu cuerpo será un lugar inhóspito para virus, bacterias y hasta células cancerígenas. Si son orgánicos mejor: no te imaginas el impacto negativo de los pesticidas y fertilizantes en tu sistema inmunológico. Si crees que son más caros, puedes preguntarte en qué quieres gastar tu dinero: en comida de buena calidad o en doctores y medicinas.

b) Haz ejercicio moderadamente: te ayudará no sólo a tener un buen estado de salud y a sentirte bien, sino a tener más energía.

c) Toma suficiente agua simple, por lo menos litro y medio al día. Puedes agregarle una pisca de sal del Himalaya, lo que ayuda también a mantenernos hidratados. Aguas de sabor, refrescos y otras bebidas procesadas no son considerados agua simple.

d) Duerme ocho horas al día, aunque suene a cliché.

Más adelante te comparto algunas prácticas de bienestar que te ayudarán a caminar más ligera por la vida. Para libros, documentales y más recomendaciones, te invito a que visites www.ingridcoronado.com.mx.

Si tuviste una infancia caótica, es probable que la comida se haya convertido en un lugar en donde creías tener algo de control. Si necesitabas amor, creías que podías dártelo a través de la comida. O si tienes sobrepeso, puede ser que te estás protegiendo de algo o de alguien, o protegiéndote de ti misma. Así era mi vida, hasta que después de muchos años de terapias, pude ver que muchas de mis inseguridades fueron provocadas principalmente por los hombres de mi vida. Como si se hubieran puesto de acuerdo para que yo creyera que no valgo.

De alguna manera sé, en el fondo de mi corazón, que mi historia es tu historia, y que a la vez es la historia de muchas mujeres en nuestra cultura que se han enfrentado, como tú y como yo, a los miles de patanes que andan en la calle. Crecimos creyendo inconscientemente que, si no te valoran, no te quieren o no aprecian tu cuerpo es porque tienes algo mal, que la que no vale eres tú, y eso dista mucho de ser cierto.

¿Cómo empecé a amar mi cuerpo?

Quizá te has preguntado: "¿Cómo puedo amarlo si tengo muchos kilos de más?", "¿Cómo amarlo si lo he odiado toda mi vida?", "¿Si no me gusta lo que veo en el espejo?", "¿Si me han dicho que no es bonito y que por lo tanto no soy valiosa?".

Éstos son tres puntos importantes para amarte físicamente. Así lo logré yo:

1) Deshaciendo los estereotipos de belleza en tu mente.
2) Aceptándote como eres.
3) Trabajando con tus emociones.

1. Deshacerte de los estereotipos

Nos han vendido, desde nuestra familia, en la escuela, la religión, las películas o las revistas que las chicas que tienen el estatuto de belleza perfecto son quienes se llevarán todo el amor de los hombres. Nos han engañado haciéndonos creer cosas como que si no tenemos la forma de botella de refresco, no somos merecedoras del amor de un hombre, cuando eso sería como intentar meter al universo entero en esa botella, cuando la realidad es que la divinidad femenina no tiene forma, tamaño, ni color.

Me entristece ver cómo las mujeres somos capaces de gastar la mayor parte de nuestro tiempo y dinero tratando de averiguar cómo conseguir un hombre: hasta hay shows de TV que se tratan de eso.

¿De qué platicamos las mujeres cuando estamos juntas? En gran parte de los estándares sociales de belleza y de cómo conseguirlos.

Si crees que la razón por la que no te ha ido bien en el amor es por tu aspecto físico, eso podría ser lo que te está alejando no sólo de los hombres, sino de tu amor propio y tu divinidad. Si tu hombre sólo quiere a una mujer espectacular, lo que busca es un trofeo que presumir, no una pareja, y ¿qué es lo que tú quieres?

2. Aceptarte como eres

Yo empecé a amar mi cuerpo cuando me rendí, cuando dije: ya no puedo con tanto sufrimiento. Voy a ser una gordita feliz.

La única forma de amar tu cuerpo es por medio de la aceptación. A veces lo que nos hace falta es aceptar que las cosas son como son y no podemos cambiarlas.

Una de mis frases favoritas de los últimos tiempos es "Es lo que hay". "¿Y qué vas a hacer con eso que hay?", me preguntaba muchas veces al día. "¿Sufrir? ¿Sirve de algo que sufras?"

La base de la aceptación es confiar en la *sabiduría y la perfección del universo*. Aunque la mayoría de las veces no entendamos qué y cómo es esa perfección. Y aplica con todo, no sólo con nuestro cuerpo.

Cuando me acepté, todo comenzó a cambiar.

3. Trabajar con tus emociones

Empecé a trabajar con mis emociones con una terapeuta, y una nutrióloga que me enseñó a comer, no para ser delgada, sino para estar sana. Ahí comencé a comer saludable, y así es como poco a poco comencé a bajar de peso hasta llegar a mi peso ideal.

Una de tus prioridades principales debe ser amar tu cuerpo, porque es tu casa, donde viven tu corazón, tu mente y tu espíritu. ¿Y cómo puedes empezar a amar tu cuerpo?

Acéptalo como es y deja de pretender que se parezca al de otra persona.

Deja de criticarte y juzgarte. Date cuenta de cómo lo criticas y lo juzgas a través de los cuerpos de otras mujeres. ¿Te comparas? Incluso cuando el otro cuerpo te parezca maravilloso, estás proyectando cómo quisieras que se viera el tuyo. Eso sólo crea sufrimiento dentro de ti. Deja de buscar fotos de mujeres irreales en Instagram y de darles *like*.

Cuida la forma en la que te refieres a tu propio cuerpo. Aprende a verte con buenos ojos, y te prometo que nunca más tendrás que volver a contar calorías.

¡Tu cuerpo es bello porque es tu cuerpo! Tus piernas te transportan y son tus aliadas para hacer deporte y miles de actividades, y cada una de sus partes te permite experimentar la vida con toda su expresión. ¿Por qué no sentirte agradecida y amarlo?

Un día hablando sobre este tema en una de mis conferencias "Brillando desde adentro", recuerdo que una chava superlinda me preguntaba:

—A ver, Ingrid, sí, entiendo que mi cuerpo es mío, pero tengo 20 kilos de más, y no me siento yo.

Me enseñó fotos de unos años antes y me dijo:

—Mira, así soy yo, así de delgada, no como ahora.

Entonces le pregunté:

—¿Y eras feliz en ese entonces? ¿Eres feliz ahora?

—No, fui feliz cuando era niña —respondió.

Justo cuando no se preocupaba de cómo se veía. Entonces, ¿cómo nos amamos? Nos amamos viéndonos con ojos de niñas, cuando experimentábamos la vida de diferente manera, cuando hacíamos lo que nos gustaba y nos aceptábamos como éramos.

—Y dime una cosa, ¿ahora haces cosas que amas como cuando eras niña? —le pregunté.

—No —respondió con una gran tristeza en sus ojos.

Y ése es el punto. Si estás ocupada haciendo cosas que amas, tu foco de atención estará puesto en lo que amas de ti, no en lo que odias. Y como consecuencia, te gustará lo que ves.

Nietzsche lo expone de esta manera en su libro *Así habló Zaratustra*. Habla de las transformaciONes del espíritu del ser humano como camello, león, niño:

a) Camello: Sigue las normas morales y modelos impuestos. Se arrodilla para llevar las cargas. "Tú debes."
b) León: Se enfrenta a la moral tradicional manifestando "yo quiero". Así es como adquiere nuevos valores.
c) Niño: Alcanza la libertad. Espíritu creativo que juega. "Yo soy."

Así que para alcanzar el mayor grado de espiritualidad y de aceptación de nosotras mismas, nos conviene crear y jugar como niñas.

Imagínate: *¿cómo sería el mundo si nos hubieran enseñado que la belleza es un reflejo de cuánto amor y resplandor emana de una persona y no está determinado por el tamaño de sus senos o su cintura?*

¿Y si me gusta lo que veo en el espejo ya me amo?

Diría que es el primer paso, pero no el único. Porque la percepción de nuestra imagen tiene un origen emocional.

Es un trabajo en conjunto. Cuando trabajes con tu amor propio, tu relación con la comida mejorará, dejarás de sufrir por ella o de comer en exceso. Ya no te quieres "llenar" de comida porque sabes que la serenidad y felicidad verdaderas provienen de una conexión con el amor. Por eso, la comida se vuelve una vía de nutrición, no un problema que resolver.

El amor propio se trata de dejar de ser todo lo que no eres, soltar todos los bloqueos que no te permiten conectar con la totalidad de tu ser.

No te amas amando a los demás. Pero verás cómo tu amor propio se reflejará en la *calidad del amor* que les des a los demás.

Verás que cuando te dejas de atacar, dejas de atacar a las personas; cuando te amas a ti misma, amas al mundo.

Cuando seas lo que quieres ser, tu amor propio emergerá, y entonces, amarás tu cuerpo así tal como se ve.

Perfuma tu vida con tu alegría.
No se trata de cómo te ves, sino de cuanto brillas.

II. ¿Cómo me odio a través de las relaciones?

Tu alma gemela no es alguien que entra
en tu vida en paz, es alguien que viene a poner en
duda las cosas, que cambia tu realidad, alguien que marca
un antes y un después en tu vida. No es el ser humano
que todo el mundo ha idealizado, sino una
persona común y corriente, que se las arregla
para revolucionar tu mundo en un segundo.

Mario Benedetti

Ahora, revolucionar tu mundo no quiere decir que va a destruir tu mundo, ¿okey?

Hace unos años, tuve una experiencia amorosa la cual creí que era el amor más grande jamás experimentado.

Nuestros cuerpos resplandecían con erupciones de gozo y placer. Nos amábamos en la locura. Al rendirnos, cruzamos los límites de la consciencia, transgredimos la coherencia y perdimos la razón.

Nos desnudábamos en el vacío mientras danzábamos al ritmo de nuestras risas. Nos fundimos. Nuestras almas unidas danzaban. Lágrimas caían de nuestros ojos, podíamos ver el pasado, el presente, el futuro. Erotismo de nuestros corazones. Bañados en agradecimiento, creíamos conocer el sabor del amor.

Después de esa experiencia, contrario a lo que podría haber imaginado, mi vida se convirtió en un calvario. Sí, había sido la experiencia de amor más hermosa de mi vida: pude ser la totalidad de mí misma, abrí mis alas, mi amor, y mi luz se había expandido no sólo hasta tocar la última estrella del infinito, sino que éramos todas las estrellas juntas; los corazones de la humanidad y los nuestros entonaban una misma melodía.

¿Qué pasó entonces con mi amado que se convirtió en el gran tirano? ¿Lo olvidó? ¿Se asustó? A la fecha no lo sé…

Lo que sí sé es que esa relación se convirtió en una pesadilla. Su trato hacia mí, lejos de ser amoroso, desbordaba odio. ¿Por qué continué en esa relación? Porque después de esa hermosa experiencia creía que eso era amor, y como nos han dicho las canciones tantas veces que el amor duele, creía que mi lugar era ahí. Él sabía que yo era muy infeliz a su lado, pero, aun así, me quería ahí junto a él y no me soltaba. ¿Qué pasaba conmigo en ese momento? Mi falta de amor propio me mantuvo en ese lugar de profunda tristeza e infelicidad mucho tiempo, creyendo que era mi alma gemela.

Quien ama no destruye, ni se deja destruir.
PAULO COELHO

Ahora sé que podemos tener instantes de conexión con otra persona de corazón a corazón, pero si lastima, *no es amor.*

Ahora sé que el amor real, verdadero, no duele. El amor te impulsa, te da alas, no restringe. ¿Y cómo lo sé? Porque he amado profundamente y sé lo que se siente. He amado profundamente a una pareja, y aunque mis relaciones con los hombres de mi vida no han funcionado, también sé que yo amé con todas sus letras, que amo a mis hijos con todo mi ser, y sé que amar es algo que sí he sabido hacer.

Y justo porque los amo, deseo lo mejor para ellos. Incluso si su felicidad fuera al otro lado del mundo.

¿Por qué digo que tú eres el amor de tu vida? Porque si no te amas a ti misma, seguirás saliendo con idiotas que te romperán en el corazón. El verdadero secreto para encontrar a tu pareja es aprender a amarte de forma incondicional. Este viaje puede durar unos años o bien toda la vida. Se trata de desaprender todas las tonterías que te dijeron: que tienes que verte de cierta manera físicamente para merecer amor, que debes desbordarte en atenciones con el hombre, atenderlo para demostrarle lo mucho que lo quieres, que debes olvidarte de tus gustos y necesidades para complacerlo. Todas aquellas falsas creencias que tatuaron tu mente desde la infancia y que lejos de acercarte a tener relaciones de pareja sanas, te alejan.

Porque cuando entiendes que lo que importa es el trato que te das, ya no importa quién llegue o cuándo llegue, porque ya no aceptas patanerías. Ya puedes detectar al tipo de hombre al que antes le abrías la puerta en respuesta a tu necesidad de ser amada. Ahora sabes que no se trata de quedarte con el menos patán de tus opciones, sino de compartir tu vida con quien no sea patán en lo absoluto.

Debes tener la certeza de que llegará un amor, y que no tienes que hacer nada para ganártelo, que no tendrás que bombardearlo de atenciones, ni tratar de impresionarlo todo el rato para que te ame. Porque te amará a ti.

Aprender a amarte de verdad es entender que el amor de otra persona nunca determinará si eres valiosa o no. Estar con una persona no te define como mujer ni como ser humano.

Podrás decir:

Me amo tanto que tengo mi jardín abonado y listo. Si llega mi "alma gemela", bien, y si no llega, sé que mi vida igual está llena de flores.

III. Autosabotaje y boicot

> *La intuición de una mujer es más precisa*
> *que la certeza de un hombre.*
> Rudyard Kipling

Para mí ha sido claro en mi vida que me autosaboteo cuando no escucho mi intuición. Todas las veces que mi corazón me decía una cosa con respecto a una persona, y mi razón me convencía de que la que estaba mal era yo, lo pagué caro.

A veces la culpa o el ego nos juegan malas pasadas. Por eso un mujerÓN le hace caso a su intuición SIEMPRE. Es muy importante que la escuches y no te dejes arrastrar por tu inconsciente o tus creencias.

Hay culturas donde, a la fecha, las familias tienen que pagar una dote para que un hombre se case con su hija. ¿Puedes ver lo que esto causa en el inconsciente colectivo de las mujeres del mundo? Si en otros países tienen que pagar para que se casen con nosotras, en occidente de alguna manera deberíamos sentirnos afortunadas de que un hombre "nos elija", sin tener que pagarle a su familia. Somos "felices" por ser las ganadoras de su atención.

Una vez una amiga publicó una foto con su nuevo novio en su Instagram donde decía: "Lucky me!". Llevaba una o dos semanas de conocerlo. Yo lo conocía desde hacía mucho tiempo y sabía que el susodicho era un patán. ¡Casi me da algo! Cuando me preguntó lo que opinaba sobre él y le dije la verdad, terminó nuestra amistad argumentando que ser mi amiga le traía muchos problemas con su nuevo novio. Tiempo después, como era de esperarse, él demostró ser quien realmente era, básicamente, lo que yo le había advertido: un patán.

El problema es que, de alguna manera, las mujeres en el mundo nos sentimos en deuda con los hombres, e intentamos pagarles por estar con nosotras. No sólo con dinero, sino de otras formas. Desbordándonos en amor, sirviéndolos o aguantando violencia.

Y con eso, aniquilamos nuestro amor propio.

¿Cómo construyo mi amor propio?

En mi opinión, el amor propio lo podemos construir de tres maneras:

1) En nuestra infancia, a través del amor, el cuidado y la atención de nuestros padres. Ese amor incondicional que te ama y protege, contiene, valida, ubica y acepta. Si no lo tuviste, no te preocupes, hay otras formas que te describo a continuación.

2) Amando. Fomentando actividades que ames y estando cerca de personas que ames.

3) A través de experiencias violentas, difíciles, crueles o duras y dolorosas. ¿Por qué? Porque justo ahí es donde abres

los ojos y te das cuenta de tu falta de amor propio. Y lo recuperas cuando dices: "¡Basta, yo no merezco esto!".

> *No ser amados es una simple desventura;*
> *la verdadera desgracia es no amar.*
>
> ALBERT CAMUS

O no amarte. Cuando tienes falta de amor propio crees que es culpa de la gente que no te ama, entonces te desbordas complaciéndolos para que te quieran, sin darte cuenta de que eso lejos de fortalecer o construir tu amor propio, lo destruye.

Una vez una amiga me dijo que lo que más amaba de su esposo era lo que más odiaba. Eso me hizo reflexionar que lo que algunos más aman de mí es lo que los que me odian, odian de mí. A mí me gusta mi fortaleza, y sé que hay personas que me odian porque soy fuerte. Por lo tanto ¿para qué ser alguien que no eres?

La buena noticia es que recuperar tu amor propio, o incluso construirlo, no depende de nadie más que de ti.

Amarte no es un acto egoísta, es generoso. Si eres capaz de darte cuenta de que amas a las personas, y que las tratas como te gustaría que te trataran, les pones límites y no permites malos tratos; asumes que ser bondadosa, compasiva, amorosa y darles lo mejor de ti a los demás, tarde o temprano, se te regresará.

> *Por cada acción, hay una reacción*
> *directamente proporcional. Cuando lanzas una pelota*
> *contra la pared, ésta vuelve a ti con la misma fuerza.*

De igual manera, el universo te lanza,
gramo por gramo, exactamente lo que
tú le has arrojado a él.

YEHUDA BERG
Satán, una autobiografía

Formas de amor

Hay dos formas en las que podemos amar: condicional e incondicionalmente. Una es una ilusión, la otra es real.

Amor condicional

¿Te has puesto a pensar que todas las emociones están basadas en un pensamiento, todas, menos el amor incondicional? El amor incondicional es la única emoción pura.

Por ejemplo, si sientes envidia, esa emoción la provocó uno de tus pensamientos de que esa persona tiene lo que tú no tienes o lo que quisieras tener. El odio o el enojo los genera un pensamiento de que hay algo en esa persona que contradice tu forma de vida, te amenaza o que lo que hizo estuvo mal. La admiración es por un pensamiento de que los atributos de otra persona exceden tus expectativas.

Ahora, el amor condicional también se origina de los pensamientos. Por ejemplo: "Él me hace sentir feliz, y por eso lo amo" o "Me hace sentir a salvo, y por eso lo amo". Lo mismo sucede con los pensamientos de amor a las cosas: "Este coche me hace ver bien, por lo tanto, lo amo" o "Mis zapatos son cómodos, por lo tanto, los amo".

Los pensamientos disparan todas las emociones, menos el amor incondicional.

Y así como el amor condicional nos provoca sufrimiento, el amor real nos da gozo verdadero y eterno. No hay nada que tomar del amor verdadero, no hay nada que esperar. Cuando sufres porque los resultados no concuerdan con tus expectativas, eso no es amor real.

Por eso es importante reconocer en qué parte de tu vida se está manifestando tu falta de amor propio para saber dónde trabajar.

¿Tienes miedo de no ser reconocida, de ser rechazada, de que te abandonen o de quedarte sola? Busca aquello de lo que te quejas, ahí está la clave.

¿Eres capaz de aceptar y amar a los seres por lo que son, y no intentar cambiarlos?

Eso no quiere decir que te quedes en relaciones donde no eres feliz o con una persona que no aporta nada bueno a tu vida. Nunca nada bueno ha surgido del odio; es amor todo lo que necesitamos.

Y cuidado con la autoexigencia. Ámate por hacerlo lo mejor que puedes. Cuando das lo mejor de ti, no puedes culparte porque las cosas no salieron bien.

Haz el compromiso contigo de escribir por lo menos una cosa buena al día acerca de ti, algo de lo que te sientas orgullosa. Y ámate por cada uno de esos pasos que con tanto amor das todos los días.

Amor incondicional

El amor incondicional es no sólo el mejor tipo de amor; es el único amor real, y comienza con uno mismo. Por eso, te comparto las cinco prácticas de amor incondicional:

1. Ámate como Dios te ama

Si Dios te ama incondicionalmente, entonces aprende a amarte de esta manera. Así como eres, como te ves, con defectos y virtudes, cuando te gustas y cuando te sientes mal. Ámate en todas tus versiones y momentos. Y aunque puede parecer ridículo, el mayor desafío que tenemos como seres humanos es aprender amarnos incondicionalmente.

No puede haber felicidad sin amor incondicional.

2. Eres una Diosa

Si Dios es el creador, y tú te amas y conectas con tu creatividad, ¿eso no te convierte en una Diosa también?

Mujer = creación = Dios = unión = divinidad

Crear podría ser algo así como "hacer el amor con el universo", tomar la energía de la creación y permitir que se exprese a través de ti. Te vuelves una con Dios.

El problema es que culturalmente nos han dicho que a nosotras las mujeres nos penetran, y en el mejor de los casos, elegimos quién y cuándo. Crear es atrevernos a penetrar lo desconocido. Hacerle el amor a la vida y expresar artísticamente lo que sentimos, así es como las Diosas somos creativas.

La realidad es que la energía de la naturaleza es femenina. La madre tierra, así como la creatividad, ambas femeninas, son las fuerzas más poderosas del cosmos.

Una mujer que no se conecta con su creatividad se va a ir marchitando. Por lo tanto, el camino está en aceptar tu propia divinidad/creatividad.

3. Haz lo que amas

Encuentra lo que amas y deja que te ame también.
KARLA VALLÍN

Pregúntate por las mañanas: "¿Cómo me quiero sentir?", "¿Qué quiero ser el día de hoy?", "¿Qué quiero dar?", "¿Qué quiero hacer?", "¿A dónde quiero ir?", "¿Qué quiero decir?".

Responder estas preguntas ayuda a que tu energía permanezca alineada. Y esta energía positiva se contagiará a las personas y situaciones que enfrentes el resto del día.

Nuestro estado natural es el amor, pero a veces el miedo hace que nos salgamos del carril. Y como tenemos miedo de que las cosas no sean como queremos, comenzamos a intentar controlar todo y con eso nos perdemos del fluir de la vida.

Magia es el arte de cambiar tu consciencia voluntariamente.
ALEXANDRA ROXO
Fuck Like a Goddess

4. Conéctate con Dios

¿Qué conexión hay entre Dios y el amor incondicional? ¿Acaso no son lo mismo?

Como dice Marianne Williamson en su libro *Regreso al amor*:

Muchos sugieren repetir afirmaciones en la mañana para que su día esté lleno de bendiciones. Otra opción es pedirle a Dios que te guíe durante el día. Con ello encontrarás que esta guía te proporcionará formas de beneficiar a la humanidad. Puedes confiar en que tu ser superior sabe lo que es bueno para ti y el planeta.

Puedes probar esta oración del *Curso de milagros*:

Querido Dios, te entrego esta situación, para que sea utilizada para tus propósitos. Sólo pido que mi corazón esté abierto para dar amor y recibir amor. Que todos los resultados se desarrollen de acuerdo con tu voluntad.
Amén.

Hagas lo que hagas, hazlo por Dios. Que sería lo mismo que: hagas lo que hagas, hazlo por amor.

Los mantras "Yo elijo el amor en su lugar" o "Sólo el amor es real" ayudan a evitar salirnos de nuestro centro. Repetir estas frases nos ayuda a recordar que el miedo nos puede guiar para regresar al amor.

5. Ama incondicionalmente

El gozo del amor verdadero está en darlo. Y ojo, dar amor no es lo mismo que manipular al otro para que te quiera. Debes tenerlo bien claro: es darle amor porque así lo deseas y no esperas nada a cambio.

Tampoco dar amor quiere decir desvivirte por el otro, o aguantar a una persona que no te quiere o te hace daño, porque ya lo hemos dicho, no puedes amar sin amarte, y si te pierdes en el otro, si te pones en segundo o quinto lugar, *no te estás amando.*

Vi un documental de Matthieu Ricard, un monje que, según la ciencia, es el hombre más feliz del mundo. Él sugiere que, para amarte, practiques la técnica de extender el amor incondicional. El método consiste en imaginar a alguna persona que ames, y cuando sientas que se siente en tu interior ese amor, comenzar a extenderlo primero a las personas que amas, luego a las que conoces y después al mundo entero.

Por eso es tan importante para mí dejarte como idea principal que el amor es la más importante de todas las fuerzas. Si no la ejerces, si no ejerces el poder del amor sobre ti, no podrás encontrar la plenitud.

> *Amarte incondicionalmente es una cuestión de vida o muerte. Ámate como si tu vida dependiera de ello, y no es una pretensión, es un mandato.*

Por eso dejémoslo muy claro, el objetivo de este libro es ayudarte a ti, mujerÓN, a conocerte, a que te ames, a saber cómo puedes emparejarte contigo misma, a ser tu mejor pareja, para que entonces sepas elegir a una buena pareja para ti. Todo tu proceso personal, y lo que te he dicho en cada una de estas páginas, te servirá para darte cuenta de que a ti te corresponde únicamente el 50% de tu relación de pareja, porque el otro 50% le corresponde a otra persona, y con eso no puedes hacer nada. Pero lo que si puedes hacer es trabajar para ser el 100% de ti misma.

Tu misión es ser la mejor versión de ti misma, y saber que no dependes de algo o alguien para lograrlo. Puedes ser inmensamente feliz con o sin pareja. A veces no ha llegado tu Ricky, o se ha ido de tu vida precisamente para eso, para reconocer que no lo necesitas para sentirte plena. Y así, desde la plenitud, puedes elegir si quieres compartirte con una pareja.

Las herramientas que te he compartido también te ayudarán a desarrollar la habilidad para ver y elegir a un señorÓN, para que aprendas a ver las señales tanto positivas como negativas.

Sin embargo, es importante que consideres que también está en juego la suerte de que se encuentren.

Para que una pareja se forme, se necesitan dos personas con la voluntad de desearlo; para que se destruya, se necesita una. Pero justo un mujerÓN no va a destruir su vida por estar pensando si el otro hizo o no hizo, o justificándolo por si está o estaba en un mal momento: a lo mejor no tenía ganas de llamarte y punto. Las mujeres necesitamos explicaciones y a veces las relaciones son más simples que eso. Si él no quiere una pareja, o no quiere lo mismo que tú, eso no quiere decir que no hayas dado el ancho, o que seas una mujer incompleta: simplemente, cuando alguien no es para ti, el universo verá la forma de alejarlo.

El vuelo de un mujerÓN se hace en soledad. Y ahí, en la inmensidad del cielo, es en el único lugar donde podrás volar en pareja con un señorÓN. Trabaja para cumplir tus sueños, juega con tus pasiones y disfruta de la alegría de hacer lo que amas.

Ámate con toda la fuerza con la que eres capaz; disfrútate hasta que llegue el punto en el que absolutamente nada, nada exterior a tu alma, altere tu estado de gozo de mujerÓN.

Ama y haz lo que quieras.
Cayo Cornelio Tácito

Canciones para amarte más

1. All About That Bass - Meghan Trainor
2. Born This Way - Lady Gaga
3. Amo Como Soy - Celeste Shaw
4. Beautiful - Christina Aguilera
5. Mujer Divina - Natalia Lafourcade
6. Me Too - Meghan Trainor
7. I Love Me - Demi Lovato
8. Try - Colbie Caillat
9. The Greatest - Sia
10. Woman in Chains - Tears for Fears
11. Your Body is a Wonderland - John Mayer
12 In Your Eyes - Peter Gabriel
13. Never Gonna Let You Down - Colbie Caillat

CUARTA PARTE

Rituales, rutinas y hábitos saludables

Capítulo 16.
INGRIDientes saludables

De la chicharra del despertador al masaje de pies con aceites esenciales

Mi tortura comenzaba todos los días a las 5:45 a. m. Por más que buscaba un sonido amigable para mi despertador que le ayudara a mi estado de ánimo, lo único que lograba era terminar odiando las canciones, sin importar si era *A Sky Full of Stars* de Coldplay o *Under Pressure* de Queen y David Bowie, quienes, por cierto, me encantan.

Cada que la alarma sonaba, me giraba boca abajo, ponía la almohada sobre mi cabeza, y comenzaba a llorar. Sí, a llorar con lágrimas, y empezaba la rutina de *snooze*, cinco minutos más, *snooze*, cinco minutos más, *snooze*, cinco minutos más… y así hasta que pasaba una hora y no podía salir de mi cama.

Aunque en esos momentos creía que me estaba dando el regalo de permanecer unos minutos más dormida, no me daba cuenta de que sólo estaba aplazando la terrible y desagradable sensación de poner mis pies fuera de las cobijas y que, además, cada cinco minutos, el proceso era más difícil y doloroso. Y todo eso causaba estragos en el resto de mi día.

Caminaba con desgano al baño, lamentándome cada segundo, por tener que pararme, por tener que trabajar, por no ser millonaria, porque mi trabajo no era en la tarde… Básicamente, ¡por existir!

Así iniciaba mi día, todos los días. Esa mala rutina provocaba que empezara completamente fuera de mi centro, de malas, con prisa porque se me había hecho tarde para ir a trabajar, y en esas condiciones y con esa actitud, no se puede tener un gran día. Lo peor es que lo hice por muchos años hasta que un día, como regalo del cielo, escuché a una señora en el salón de belleza decir:

"Yo no entiendo a la gente que se pone el *snooze* en su despertador en las mañanas: se somete a lo que más odia en la vida varias veces todos los días".

¡Pum! ¡Casi me da algo, eso era completamente cierto!

Creía que por el simple hecho de lograr levantarme y llegar a tiempo a trabajar ya me había convertido en una heroína, y lo peor, que ya con eso merecía que la vida me premiara cumpliendo todos mis deseos.

Y ¿cuáles eran mis deseos? Todo el amor del mundo.

¿Cuáles son los tuyos?

El amor propio, el amor de pareja, el amor a la vida es mucho más que corazones rojos en tarjetas de San Valentín y ositos de peluche con arcoíris de colores en su vientre. Si quieres experimentar todo el amor, necesitas disciplina y práctica. Para encontrar el cielo tenemos que trabajar con nuestros infiernos y empezar a dejar de lamentarnos porque las cosas no son como quisiéramos.

Ya hablamos de todo lo que es ser un mujerÓN. Ahora hablaremos de lo que tiene que *hacer* una mujer para serlo. Y para poner manos a la obra es importante la disciplina, práctica, y confiar en que la transformación a veces será maravillosa, deliciosa y fuerte; otras veces será dolorosa, sutil, o tan profunda que no serás capaz de ver resultados. Pero tienes que saber que se está cocinando una versión de ti misma mucho más grande y bella de lo que imaginas.

Un mujerÓN tiene rutinas saludables que la ayudan a estar centrada y enfocada, y a mantener un estado óptimo de salud física, mental, emocional y espiritual, para que su energía esté apuntalada en atraer lo que desea.

Las rutinas no siempre serán fáciles. A veces te dará toda la flojera del mundo, pero si quieres resultados, tendrás que comprometerte como si estuvieras estudiando una carrera profesional o una "maestría de ti misma".

Las rutinas de un mujerÓN no sólo son físicas, también son mentales y emocionales. No es sólo lo que piensas lo que te transforma, sino cómo piensas. Tienes que cambiar tus hábitos mentales, y para ello se requiere de un entrenamiento especial. Además de lograr que tus sistemas funcionen mejor, para que te sientas como nunca.

Por eso hablaremos de dos rutinas. Una en la mañana para empezar tu día centrada, y una en la noche para bajar la velocidad poco a poco y dormir bien.

Rutina de la mañana

En su libro *Mañanas milagrosas*, Hal Elrod sugiere que pongas el despertador una hora antes de la hora a la que te tienes que despertar, y que dediques periodos de 20 minutos para elegir tres prácticas: meditación, ejercicio, leer, visualizaciones, frases poderosas o afirmaciones.

En *El club de las 5 de la mañana*, Robin Sharma sugiere que te levantes una hora antes del amanecer, que practiques ejercicio de alto impacto los primeros 20 minutos para quemar el cortisol (hormona del estrés) producido por tu cuerpo en la noche, que los siguientes 20 minutos leas o aprendas algo nuevo, y que finalmente practiques meditación durante el tiempo restante.

Yo en lo personal creo que de lo que se trata es de que tú diseñes el plan que mejor te haga sentir.

Éste es el mío; te lo comparto para que tengas algunas ideas para crear el tuyo. Se trata de probar, pero eso sí, regálate al menos una hora completa de la mañana para empezar con la mejor energía, vibra y actitud todos tus días. La mañana es el momento en donde tendrás menos distracciones y mayor paz. Así iniciarás tu día nutrida de ti y habitada por ti.

1. Despertador nuevo

Como me costaba mucho trabajo levantarme, me compré un despertador que prende una luz media hora antes de sonar. Eso me ayuda a que me levante de poco a poquito, y así, cuando suene el despertador, no esté en mi sueño más profundo.

Lo pongo lejos de mi cama: así me obligo a pararme para apagarlo, lo que reduce un poco la tentación de regresarme a dormir. Pruébalo, este tip está en la cima de los mejores tips del mundo mundial.

Ya que me levanto, me dirijo directo a lavarme la cara, me doy un masaje facial con cremas humectantes y voy al baño. Así me aseguro de estar bien despierta para comenzar mi día.

2. Leer

A mí me gustan los libros de espiritualidad y superación personal. Así que empiezo mi día conectada a lo mejor de la vida. Leo y estudio mucho, con la intención de encontrar cosas que me ayuden a sentirme mejor, a tener más energía, a mejorar la calidad de mi sueño en la noche, y como consecuencia, ser más feliz y afrontar las vicisitudes de la vida más fuerte y centrada.

3. Hacer ejercicios de respiraciÓN

> *La respiración consciente le da vida*
> *a lo que en el momento ves, escuchas,*
> *saboreas o sientes.*
>
> GABY VARGAS

Está comprobado que la forma en la que respiramos influye enormemente en nuestra salud. Incluso hay científicos que aseguran que hasta el sobrepeso tiene que ver con respirar de más, y no sólo con comer de más.

Mi prima Gaby es una atleta de paz interior. Por eso, tratamos de recomendarnos cosas que nos funcionen y que nos hagan bien. Un día me habló por teléfono para decirme que había descubierto lo más *top* para el bienestar físico y mental. Me dio mucha risa, porque me aclaró que ella no lo estaba practicando, pero que como yo soy una intensa, seguro sí tendría la voluntad de practicarlo todos los días. Me habló de un atleta que se llama Wim Hof, que entre varios logros tiene el récord por aguantar más tiempo en una tina con hielos, ya que logra controlar no sólo su mente, sino hasta su temperatura corporal, sólo con ejercicios de respiración. Hay varios videos en YouTube de sus hazañas.

Este ejercicio se volvió mi básico de respiraciÓN. Practico de 15 a 20 minutos los ejercicios de respiración de Wim Hof, todos los días. Incluso tiene una app padrísima donde puedes programar el tiempo.

En el libro *Breath* de James Nestor aprendí que, si bien cuando tomamos aire el oxígeno es muy importante, cuando soltamos, es aún más, ya que producimos dióxido de carbono, el cual abre los receptores de los pulmones para que cuando entre el aire lo podamos aprovechar de mejor manera. Hacer ejercicios de respiraciÓN consciente, dedicando más tiempo a exhalar que a inhalar, nos ayuda enormemente.

Por eso te quiero compartir otro ejercicio que me ha ayudado muchísimo para esos momentos donde necesito calmarme. Ponte cómoda, toma una inhalación profunda, suelta el aire por la boca, relájate...

- RespiraciÓN alternada

Tapa tu fosa nasal izquierda y respira por la derecha, así el sistema de lucha o huida se activa. Siente si estas más alerta, si tienes más energía, si tu cuerpo se calienta y sube tu presión. Esto es útil para cuando necesitas una buena activada.

Ahora tapa tu fosa nasal derecha y respira sólo por la fosa nasal izquierda. Sentirás cómo tiene el efecto contrario. Como está conectado al sistema nervioso parasimpático, verás que te ayuda a relajarte, bajará tu presión sanguínea, y tu cuerpo comenzará a enfriarse. Ésta es muy útil para reducir la ansiedad, la angustia, y estar más tranquila.

Así que, para activarte, tapa con el dedo índice la fosa izquierda y respira 12 veces por la derecha; para tranquilizarte tapa la derecha y respira sólo con la izquierda 12 veces.

- 4-7-8

Este ejercicio de respiraciÓN me ayuda mucho cuando quiero estar en balance y enfocada. Lo practico cuando estoy nerviosa porque voy a tener una junta o presentación importante, o si voy a tener un *date* con un hombre que me gusta, porque a veces siento que me falta el aire, y me ayuda a centrarme y llegar más relajada. Te invito a que lo pruebes conmigo y verás cómo te sientes:

Relájate, inhala y exhala…

Ahora toma aire por la nariz en cuatro tiempos, retén el aire en siete tiempos y exhala por la boca en ocho tiempos como si soplaras suavemente.

Es importante que cuando entre el aire primero infles el abdomen bajo y luego el pecho, y al sacar el aire primero lo sacas del pecho y luego el abdomen.

Repite la ronda cuatro veces.

Lo padre es que lo puedes hacer en donde quieras y cuando lo necesites.

- Cuadrado

Este ejercicio me gusta mucho para encontrar calma y paz. Lo practico cuando quiero sentirme tranquila.

Inhala en cuatro tiempos, sostén en cuatro tiempos, exhala en cuatro tiempos y detente en cuatro tiempos. Lo repites por lo menos cuatro veces, y haces estos ciclos varias veces al día.

4. Zhineng qigong

Ésta es una de las prácticas que más me han ayudado a sentirme bien. Mi maestro Eduardo me contó que en China la gente practica qigong en las calles y hay más de 300 técnicas. Que una vez hicieron un estudio evaluando todas las distintas tradiciones para descubrir cuál era la más eficiente, y la del maestro Pang ganó en primer lugar. Él fue un doctor en medicina común y medicina tradicional china que tenía el hospital más grande del mundo libre de medicamentos. Curaban a la gente practicando zhineng qigong. Ésta es una práctica que utiliza movimientos específicos para hacer fluir el chi (energía o espíritu) más puro del universo, lo cual trae beneficios inimaginables para nuestra salud y el bienestar en general.

A mí me gusta un ejercicio que se llama Peng Qi Guan Ding Fa. Es algo parecido al kung fu o al taichí, pero ésas son disciplinas, por lo que sus beneficios no están probados científicamente. Es una secuencia de movimientos suaves y lentos, que aparentemente no tienen ningún nivel de dificultad, pero cuando los ejecutas, te das cuenta de que estás haciendo mucho más de lo que aparentas.

Si quieres más información entra a ingridcoronado.com.mx.

5. Ejercicio

A mí me gusta hacer 20 minutos de ejercicio cardiovascular para tener mejor condición física. Luego hago otros 20 minutos de pesas ligeras para fortalecer mi cuerpo. Y cierro practicando 35 minutos de yoga restaurativo y cinco minutos de shavasana (postura del cadáver). A veces practico otros tipos de yoga.

Si estás en una situación muy fuerte emocionalmente, te recomiendo que practiques sólo yoga restaurativo un tiempo, hasta que te sientas mejor.

Puedes tomar clases presenciales o utilizar una app o videos en línea. Para mis recomendaciones entra a www.ingridcoronado.com.mx.

6. MeditaciÓN/oraciÓN

La meditaciÓN se practica sentada, para que no te duermas. Puede ser en una silla o en el suelo. De preferencia con antifaz y audífonos.

Meditar es observar tus pensamientos.

Iba de camino a dar una mis conferencias de "BienStar" a Valle de Bravo, cuando el señor Arturo, que trabaja conmigo, me preguntó si podía recomendarle algún libro que le ayudara a tener mejor ánimo, ya que últimamente se sentía un poco deprimido y no sabía qué hacer. Le recordé que hacía un tiempo le había recomendado practicar meditación, y le pregunté si lo había hecho.

Primero me dijo que no había tenido tiempo, lo cual me dio un poco de risa porque yo misma me dije eso muchas veces. Ahora sé que uno se da el tiempo cuando realmente quiere algo. Pero unos minutos después agregó: "La verdad lo intenté, pero yo no sirvo para eso. Quería poner mi mente en blanco y no sólo no lo logré, sino que sólo pensaba en cosas sin importancia, así es que no me salió y lo dejé de hacer".

Y justo creo que esa idea de "poner la mente en blanco" hace que creas que no lo estás haciendo bien. La meditaciÓN se trata de poner atención a tus pensamientos sin intentar controlarlos.

Por eso te daré los tres INGRIDientes básicos que no te han dicho sobre la meditaciÓN:

a) La meditaciÓN es el arte de ir más profundo. Cuando te caches pensando en la inmortalidad del cangrejo, no te regañes, no te enojes o creas que lo hiciste mal. ¡Alégrate! Te diste cuenta de en qué estabas pensando, y ahora tienes la oportunidad de ir más profundo. Es como jugar tenis. Cada golpe a la pelota es una victoria. Cada que regresas, ganaste. También puedes imaginar que tus pensamientos son como una cascada: das un paso para atrás y la observas sin que te moje.

b) En el documental *Headspace Meditation* de Netflix, creado por un monje, él lo explica de esta manera: es como si te sentaras a ver los autos pasar en la calle; se trata observarlos, sin juzgarlos, ni quererlos cambiar o controlar. Así mismo ocurre con los pensamientos en la meditaciÓN.

c) Thich Nhat Hanh, un monje maestro budista zen que compartía sabiduría y conocimientos ancestrales muy ricos y útiles, decía que, en la meditaciÓN, él piensa que los pensamientos son como las nubes en el cielo, y que los deja pasar mientras se ancla a la respiraciÓN. Y ésa es la clave: cuando te pierdes en tus pensamientos regresas a través de la respiraciÓN.

Meditando aumentas tu capacidad de resiliencia.

En tu vida, a veces es más fácil concentrarte en lo que no salió según lo planeado, o lo que requirió más esfuerzo, y es ahí donde pierdes la oportunidad de reconocer tus victorias y celebrar tus logros. El hecho es que nuestra capacidad de resiliencia es increíble e inspiradora, y todos poseemos esta capacidad.

Mientras observas la respiraciÓN conscientemente durante la meditaciÓN, cada vez que notes que tu mente se fue por otro camino, tienes la oportunidad de ejercitar y celebrar tu resiliencia al lograr que tu mente vuelva a concentrarse en la respiraciÓN. Y tal vez incluso empieces a replantearte que al estar "desenfocada" en tu meditaciÓN, en realidad estás ejercitando y demostrando tu capacidad de resiliencia una y otra vez. Lo cual te ayudará también en los desafíos de tu vida.

> *Como semillas diminutas, con un potente poder para atravesar terrenos difíciles y convertirse en árboles poderosos, tenemos reservas innatas de una fuerza inimaginable. Somos resilientes.*
>
> CATHERINE DEVRYE
> *The Gift of Nature*

Dedicar por lo menos 20 minutos al día (si son 40 o más, mejor) para estar en contacto con Dios, el universo, lo divino, tu interior… es parte fundamental para que tu vida se convierta en un milagro. Si dedicas unos minutos en la mañana a la oraciÓN/meditaciÓN, garantizarás que tu ser supremo esté a cargo de tus pensamientos durante el día. Es algo así como fortalecer tu relación contigo mismo y con un poder mucho más fuerte que tú.

Cuando quieres fortalecer los lazos de amor con una persona, la frecuentas. Lo mismo pasa cuando fortaleces tu relación contigo mismo a través de la meditaciÓN y la oraciÓN: es como construir músculos mentales para que tu amor propio sea entrañable. Es como volver a nacer.

La meditaciÓN disciplina tu mente. Cuando meditas, tu cerebro literalmente emite ondas cerebrales distintas, más coherentes, recibes información a niveles más profundos que cuando estás haciendo otras actividades durante el día. Así como entrenas tus músculos en el gimnasio, tienes que aprender a disciplinar tu mente, para que se conecte con el amor y no con el miedo. Para ello es indispensable la constancia.

A veces algunas personas me dicen que intentaron meditar y lo dejaron, que sintieron que no les sirvió de nada. Cuando les pregunto cuántas veces lo intentaron, me responden que unos dos o tres días. Si vas una sola vez al gimnasio y entrenas por una hora, no verás realmente cambios en tu cuerpo al final de esa hora. Si quieres aprender a jugar tenis, con dos o tres intentos, seguro la gente que te vea pensará que estás intentando cazar mariposas, más que jugando tenis. Pero si vas todos los días por un mes, ahí es donde empezarás a ver los cambios. Así es la meditaciÓN.

La meditaciÓN fortalece el área del cerebro que se encarga de nuestra felicidad. Si está sana y fuerte, no necesitamos de nada ni de nadie para ser felices. Por eso nos conviene practicar meditaciÓN, así como hacemos sentadillas y desplantes para fortalecer las piernas.

La meditaciÓN es un ejercicio espiritual para entrenar la mente. Fortalecemos los músculos de la actitud y el amor. Los síntomas de unos músculos espirituales tonificados son la alegría, el amor, la empatía, la compasión, la resiliencia y la ternura.

La gravedad arrastra nuestros músculos físicos hacia abajo, y por medio del entrenamiento intentamos mantenerlos arriba. Lo mismo pasa con los músculos de la actitud. La grave-dad, tanto física como emocional, está activa todos los días, por lo tanto, debemos trabajar en contrarrestarla. Es como tener una rutina diaria en el gimnasio.

Los músculos espirituales flácidos dan lugar a la depresión, la angustia, la ansiedad, la preocupación, el estrés, la ira, la ven-ganza, el cinismo, la negatividad, la actitud de víctima, los juicios críticos y el miedo.

La meditaciÓN, así como el ejercicio físico, tenemos que practicarla diario para tener buenos resultados. Con nuestro cuerpo no pretendemos que llegue el día en que al mirarnos en el espejo digamos: "Me encanta mi cuerpo, así que ya pue-do dejar de hacer ejercicio". De la misma manera tampoco podemos decir: "Ahora ya me siento en paz, así que puedo dejar de meditar".

El secreto es ser constante y disciplinado para ver sus resul-tados y confiar que sus efectos beneficiosos son acumulativos.

¿Cuánto tiempo tardarás en ver resultados?

Se estima, basado en experiencias con estudiantes de todo el mundo, que se necesitan 100 horas de meditaciÓN para que el practicante sienta los primeros beneficios. El dalái lama dice que sólo 50 horas son suficientes para ver cambios po-sitivos. Hay quienes dicen que lo ideal son 40 minutos en la mañana y 40 minutos en la noche. En mi caso, al principio practiqué 30 minutos por día durante dos meses, y ya podía sentir grandes beneficios. Ahora practico entre 20 minutos y hora y media, una o dos veces al día.

Medita 20 minutos al día. Si no tienes tiempo, medita una hora.

ANÓNIMO

Cuando practicas meditaciÓN te familiarizas con la alegría, logras que esté más cercana a ti, que sea íntima, como un miembro de tu familia. Así es como cambias tu vida a través de la meditaciÓN.

Poco a poco, empezarás a ver los cambios, e incluso, aun cuando tú no los notes, los demás sí lo harán. Te empezarán a decir que te ves más feliz, que si te hiciste algo porque te ves más guapa, que brillas... Meditar mejorará tus relaciones y, sobre todo, la forma en la que percibes lo que te sucede en la vida.

El tiempo en silencio, simplemente escuchando, es un tiempo en donde el Espíritu Santo tiene la oportunidad de entrar en tu mente y hacer alquimia con tu divinidad.

Tip ÓN: descubre tu punto de alegría

Esto aplica ya que tengas un poco más de práctica. Cuando estés meditando y tengas una sensación rica, fluida y suave, e incluso puedas sentir que la boca se te llena de saliva o los ojos de lágrimas, intenta sostener ese estado. Ojo, no es controlarlo, o jalarlo. Es algo muy sutil y muy parecido a tu ¡Yeiii!

Imagina que eres una pirinola que está girando, y de lo que se trata es de mantenerte justo en el centro para no caer. También puedes verte como un río: trata de no salirte del caudal. Los surfistas llaman este punto "la sala verde".

Sostén esa sensación el mayor tiempo que puedas. Ahí es donde los elíxires de tu ser se derramarán en tu mente. Ésta es la mejor medicina que puedes darte. Sostener ese estado es lo más sanador que hay, es un estado de totalidad, equilibrio y balance.

La buena noticia es que una vez que alcances este punto, cada que medites podrás acceder fácilmente y a voluntad a tu fuente de alegría.

La meditaciÓN no cambia lo que hacemos, cambia lo que somos.

7. Prácticas para la boca

Pulling: práctica de la medicina ayurvédica que consiste en hacer buches en la boca con una cucharada de aceite de coco por 20 minutos en la mañana. Esto ayuda a la salud dental porque se absorbe por las mucosas eliminando bacterias, previniendo enfermedades y el mal aliento, y ayuda a dar un masaje interno a la cara y encías.

Luego toma un té caliente para empezar a activar tu sistema digestivo e hidratarte.

8. Ducha consciente

Antes de bañarte mientras se calienta el agua, cepilla en seco tu cuerpo suavemente con un cepillo de cerdas naturales de abajo hacia arriba. Además de estimular la circulación ayudando a las pequeñas várices, le dará una mejor textura a tu piel.

El agua tiene un enorme poder purificador, usa tu baño para limpiar más allá de tu piel, que se purifiquen tus órganos internos, tus emociones, tus pensamientos…

También te recomiendo, mientras te bañas, practicar ejercicios de fortalecimiento pélvico con una Ben Wa Ball. Son unas pequeñas bolitas de metal o unos cilindros de plástico que hacen la función de pesas. Fortalecer el piso pélvico es indispensable para las mujeres, sobre todo después de tener hijos, para prevenir incontinencia urinaria, y potenciar la intensidad y placer en las relaciones sexuales. Tanto para él como para ti, con orgasmos más intensos, más profundos y más largos para los dos. Incluso está comprobado que ayuda en casos de eyaculación precoz.

Y al final, un *shot* de agua fría de 30 a 60 segundos te ayudará a estar más enfocada.

> *Si te comes una rana viva en la mañana,*
> *nada peor podrá sucederte en el día.*
>
> MARK TWAIN

Si no tienes pareja, te recomiendo que también le des un baño de agua fría a tus genitales, te ayudará a entibiarte y que no estés desesperada por la presencia de un hombre en tu vida.

Todos los videos complementarios de las rutinas, así como mis recomendaciones personales, los encuentras en www.ingridcoronado.com.mx.

Verás que con el tiempo, al practicar tu rutina de la mañana, te costará menos trabajo pararte de la cama, además de que la calidad de tu día y de tus pensamientos cambiará drásticamente.

Rutina de la noche

Algo superimportante que debemos tomar en cuenta es que, aunque alimentarnos bien, hacer ejercicio, respirar y meditar son muy importantes, de nada sirve si no dormimos bien. De nuestra calidad de sueño dependerá la mayor parte de nuestra calidad de vida. Además, durmiendo es probable que encuentres soluciones a tus problemas que despierta no encontrarías.

Antes de ser mamá dormía como bebé, pero cuando empecé con las levantadas en la noche con la lactancia, me convertí en algo así como un búho vigilante con la intención de estar al pendiente para que mi bebé estuviera bien, y mi reloj biológico se desajustó mucho.

Hace ya 23 años que debuté como mamá, y dormir bien sigue siendo un tema en mi vida. He probado todo, leído libros y tomado cursos y talleres que me han ayudado a dormir mejor. Si bien la edad deteriora la calidad del sueño, también hay algunas prácticas que ayudan a mejorarlo, las cuales te compartiré a continuación.

INGRIDientes de la noche para dormir mejor

1. Dormir siempre a la misma hora

Algo que funciona muy bien es irte a la cama y despertarte a la misma hora todos los días. No importa si es entre semana o fin de semana, o si tuviste una mala noche. Esto promueve la calidad y la cantidad de tu sueño. El reloj biológico mejora con la regularidad.

Cuando tengas algún evento, te puedes dar algunos permisos, pero siempre siendo consciente de que, de alguna manera, al día siguiente pagarás el precio, porque la calidad de tu sueño bajará considerablemente. Puedes, por ejemplo, programar meriendas en lugar de cenas; así disfrutarás sin desvelarte tanto.

Los horarios de sueño pueden tener cierta flexibilidad, porque tampoco se trata de que se vuelva un generador de estrés o ansiedad, ¿okey? Procura ir a la cama antes de las 10:30 p. m. para aprovechar las horas de oscuridad natural para que tu cuerpo genere melatonina, la hormona del sueño. Esto le dará a tu cuerpo la mejor oportunidad de obtener todos los niveles de sueño que necesita.

2. *Switch on y off*

Quisieras que el sueño fuera como un *switch* de *on* y *off*, pero no es así. Es como aterrizar un avión y debes ir bajando poco a poco.

a) Ajusta la luz. Media hora antes de dormir, baja la intensidad de la luz a la mitad, por lo menos.

b) Puedes darte un baño de agua tibia, hacer estiramientos, alguna meditación, leer.

c) Si no puedes dormir, en 15 minutos levántate de la cama y escribe tus preocupaciones. O lee un rato. El cerebro es un experto en asociación, por lo tanto, si te quedas acostada empezará a relacionar tu cama con el insomnio y no con el sueño.

3. Temperatura ideal

Revisa la temperatura de tu cuarto, tu pijama y tu edredón o colcha. En lugares de calor programa el aire acondicionado. Con calor no se puede dormir bien, ni con frío.

Una vez estaba en la playa y mi habitación no tenía aire acondicionado. Pensé que si dormía con pijama ligera y destapada no tendría ningún problema, pero no fue así. Fue como una tortura, porque no lograba dormir, y luego me despertaba y me despertaba cada rato, hasta que me di cuenta de que el problema era la temperatura.

Por ejemplo, cuando te das un baño, la sangre se va a hacia la piel y eso enfría tu cuerpo, por lo que puedes dormir mejor.

Mujer prevenida vale por dos, así que mantén la habitación fresca para tener una mayor calidad de sueño.

4. No cafeína u otras sustancias psicotrópicas

En la tarde evita la cafeína, fumar, y modera tu consumo de alcohol.

Por ejemplo, cuando quiero tomarme una copita de vino en la cena, sólo me aseguro de que cuando me vaya a la cama ya se me haya bajado.

Nos han dicho que si tomas puedes dormir mejor, pero el profesor en neurociencia Matthew Walker dice que es algo así como un sueño falso.

Toma en cuenta que las píldoras para dormir hacen un poco lo que hace el alcohol. Es un sueño hipnótico, no es un sueño natural. Sólo apagan el cerebro, no lo reparan. Durmiendo de forma natural es como el sistema linfático limpia el cuerpo. El cerebro tiene su propio sistema de limpieza llamado glinfático, pero sólo se activa durante la noche, principalmente en la etapa non-re *sleep*, que es el sueño profundo. Y en la etapa donde soñamos, procesamos las emociones. ¡Es tu terapia nocturna!

Si no tienes suficientes horas de sueño todas las noches, no estás permitiendo que tu cerebro se limpie de la basura. Por lo tanto, esto te provocará pérdida de memoria y disminuirá tu capacidad de aprendizaje. También te puede provocar depresión, ansiedad, PSTD y esquizofrenia.

Incluso, hay estudios que muestran que puede haber más riesgo de mortalidad o de cáncer.

5. Espacio sagrado

Antes trabajaba mucho en mi cama, y eso hacía que no pudiera dormir bien porque mi cerebro relacionaba ese lugar con estar despierta, no dormida.

Tu cama es para dormir o para la intimidad. No para trabajar, ni comer, ni ver la tele. Puedes leer si quieres. Evita que tu cerebro se confunda.

6. Pregúntale al oráculo

¿Sabías que tus sueños pueden ser algo así como un oráculo que te ayude a saber cómo estas realmente? Y también puede ser un espacio de ideas creativas y solución de problemas.

Por eso a mí me gusta tener una libreta con pluma en mi buró, y escribir mis sueños en la mañana. Muchos artistas han confesado haber creado sus más grandes obras mientras dormían, y al despertar, las plasmaron en un lienzo o tocaron en algún instrumento. E incluso algunos científicos han soñado sus descubrimientos.

Paul McCartney confesó que la canción *Yesterday* fue creada o revelada en un sueño. Se despertó, fue al piano, y comenzó a tocar los acordes. En el caso de *Let It Be,* no fue la música, pero sí la idea. Soñó que su mamá lo visitaba en la noche, él estaba en un caos emocional y su madre le decía: "Let it be", algo así como "déjalo ser".

Keith Richards, el guitarrista de los Rolling Stones, cuando dormía dejaba su guitarra y una grabadora al lado de su cama. Una noche, cuenta en una autobiografía, se encontró la guitarra sobre la cama y la grabadora al final del casete, y cuando lo escuchó estaban los acordes de *Satisfaction,* la canción más famosa de los Rolling Stones, seguidos de 43 minutos de ronquidos.

A Thomas Alva Edison le gustaba tomar siestas durante el día; las usaba como una herramienta de creatividad. Agarraba un sartén y lo ponía en el piso; luego, con la mano agarraba dos bolas de metal para que, cuando su cuerpo se relajara y entrara sueño profundo, éstas cayeran y lo despertaran. Al lado tenía una libreta y pluma para escribir las ideas creativas que le hubieran surgido. A eso lo llamaba *the genius gap*.

7. No electrónicos

Apaga el celular, la computadora y la tele una hora antes de dormir. Creo que este punto es el más difícil de todos. Como tenemos muchas cosas que hacer durante el día, dejamos muchos pendientes para la noche. Pero tienes que saber que la luz azul de los electrónicos impide que produzcas melatonina y, por lo tanto, no duermas bien.

8. Leer

La lectura por la noche es de mis actividades favoritas. Cuando la casa ya está en silencio, es uno de los momentos en donde más disfruto de viajar con algún libro. Altamente recomendable.

9. Regálate un masaje

Un delicioso masaje de pies con aceites esenciales. Los pies están llenos de terminales nerviosas, y acumulan mucha tensión. No tienes que ser masajista profesional para consentirte un poco antes de dormir. Verás que la calidad de sueño aumenta considerablemente. También estírate unos minutos: verás qué delicia.

10. MeditaciÓN para dormir

No lo hago todos los días, pero sí cuando siento que me hace falta relajarme. O si intento dormirme y no puedo.

Así, acostada, ponte unos audífonos y escucha una meditaciÓN especial para dormir. Verás cómo conectas con el sueño más fácilmente.

Para recomendaciones de meditaciones, entra a www.ingridcoronado.com.mx.

¿Cuánto tiempo deberás de practicar las rutinas saludables para empezar a ver resultados?

Unos 40 días.

¿Por qué 40 días?

Hemos escuchado a metafísicos y yoguis poniendo mucho énfasis en la repetición de las prácticas de 40 días para obtener óptimos resultados. Desde los 40 días y 40 noches que pasó Moisés en el monte Sinaí, Jesús en el desierto en ayuno 40 días y 40 noches, hasta la historia del Buda que alcanzó la iluminación en la luna llena de mayo, después de meditar y ayunar bajo el árbol Bodhi, durante 40 días. Pero, además, hay investigaciones científicas que han demostrado que después de repetir un nuevo patrón durante 40 días, puedes forjar nuevas vías neuronales en tu cerebro para crear un cambio duradero.

Así que te invito a que te unas conmigo, con místicos y científicos, y te comprometas a practicar tus rutinas saludables por 40 días. Si crees que son muchas actividades las que te recomiendo, comienza con sólo un par.

Si quieres elegir sólo una, elige la meditaciÓN.

Las rutinas de autocuidado le darán información al universo de lo que quieres que llegue a tu vida.

Es probable que, conforme practiques las rutinas, a lo mejor sientas en algún momento que no te están sirviendo. Usa la imagen de una lupa potenciando la luz del sol para quemar una hoja de papel. A lo mejor sientes que ya llevas mucho y no se ha encendido tu fuego interior, pero no sabes si estás a dos segundos de que prenda. Si la quitas, si te retiras y pierdes la fe, tendrás que volver a empezar, así que **sigue adelante** y no desistas.

No te preocupes si tu camino parece más solitario en ese momento. Estás simplemente quitando energías que ya no coinciden con la frecuencia de tu futuro. Pronto atraerás a las personas adecuadas que realmente merecen recorrer este nuevo camino contigo. A lo mejor terminarán algunas relaciones, o incluso algunos proyectos profesionales no se concretarán o terminarán.

Si las relaciones y las experiencias tienen guardadas lecciones, a veces llegan a su fin para que te abras a la posibilidad de algo que esté más en tu sintonía. O a lo mejor no es necesario que entres a ciertas experiencias, porque su finalidad era llevarte a tu centro, y si tú ya estás en tu centro puedes ahorrarte todo el drama.

Autocuidado y autoexploraciÓN

Lo femenino se activa a través de la belleza.

Es muy importante que aprendas a cuidarte, para que puedas acompañar a alguien más.

Si tu mamá, por cualquier razón no te cuidó o no te enseñó a cuidarte, es probable que no sepas cómo hacerlo.

Siempre tienes la oportunidad de ser la madre que nunca tuviste. Sé tu mamá y date todo lo que necesitas.

Ya hemos hablado sobre la importancia de las rutinas de autocuidado para el bienestar personal. Pero, además, cada cierto tiempo, es importante apapacharte con una sesión de amor propio. La autoexploraciÓN y el autocuidado pueden generar cambios en ti que no te puedes imaginar. Aunque no debes perder de vista que

> *El verdadero cuidado propio no es darte un baño caliente y comer chocolates viendo Netflix. Es tomar la decisión de construir una vida de la que no necesites escapar con frecuencia.*
>
> MÁXIMO TUERO

Cuidarte es como hacerte recordatorios diarios de que te amas y te das lo mejor. Para que cuando tu inconsciente lo registre, atraigas a tu vida personas y situaciones que contribuyan a tu bienestar y crecimiento.

Ritual de amor propio

ConquístaT

Asegúrate de reservar un espacio en tu agenda. Recuerda, tendrás una cita muy importante con la persona más importante de tu vida: tú.

Elige un lugar donde puedas estar tranquila y sin interrupciones. Puedes poner unas velitas, incienso, algo de aromaterapia y música relajante o sensual. Usa ropa suelta y cómoda. Toma mucha agua. Puedes acompañarte con un poco de chocolate amargo y fruta.

Puedes empezar bailando y disfrutando de ti. Lo puedes hacer delante del espejo para reenamorarT de ti misma, maravillándote de la extraordinaria mujer que eres. Vete con buenos ojos y toca tu piel, tus formas y curvas, cada una de las facciones de tu rostro. Pero, sobre todo, honra tu capacidad de amar y amarte.

Este juego de conquistarT tiene la finalidad de que conectes con tu cuerpo, tu alma y tu espíritu, así que sé creativa y usa tu imaginación. Permítete llorar si lo deseas, encuentra la belleza de estar a solas para poder escuchar tu voz interior y contactar con tu intuición.

AutexплóraT

Así como el autocuidado es un gran regalo, la autoexploración es muy importante. Entre más te conozcas y seas capaz de conectar contigo para darte placer, mayores beneficios recibirás de parte del universo.

El autoplacer nunca te romperá el corazón.

Muchísimas mujeres crecimos con ideas y mensajes falsos sobre la sexualidad: es mala, eres una pecadora, o tu cuerpo es tu moneda de cambio como mujer. Más te vale que seas sexy, bien cuidada, y que estés lista para entretener a los hombres alrededor de ti. Y más allá de tus deseos, tu cuerpo se guarda hasta el matrimonio porque tu reputación es tu más preciado bien como mujer... ¡Y está en juego! Ah, y olvida cualquier tipo de masturbación, eso es vergonzoso y no cabe en esta familia.

Todas esas creencias limitantes, como mujeres, nos hace reprimirnos desde que somos muy jóvenes. Tenemos una gran energía sexual que necesita ser liberada, y parecería que cualquiera de los caminos que podemos tomar nos convierte en una prostituta. En una zorra. Lo que provoca que nos vayamos apagando.

Sentir vergüenza hará que apagues tu ÓN, tu poder y tu belleza, si lo permites. Pero si te atreves a escarbar en ella, podrás encontrar la puerta para liberar algunas partes de ti, en donde está guardado un poder masivo. Hacerte amiga de tus vergüenzas y de tus sombras permitirá que liberes muchos miedos.

La vergüenza sexual es un gran problema en el mundo de hoy, porque muchas mujeres no se sienten satisfechas, y eso invariablemente afecta su relación con los hombres. Sin embargo, también puede ser una gran oportunidad para sanar.

Es común escuchar a mujeres que se quejan de que los hombres no saben tocarlas, y cómo van a saber hacerlo si ellas mismas no lo saben, no se conocen.

Para que un hombre sepa cuáles son los puntos clave donde explotas de placer, primero tienes que conocerlos tú misma.

Alguna vez escuché a una mujer decir que le quería regalar un vibrador a su sobrina adolescente, para que no se confundiera y pensara que cualquier tipo es un rey. ¡Maravilloso!

AutoexplorarT, conocerT y saberT serán, sin duda, un gran vehículo que te ayudará a saborearT cuando el amor propio surja de tu interior.

Tú como mujer formas parte del universo. Por lo tanto, puedes estar segura de que, en cada diminuta parte de tu ser, está la herencia que el cosmos ha depositado en ti, confiándote la sabiduría de la existencia. Las estrellas, el viento, los árboles, las rocas… están esperando que despiertes a tu más grande potencial.

Las mujeres de todo el mundo estamos conectadas. Y ni nosotras tenemos idea de lo poderosas que somos cuando decidimos unirnos.

Las mujeres más sabias de este planeta: chamanas, alquimistas, pintoras, médicas del alma, cantantes, escritoras, madres, artistas, terapeutas, amigas... te acompañan, te protegen y te susurran dulcemente la sabiduría de la vida. Lo hacen a veces a través de sueños, libros, cuentos, canciones, visiones, palabras... Si no las escuchas, es porque sólo puedes escuchar lo que el universo tiene que decirte cuando estás en silencio y atenta.

Las mujeres estamos hechas para vivir ferozmente con pasión, con garra, con entrega, con determinación... Nuestra labor de mujerÓN es recuperar la vocación por la vida.

MujerONes como sor Juana Inés de la Cruz, la madre Teresa de Calcuta, Juana de Arco, Frida Kahlo, Eva Perón, Ana Frank... permitían que su fuego ardiera en su interior, y a la fecha, aun después de muchos años de su partida, nos hacen estremecer con sus obras y con su legado en el universo.

Permite que tu cuerpo cante vida y se exprese a través de tu arte.

Deseo de todo corazón que todo lo que comparto en este libro te sirva para alcanzar un mayor bienestar, salud y felicidad en tu vida. Con el único objetivo de **¡ser un mujerÓN!**

Playlist para animarte

1.   Don't Stop Me Now - Queen
2.   Good Vibrations - The Beach Boys
3.   Optimista - Caloncho
4.   Viva la Vida - Coldplay
5.   La Gozadera - Gente de Zona ft. Marc Anthony
6.   On Top of the World - Imagine Dragons
7.   Uptown Funk - Mark Ronson ft. Bruno Mars
8.   Beautiful Day - U2
9.   I Gotta Feeling - Black Eyed Peas
10. Bonito - Jarabe de Palo

QUINTA PARTE

¿Y ahora qué?

Capítulo 17. ConclusiÓN
Tu contrato de mujerÓN

Gran parte de la tristeza y la confusión que arrastramos las mujeres surge de nuestra incapacidad de sentirnos seguras cuando nos expresamos intuitivamente.

PAULA REEVES

Ahora ya sabes que eres un mujerÓN, y sólo depende de ti que lo recuerdes siempre. Por eso vas a hacer un contrato contigo para que siempre sepas que a la persona a la que más amas —y debes amar— es a ti misma.

¡Tú eres el amor de tu vida!

Recuerda que, una vez que hayas recuperado la prosperidad y abundancia interna, el universo comenzará el proceso para que recuperes todo externamente.

Todo lo que perdiste está programado para volver, quizá en otra forma, en otra situación, en otro sitio o con otras personas, pero volverá…

Ha llegado el momento de reconocerte como mujerÓN. Ahora tienes que comprometerte contigo misma, y qué mejor que hacerlo firmando un contrato para darle formalidad a tu propio proceso.

El contrato es la afirmación de todo lo que eres y lo que deseas ser.

Para darle más fuerza a este contrato, te pido que lo copies en una hoja de papel, que transcribas las palabras con tu puño y letra, y lo firmes al final.

Tenerlo en papel te ayudará a que quede tatuado en tu mente inconsciente.

Si lo deseas, puedes traerlo en tu bolsa, en tu cartera o dejarlo en tu mesita de noche. Se trata de tenerlo a la mano.

Cuando sientas que estás tentada de volver a caer en situaciones que te hagan daño, vuelve a leer tu contrato para que te quede claro.

Contrato de mujerÓN

Yo _____
soy un mujerÓN, por eso me comprometo a serles fiel a mis valores, principios, intereses y deseos. En la prosperidad y en la adversidad. Y a amarme y respetarme todos los días de mi vida.

Prometo amar a los demás, pero nunca sobreponer sus deseos a los míos.

Soy poderosa y no necesito que nadie ni nada me empodere.

Amo a los hombres, pero me comprometo conmigo misma a no volver a sufrir por ellos, ni a quererlos más de lo que me amo a mí.

Me doy todo el amor del mundo. Por eso sé que, aunque esté soltera, nunca me faltará amor. Y cuando ame a otra persona, nunca me perderé en esa relación.

Trabajaré construyendo mis sueños, seré responsable en mi trabajo, y con los seres que amo. Pero también me consentiré y programaré tiempo para mí, para descansar, porque soy consciente de que cuidarme a mí es mi prioridad.

Estoy dispuesta a complacerme a mí primero, y a saber decir NO cuando no quiera estar con alguna persona o en alguna situación. Ahora sé poner límites y reconozco mi valor. Nadie sabe lo que necesito mejor que yo.

No me esforzaré más por caerles bien a las personas, ni me desgastaré con lo que opinen de mí. Me abrazaré de mi integridad, que es lo más importante.

Soy consciente de que lo que les hago a los demás me lo hago a mí misma, por lo tanto, trataré a la gente con respeto, cuidando de sus sentimientos, siempre y cuando eso no afecte a los míos.

Me acepto y me amo como soy, y como me veo. Entiendo que, si algo no me gusta de mi físico o de los demás, debo trabajarlo en mi interior, en lugar de intentar cambiarlo o controlarlo.

Soy más bella cuando permito que la vida me atraviese, e irradio toda esa belleza a través de mi bendito cuerpo, independientemente de mi edad, mis formas o medidas.

Soy soberana de mi cuerpo y de mi vida.

Si alguna persona no suma a mi vida, me elijo primero a mí. Prefiero estar sola que mal acompañada.

Si alguna acción por parte de cualquier persona me incomoda o lastima, confío en mí, y pongo un límite o me alejo. Nadie tiene el derecho de hacerme sentir mal bajo ninguna circunstancia.

Confío en todo aquello que resuena en mi interior. Sé qué necesito, y me siento segura por eso.

Si no me late, si no me gusta, no le entro. Las apariencias engañan, y ahora ya lo sé. Si tengo dudas de si alguna persona es buena para mí, la respuesta es NO, esa persona no es buena para mí.

Ahora sé que, así como el amor se nota, el desamor se ve en los pequeños detalles. Estoy atenta y abierta a ver la realidad de las cosas y la verdad en mis relaciones, para evaluar si vale la pena mantenerlas o abrirme a nuevas posibilidades.

Soy alquimista de mi destino y honro mi camino de transformación. Me habito por completo y reconozco mi poder ilimitado. Y nunca más volveré a creer que soy menos de lo que soy.

Soy un canal de vida que une al cielo con la tierra, por lo que libero mi energía ilimitada y gozo de pasión infinita por el simple hecho de existir, por estar viva.

Prometo cumplir con mi contrato de amor a mí misma, eternamente.

_____

Nombre, fecha y firma

Agradecimientos

Necesitaría un libro entero para nombrar a cada persona a quien le agradezco por contribuir en convertirme en la mujer que ahora soy: algunas compartiéndome su amor; otras, desafiándome tremendamente. En estas páginas aprovecharé para agradecer a quienes me acompañaron e hicieron posible este libro.

Gracias a cada mujerÓN que ha formado parte de mi vida, a las que desnudaron su alma compartiéndome sus historias, sus dolores y pesares: gracias por ser tan valientes y enseñarme que siempre se puede salir adelante.

Gracias a toda la gente talentosa y estupenda de Penguin Random House. Gracias, Roberto Banchik, porque a través de Grijalbo has hecho posible que mujerONes tengan este libro en sus manos. Gracias a mi editora Fernanda Álvarez por apostar por mí y con tanto amor darle alas a *MujerÓN*.

Gracias, Alex Pacheco, por darme confianza como escritora y por tu talento al darle orden y estructura a este libro. Gracias, Pico Love, por ser parte de esta aventura, por el toque mágico del nombre y diseño de portada.

Gracias, Gaby Vargas, por abrazar a *MujerÓN,* por compartir tu historia y tocar nuestro corazÓN con tus amorosas palabras. Gracias, abuela Lucero, por tu fortaleza que está en mi sangre. Gracias a mis hermanas y aliadas Karen y Chris por su apoyo siempre, y por apapacharme con tanto amor. Gracias, Mónica Schapira, por centrarme con la verdad y no permitir que me sienta víctima. Gracias a Chiara, Daniela, a mis primas y amigas por alegrarme la vida, y por todo lo que aprendo de ustedes. A Paulina Vieitez, Tamara Vargas, Rossana Nájera, Ximena Ugarte, Alejandra Rosillo: ¡Gracias, mujerONes! ¡Las quiero mucho!

Gracias a todos los señorONes que contribuyen a que mi vida sea más amorosa y bella. Gracias a mis hijos Emiliano, Luciano y Paolo por ser mi más grande fuente de inspiración. Gracias a mi papá Marco, a mi hermano Gianmarco y a mi cuñado Aleks por su apoyo incondicional. Gracias, José Alberto, por acompañarme en la aventura del conocimiento de mí misma. Gracias, Rubén Poplawsky, por tu cariño y generosidad al compartir conmigo tus conocimientos. Gracias, Fer Broca, por ayudarme a ver la vida desde un lugar más honesto y compasivo. Gracias, Rick Jagger, por apostar por mí y mis creaciones. A mis maestros también: ¡Gracias, señorONes!

Gracias a ti, mujerÓN, por inspirarme a escribir. Por tener el valor de abrir tus ojos, tu mente y tu corazÓN. Gracias por subirte a esta aventura, por sumar a la transformación de este mundo y por contribuir en la apertura y descubrimiento de las mujeres poderosas. Gracias porque, al trabajar en nosotras, cambiamos la consciencia colectiva de las nuevas generaciones y eso es un enorme regalo para nuestros hijos, hijas, nietos, nietas…

Si te gustó *MujerÓN*, te invito a que publiques una foto y me etiquetes: en Instagram @ingridcoronadomx, en Facebook

@ingridcoro o en Twitter @ingridcoronado para compartirla. Y si conoces a alguna mujer a la que le pueda gustar y/o ayudar, recomiéndaselo, porfa, o ¿se lo puedes regalar?

Recuerda visitar ingridcoronado.com.mx para más contenido de mujeres poderosas.

¡¡¡Muchas gracias!!!

MujerÓN de Ingrid Coronado
se terminó de imprimir en abril de 2022
en los talleres de
Impresora Tauro, S.A. de C.V.
Av. Año de Juárez 343, col. Granjas San Antonio,
Ciudad de México